电视新闻生产的理论透视及实践研究

李 婷 著

学苑出版社

图书在版编目（CIP）数据

电视新闻生产的理论透视及实践研究 / 李婷著 . —
北京：学苑出版社，2023.9
ISBN 978-7-5077-6762-9

Ⅰ . ①电… Ⅱ . ①李… Ⅲ . ①电视新闻—新闻工作—
研究—中国 Ⅳ . ① G229.2

中国国家版本馆 CIP 数据核字（2023）第 182211 号

责任编辑：乔素娟
出版发行：学苑出版社
社　　　址：北京市丰台区南方庄 2 号院 1 号楼
邮政编码：100079
网　　　址：www.book001.com
电子邮箱：xueyuanpress@163.com
联系电话：010-67601101（销售部）、010-67603091（总编室）
印 刷 厂：河北赛文印刷有限公司
开本尺寸：710 mm×1000 mm　1/16
印　　张：13.5
字　　数：270 千字
版　　次：2024 年 1 月第 1 版
印　　次：2024 年 1 月第 1 次印刷
定　　价：48.00 元

作者简介

　　李婷，副教授，硕士学历，现任武汉东湖学院文法学院新闻教研室副主任。

　　在《青年记者》《西部广播电视》《科教导刊》《领导科学论坛》等多家学术刊物上发表专业论文20余篇；在国际会议中多次发表论文；主持湖北省教育厅人文社会科学研究项目1项，参与国家级协同育人项目及省部级科研项目10余项；参与编写教材2部；带领学生获得国家级及省部级奖项5项，并获得优秀指导老师称号；指导学生参与校级双创项目及大学生"东湖之星"项目；2020年指导的学生论文获武汉东湖学院优秀毕业论文。

前　言

电视新闻是以电视为传播手段，以声音、画面为基本传播符号，对正在发生和从前发生但对现在仍有影响的事实的报道。电视新闻工作是党的新闻工作的重要组成部分，提高电视新闻节目质量是各级电视台永恒的主题。在电视新闻制作过程中，如何借鉴企业生产全面质量管理体系，加大对电视新闻出品过程中的质量控制力度，强调从业人员的工序服务、精细操作和质量意识，不断提高电视新闻的质量，对于电视人来说，是一个值得探索研究的课题。

鉴于此，特撰写《电视新闻生产的理论透视及实践研究》一书。

本书共七章：第一章介绍电视新闻生产概述，条理清晰地将电视新闻、电视新闻生产的特性、电视新闻理论的产生、新闻的本体特性、电视的传播特性、新闻传播的指导思想、意识形态生产的精神特性、竞争性生产的商业特性等几方面的内容进行一一论述；第二章介绍我国电视新闻生产的现状，以央视新闻频道为例，对央视新闻频道、央视新闻频道走向、央视新闻频道面临的挑战和机遇进行了论述；第三章拉开对专题类电视新闻的生产论述的序幕，阐述电视新闻专题报道节目、谈话类电视新闻节目、杂志类电视新闻节目、评论类电视新闻节目、电视调查性报道等内容；第四章介绍新传播环境下的新闻生产，从基于用户关系的新闻生产创新、基于平台关系的新闻生产创新、基于内容生产者互动关系的新闻生产创新三个方面来呼应本章的主题；第五章介绍传统新闻媒体与新媒体的融合发展，对传统新闻媒体与新媒体的融合、传统新闻媒体的数据新闻报道、新媒体技术及其应用进行一一论述；第六章介绍媒介技术视野下电视新闻节目内容生产与融合传播，媒介技术是近年来广泛用于电视新闻生产建设的一项重要内容，不容小觑，也是大家较为关注的内容，在本书中有所呈现，也顺应了时代的潮流；第七章介绍移动视频直播下的传统新闻生产创新，通过移动视频直播开启新闻生产新纪元、移动视频直播彰显新闻生产新态势、移动视频直播搭建新闻生产新远景共三节内容，为读者徐徐展开了移动视频直播下的传统新闻生产创新研究的画卷。

1

在撰写过程中，作者参阅了相关资料，吸取了许多有益的内容，在此对涉及的专家学者表示感谢。由于作者水平有限，书中难免有疏漏之处，恳请广大读者予以批评指正，以臻完善。

李婷

2023 年 7 月

目　录

第一章　电视新闻生产概述

第一节　什么是电视新闻

电视新闻是通过电视媒体传播的新闻信息。它是一种以视频、图片、文字等多种形式呈现的新闻报道，通过电视台的新闻节目、新闻频道、新闻栏目等形式向观众传递最新的新闻信息。电视新闻具有图像直观、语言生动、传送及时、传播广泛等特点，是人们获取新闻信息的重要途径之一。

电视新闻的制作过程一般包括新闻收集、编辑、制作和播出等环节。新闻收集是指记者通过采访、调查、观察等方式获取新闻素材；编辑是指将收集到的新闻素材进行筛选、加工、整合等处理；制作则是将编辑好的新闻素材制作成电视新闻节目，包括文字、图片、视频、音频等多种元素；播出则是将制作好的电视新闻节目通过电视媒体向观众传递。

电视新闻的内容一般包括政治、经济、社会、文化、体育等方面的新闻报道，旨在向观众传递最新、最全面、最客观、最真实的新闻信息。同时，电视新闻也承担着社会监督、舆论引导等重要作用，对于推动社会发展、促进民主进程、维护社会稳定等方面都具有重要意义。

一、电视新闻的定义

1990年7月，由中国广播电视学会电视学研究会和中央电视台研究室牵头，组织电视新闻理论工作者和实践工作者，根据电视新闻的实践发展，对电视新闻做了如下的定义规范：

电视新闻是以现代电子技术为传播手段，以声音、画面为传播符号，对新近或正在发生、发现的事实的报道。

在这个定义里，采取了共性和个性相结合的方式。"以现代电子技术为传播手段，以声音、画面为传播符号"，区分了电视新闻与报纸、广播、电影的不同的个性。前一句说明电视新闻与广播一样，同属电子媒介，以区分与印刷媒介的不同。后一句是在电子媒介中区别它和广播的不同。广播是以声音为传播符号，电视则是以声音和画面、视听双通道来传播信息。这一独特的传播符号才使电视新闻具有个性化的传播特点与优势。

二、电视新闻的特点

电视新闻与报纸、广播及其他新闻媒介相比，具有以下四种特点：

（一）形象生动

电视新闻具有动态的图像，使新闻能以直观具体的形式呈现给受众，从而使电视新闻更加形象化。

（二）传送及时

电视新闻可以直播，这使得它传播信息及时、快捷，可以将受众和新闻事件之间的时间差降到最低。

（三）真实可信

电视新闻中，播音员或记者通常是面对受众进行报道，增强了受众对新闻获知的直观性，这也使得电视新闻在传播中更加真实可信。

（四）深入家庭

伴随着电视的普及，电视成为人们了解新闻的重要媒介，电视新闻深入千家万户，丰富了电视的功能，简化了人们了解新闻的途径，为人们的生活提供了便利。

在本书中，我们认同电视新闻是一种报道的定义方式，因为"报道"本身就揭示出电视新闻是一种生产活动的基本特征。同时，随着技术的进步，电视新闻也广泛使用数字技术作为生产和传播的手段。因此，本书对电视新闻的定义为：电视新闻是以现代电子技术和数字技术为传播手段，以声音、画面为传播符号，对新近或正在发生、发现的事实的报道。

三、电视新闻的种类

根据电视新闻的语言、画面、时效、深度等综合因素，可以将电视新闻分为以下五类：

（一）现场报道

现场报道是通过直播或者转播的方式，将"此时此地"发生的新闻事件报道出去，这是电视新闻常用的新闻传播方式，尤其是对于重大的事件进行报道时，多采用这种方式进行报道。

（二）录像新闻

录像新闻将事件发生的真实画面和声音、新闻主持人的画外解说、事件当事人的现身言谈等融为一体，录制在录像带里，然后展现在电视屏幕上。录像新闻是目前电视里运用最多的种新闻传播方式。其特点是现场感和时效性都比较强。制作这种新闻，前期需要有文字记者和摄像记者，后期制作和播出需要编辑和新闻节目主持人。

（三）电视专题

电视专题是专门就某特定新闻事件或新闻人物展开报道，它也是电视新闻常用的体裁。其特点是比较详尽、生动，篇幅也比较长。专题报道综合运用画外音、记者自述、当事人访谈、动静态画面等各种手段，为更好地展现新闻主题服务。

（四）图片新闻

图片新闻是画外音与图片结合起来报道新闻的一种方式。由于各种原因，电视台可能一时得不到新闻事件所需要的动态画面和音响，因此可用几张有关图片加以解释说明。这种情况一般出现在突发事件以及电视设备难以到位的偏远地区的新闻报道上。

（五）电视述评

电视述评是一种既报道新闻事实，又对事实进行分析和评论的电视新闻，其性质与报刊述评相近。它是在一件新闻事实完全或者基本水落石出后，进行夹叙夹议式深度报道的电视新闻品种。电视述评中叙述事实是为后面的评论服务的。因此，电视述评有很强的舆论导向性、教育性和启发性。

第二节　电视新闻生产的特性

电视新闻生产具有以下特性：

一、时间紧迫

电视新闻是一种即时性的新闻报道形式，通常需要在最短时间内完成新闻收集、编辑、制作和播出等环节，以满足观众对新闻信息的迫切需求。

二、视觉性强

电视新闻以图像为主，通过视频、图片等多种形式呈现新闻内容，具有视觉冲击力和感染力，可以更好地吸引观众的注意力。

三、语言简明生动

电视新闻的语言风格通常以简洁、生动、通俗易懂为主，以便观众更好地理解和接收新闻信息。

四、信息量大

电视新闻一般包括文字、图片、视频、音频等多种元素，可以传递更多的信息，使观众更全面地了解新闻事件。

五、市场竞争激烈

电视新闻是一个高度竞争的市场，各家电视台都在争夺收视率和广告收入，因此新闻质量和观众需求成为电视新闻生产的重要考虑因素。

六、社会责任重

电视新闻不仅是一种商业产品，同时也是一种社会责任和使命，需要承担舆论监督、社会引导等重要作用，对社会发展和民主进程具有重要影响。

第三节　电视新闻理论的产生

国内外学者普遍认为，在生产电视新闻的过程中需要我们贯彻求真、求善、求美、求新这四种理念。电视新闻生产的理论四边形也主要是由这四种理念构建的，同时日常所用的电视新闻文本也是在这四种理念的相互协调和融合下逐渐形成的。如图 1-1 所示，我们可以更加直观地对其进行理解。

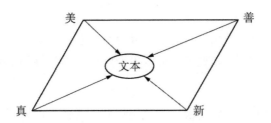

图 1-1　电视新闻生产的理论四边形示意

由图 1-1 可知，"真"和"善"处于同一条较长对角线的两端，对电视新闻生产具有非常重要的作用；而"美"和"新"则处于同一条较短对角线的两端，对电视新闻生产所起的作用在"真"和"善"的基础上才能出现。但无论这四个角中的哪个角发生了变化或者异动，都会对电视新闻生产的最后结果——电视新闻文本的形态以及价值产生影响。

一、求真：电视新闻生产的核心价值观

（一）求真的三个层面

电视新闻求真的三个层面可以理解为事实真实性、报道真实性和观点真实性。

第一，事实真实性。电视新闻应该基于真实的事件进行报道，确保所报道的事件、情况和数据等都是真实、准确、可信的。这需要记者在新闻收集过程中进行严谨的调查、采访和验证，避免夸大、歪曲或虚构事实。

第二，报道真实性。电视新闻应该真实地反映事实，不偏袒、不歪曲、不误导。记者应该客观、公正地报道事件，避免个人偏见、政治立场或其他利益干扰对新闻报道的影响，确保新闻报道的客观性和公正性。

第三，观点真实性。电视新闻应该遵循以事实为基础的原创，提供多方观点和声音，呈现多元化的观点。记者应该尊重事实，尊重不同的声音和观点，避免主观臆断、片面宣传或操控报道，确保新闻报道的观点真实性。

通过在这三个层面上追求真实，电视新闻可以提供准确、客观、全面的信息，让观众能够真实地了解和理解新闻事件，形成独立的判断和观点。

（二）如何求真：电视新闻生产中的客观性

在电视新闻生产中追求客观性和求真是非常重要的，以下是一些关键的方法和原则：

1. 多方求证

在报道中，采访多个相关方的观点和意见，包括各方的当事人、专家、证人等。通过收集不同的声音和观点，可以更全面地呈现事件的复杂性和多样性。

2. 事实核实

确保报道中的事实准确无误，避免错误和不实信息的传播。采访者和编辑应进行充分的事实核实工作，依靠可靠的来源和证据，以确保报道的准确性。

3. 杜绝偏见和偏袒

采访者和编辑应尽量避免个人偏见和偏袒，以保持客观和公正的立场。他们应尽量避免在报道中加入个人观点和情感色彩，而应以事实为基础进行报道。

4. 冲突利益披露

在报道涉及可能存在利益冲突的情况下，采访者和编辑应披露相关利益关系，确保报道的透明度和可信度。

5. 多角度呈现

在报道中，尽量呈现多个角度和观点，以展示事件的多样性和复杂性。这可以通过采访不同的当事人、专家和证人，以及引用各方的观点和意见来实现。

6. 严格谨守新闻伦理和职业准则

采访者和编辑应遵守新闻伦理和职业准则，包括尊重事实、保护隐私、避免歧视等。这些准则提供了行业的指导原则，确保报道的客观性和公正性。

通过以上方法和原则，电视新闻生产中的采访者和编辑可以努力追求客观性和求真，提供准确、全面和公正的新闻报道。这有助于增加报道的可信度和观众的信任度，推动社会对新闻的关注和参与。

（三）失真的主要表现

1. 素材失真

新闻生产中的素材失真是指在采集、编辑或报道过程中，新闻素材出现了不准确、不完整或被有意篡改的情况。以下是一些素材失真的表现：

第一，引述错误。在采访中，采访者可能会错误地引述或解读受访者的话语，导致观众对受访者的观点和意图出现误解。

第二，编辑剪辑失真。编辑在剪辑素材时，可能会有意或无意地删除或修改关键信息，以改变报道的结论或影响观众对事件的理解。

第三，照片篡改。在新闻报道中使用的照片可能会被篡改，通过修改、裁剪或合成等方式改变照片的真实性和原始意图。

第四，匿名消息。在报道中引用匿名消息来源，而没有提供足够的证据或可靠性，导致报道缺乏可信度和可验证性。

第五，不完整报道。报道可能会缺乏必要的背景信息、相关观点或其他关键细节，导致报道的不完整性和片面性。

第六，夸大或歪曲事实。新闻报道可能夸大或歪曲事实，以吸引观众的注意力或符合特定的议程，导致报道的失真和误导。

这些素材失真的表现可能是无意的，也可能是有意为之。无论是出于疏忽还是有意篡改，这些失真都会损害新闻报道的可信度和公信力。因此，保持新闻报道的准确性、客观性和公正性是非常重要的，媒体机构和从业者应该遵守新闻伦理和职业准则，尽力避免素材失真的问题。

2. 采访失真

新闻生产中的采访失真是指在采访过程中出现的不准确、不完整或有意篡改的情况。以下是一些采访失真的表现：

第一，引导式采访。

采访者在提问过程中有意引导受访者给出特定的回答，以符合采访者的预设观点或报道的方向。

第二，遗漏关键信息。采访者可能会遗漏关键的问题或观点，导致报道缺乏全面性和准确性。

第三，修改受访者回答。采访者可能会对受访者的回答进行修改或删减，以改变其原始意图或调整报道的立场。

第四，匿名消息。采访者引用匿名消息来源，而没有提供足够的证据或可靠性，导致报道缺乏可信度和可验证性。

第五，不公正的编辑选择。编辑在报道中选择性地使用受访者的回答，以支持特定的观点或强调特定的立场。

第六，引述错误。采访者可能会错误地引述或解读受访者的话语，导致观众对受访者的观点和意图出现误解。

民众如果看到失真的电视新闻，很容易会被"带偏"，做出有失公平的判断。而且如果失真信息大量占用公共资源，长远来看甚至会影响到社会，造成人与人之间的不信任。

所以，媒体机构应提供培训和监督，以确保采访过程的质量和可靠性。

3. 编辑失真

在电视新闻生产中，编辑失真是指在编辑过程中出现的不准确、不完整或有意篡改的情况。以下是一些编辑失真的表现：

第一，选择性报道。编辑可能有意选择性地报道某些信息，而忽略或削弱其他信息，以符合特定的观点或宣传目的。

第二，剪辑和删减。编辑可能会对采集到的素材进行剪辑和删减，以改变原始信息的呈现方式或影响报道的结论。

第三，引用错误。编辑可能会错误地引用或解读采访对象的话语，导致观众对采访对象的观点和意图的误解或歪曲。

第四，篡改画面或音频。编辑可能会对画面或音频进行篡改或修改，以改变原始信息的真实性或影响报道的效果。

第五，缺乏背景信息。编辑可能会忽略或省略重要的背景信息，导致报道缺乏全面性和准确性。

第六，引入偏见和个人观点。编辑可能会在报道中引入个人观点和偏见，以影响观众对事件或话题的理解和看法。

真实是电视新闻的第一生命，新闻传媒是不可亵渎滥用的社会公器。这是一个不容违背的常识。失去了真实性，电视新闻就丧失了自我，变作"小道消息""谣言""传奇"。

单纯从经济角度看，新闻采编人员是以从事新闻报道工作作为自己的谋生手段、参与社会分工从而获得产品分配的普通劳动者。他们的劳动结晶——新闻报道作品也就是社会商品。如果说这种商品有什么特殊性的话，就在于它是精神性的产品而不是单纯的物质产品。在市场经济社会里，我们离不开商品，而且我们极度厌恶假冒伪劣商品，假冒伪劣商品破坏了整个社会经济运行的规则，严重冲击着社会的道德底线，危害人们的正常生活与身心健康。编辑记者发出虚假新闻，也如同制造售卖假冒伪劣产品，其使得社会大众对媒体产生信任危机，更甚者，会给大众带来巨大的伤害与损失。我们呼唤真实诚信，渴望安全的食品药品、喜欢合格的生活物品，总而言之追求一切是它本来面目的正品，岂能容忍假新闻？

而且，还有更严肃的理由要求我们珍视电视新闻的真实性。新闻传媒不仅是生产新闻产品的普通经济组织，它更是巡视环境、组合社会和传承文化的现代社会公共服务机构。而履行这些精神上、道义上的职能，真实和正确须臾不可缺少。在社会主义现代化建设的新时期，我们的新闻传媒事业要宣传党和政府的方针政策，正确开展舆论监督，表达群众的呼声，传播服务大众的信息和知识，从而影响和推动社会文明、进步的历程。

电视新闻肩负着如此重要的责任，需要每个新闻从业者、每个新闻单位恪守职业道德。在新闻传播过程中，我们只能通过客观、真实的事实报道来影响公众的思想和行为，从而使社会公器发挥应有的作用。任何的虚假编造、歪曲杜撰、蓄意炮制都是新闻报道之大忌。这样的行径不但是该新闻从业者对自我人格的贬损，更是对社会公器的权威性公信力的亵渎。

电视新闻是精神产品，电视新闻是社会航船的瞭望哨。如若电视新闻造假，我们的社会航船的前进方向就会被误导。电视新闻必须恪守真实，这是一种社会分工的必然要求，这是一项崇高社会职业的道德信条。

今天，我们痛恨制假售假，追求一切拥有它本来面目的真品，无论是物质的还是精神的。唯愿人人赞叹和敬畏头顶的星空和心中的道德法则，如此，我们就能在真实的世界里共建共享纯粹的幸福！

同时，观众应保持批判性思维，对新闻报道保持警觉，以识别可能存在的编辑失真。

二、求善：电视新闻生产的伦理维度

在电视新闻生产中，伦理维度是非常重要的，它涉及新闻从业者在采集、编辑和报道过程中应遵循的道德和伦理准则。以下是一些电视新闻生产中的伦理维度：

第一，真实性和准确性。新闻从业者应追求真实性和准确性，确保报道的信息和事实基于可靠的来源和证据。他们应避免故意歪曲事实、编造虚假信息或引用不可靠的来源。

第二，公正和客观。新闻从业者应保持公正和客观的态度，避免偏见和偏袒。他们应尽量呈现多个观点和声音，以展示问题的多样性和复杂性。

第三，隐私和尊重。新闻从业者应尊重个人的隐私权和尊严。他们应遵守隐私保护的原则，不侵犯个人的隐私和生活。

第四，敏感性和同情心。新闻从业者在报道涉及敏感话题或涉及个人悲剧时，应表现出敏感性和同情心。他们应尊重受访者的感受，并避免过度曝光或伤害。

第五，负责任和公共利益。新闻从业者应意识到自己的责任和影响力，以公共利益为导向。他们应提供有价值的信息和观点，推动社会的改变和进步。

第六，独立性和诚信。新闻从业者应保持独立性和诚信，不受任何利益团体或个人的干扰。他们应遵循职业道德和行业准则，坚守诚实和诚信的原则。

通过遵循这些伦理维度，电视新闻从业者可以提供准确、客观、公正和负责任的报道。这有助于增加报道的可信度和观众的信任度，推动社会对新闻的关注和参与。同时，媒体机构应提供培训和监督，确保新闻从业者遵守伦理准则。电视新闻制作中，这种求善的伦理观念主要体现在以下两个方面：

（一）历史实录与社会责任

电视新闻能够实时报道当前发生的重要事件和社会现象，将这些事件和现象记录下来。通过电视新闻的实时报道，人们可以第一时间了解到事件的发展和进展，记录下当下的历史瞬间。

电视新闻通过录像的方式，将新闻事件的画面和声音记录下来。这些录像可以作为历史的实物证据，供后人查阅和研究。录像存档使得历史事件的记录得以永久保存，人们可以回顾和研究过去的社会现象。

电视新闻生产具有重要的社会责任，主要体现在以下几个方面：

第一，提供准确、客观、全面的信息。电视新闻应该致力于提供准确、客观、全面的信息，确保报道的事实真实性和报道的观点公正性。它应该通过严谨的新闻采集、编辑和制作过程，确保所报道的新闻事件和信息的准确性，避免虚假、夸大、歪曲等不负责任的报道。

第二，履行舆论监督的职责。电视新闻作为公共媒体，承担着舆论监督的重要职责。它应该对社会事件、政府行为、商业活动等进行客观、公正的报道和评论，揭示问题、监督权力、维护公共利益，促进社会的公正、透明和民主。

第三，传递多元化的声音和观点。电视新闻应该传递多元化的声音和观点，包括不同政治立场、不同社会群体的声音。它应该为公众提供不同观点的信息，促进公众对事件的多角度理解和思考，避免片面宣传和操控舆论。同时还要关注社会问题和公众利益，电视新闻应该关注社会问题和公众利益，报道和关注那些影响社会稳定、公共安全、公共健康等方面的重要问题。它应该通过深入报道和调查，提高公众对社会问题的认知，推动解决问题和改善社会状况。

第四，遵守职业道德和伦理标准。电视新闻从业人员应该遵守职业道德和伦理标准，包括尊重个人隐私、保护受访者权益、避免不正当竞争等。他们应该秉持诚信、公正、负责的原则，以保持新闻行业的声誉和信誉。

电视新闻生产的社会责任是为了提供准确、客观、全面的信息，履行舆论监督的职责，传递多元化的声音和观点，关注社会问题和公众利益，并遵守职业道德和伦理标准。通过履行这些责任，电视新闻可以为社会的进步、民主和公正发挥积极的作用。电视新闻生产的历史实录与社会责任相互依存。通过准确记录和报道历史事件，电视新闻承担了重要的社会责任，同时也通过履行社会责任，为历史实录提供了重要的内容和意义。

（二）情感真诚与人性化追求

电视新闻生产的情感真诚与人性化追求是指在报道过程中，电视新闻制作人员努力表达真实的情感、关注人性化的问题，并通过这种方式与观众建立情感连接。

1. 情感真诚

电视新闻生产的情感真诚是指在报道过程中，电视新闻制作人员真实地表达他们对事件和受访者的情感，他们可以通过自己的语言、表情和声音等方式，传递出真实的情感，使观众能够更加深入地感受到新闻事件的重要性和影响。电视新闻生产的情感真诚主要包括以下几个方面：

第一，真实的情感表达。电视新闻制作人员在报道过程中，应该真实地表达他们对事件的情感反应，包括喜、怒、哀、乐等。他们可以通过自己的语言、表情和声音等方式，传递出真实的情感，使观众能够更加深入地感受到新闻事件的重要性和影响。

第二，共情与共鸣。电视新闻制作人员通过真诚的情感表达，努力与观众建立情感连接。他们可以通过报道中的情感表达引发观众的共情和共鸣，使观众更好地理解和关注报道的事件。这种情感连接可以增强观众的参与感和关注度。

第三，关注被报道者的情感。电视新闻制作人员关注被报道者的情感和心理状态，通过深入的采访和观察，理解和呈现被报道者的情感体验。他们可以通过提出问题和倾听，引导被报道者表达真实的情感，使观众更好地理解和共情。

第四，尊重情感的多样性。电视新闻制作人员尊重情感的多样性，不仅关注正面情感，也关注负面情感。他们可以通过报道中的情感反应，展现人性的复杂性和多样性，使观众更好地理解和认知社会现象。

通过情感真诚，电视新闻能够更好地与观众产生情感共鸣，增强观众的参与感和关注度。这种情感真诚可以使电视新闻更贴近观众的生活和情感需求，提高新闻的影响力和传播效果。同时，它也体现了电视新闻制作人员对社会责任和公众利益的关注，使新闻报道更具有人文关怀和社会意义。

11

2.人性化追求

电视新闻生产的人性化追求是指在报道过程中，电视新闻制作人员关注并呈现人性化的问题、关怀受众的情感需求，并通过这种方式与观众建立情感连接。

电视新闻制作人员应该关注人性化的问题，如关注弱势群体、关注人道主义问题等。他们可以通过深入报道和采访，展现被报道者的人性和情感，让观众更好地理解和共情。同时，他们也可以通过报道人性化的故事和案例，传递正能量和温暖，激发观众的共鸣和关注。

电视新闻生产的人性化追求主要表现在以下几个方面：

第一，关注个人故事。电视新闻制作人员关注个人故事，通过深入采访和报道个人的经历、挑战和成就，展现人性的复杂性和多样性。这样的报道可以让观众更好地理解和共情，从而引发观众的情感共鸣和关注。

第二，强调人道主义关怀。电视新闻制作人员关注人道主义问题，如灾难、贫困、难民等。他们通过深入报道这些问题，展现受影响人群的困境和需求，呼吁社会关注和援助。这样的报道可以唤起观众的同情心和社会责任感。

第三，传递正能量。电视新闻制作人员努力传递正能量，通过报道正面的故事、激励人心的成就和积极的社会行动，为观众带来希望和鼓舞。这样的报道可以激发观众的积极情绪和行动，推动社会的进步。

第四，尊重个人隐私和尊严。电视新闻制作人员在报道过程中尊重受访者的个人隐私和尊严，避免侵犯个人权益和造成负面影响。他们通过谨慎的采访和编辑，确保报道的公正性和尊重性，维护受访者的人格尊严。

通过人性化追求，电视新闻能够更好地关注观众的情感需求和关切点，建立与观众的情感连接。这种人性化追求使得电视新闻更加贴近人们的生活和情感体验，增强了新闻的亲和力和共鸣力。

通过情感真诚和人性化追求，电视新闻能够更好地与观众产生情感共鸣，增强观众的参与感和关注度。这种情感真诚和人性化追求可以使电视新闻更加贴近观众的生活和情感需求，提高新闻的影响力和传播效果。同时，它也体现了电视新闻制作人员对社会责任和公众利益的关注，使新闻报道更具有人文关怀和社会意义。

三、求美：电视新闻生产的形式追求

（一）何为求美

求美是指电视新闻生产在形式上追求美感和艺术性，通过精心的制作和丰富的呈现方式等使新闻报道更具有视觉冲击力和观赏性。

1. 视觉呈现

电视新闻制作人员通过丰富多样的视觉元素，如画面构图、摄影技巧、图表设计等，使新闻报道更具有视觉冲击力和吸引力。他们会注重画面的美感和布局，通过色彩、光影等元素的运用，营造出视觉上的美感。

2. 剪辑和音效

电视新闻制作人员在剪辑过程中，注重节奏感和节目的流畅性。他们会精心选择和组织素材，通过剪辑和音效的处理，使新闻报道更具有戏剧性和情感张力。

3. 图文并茂

电视新闻制作人员会运用图片、图表、文字等多种元素，使报道更具有多样性和丰富性。他们会注重信息的呈现方式和排版设计，使观众能够更清晰地理解和接受新闻的内容。

4. 创意和创新

电视新闻制作人员会注重创意和创新，通过新颖的报道方式和表现手法，提升新闻报道的观赏性和吸引力。他们会尝试新的故事叙述方式、视觉效果和技术手段，使新闻报道更具创意性和独特性。

通过形式上的追求，电视新闻生产可以提升新闻报道的观赏性和吸引力，使观众更愿意关注和接收新闻信息。同时，形式上的追求也体现了电视新闻制作人员对专业性和创造力的追求，提高了新闻报道的艺术性和表现力。然而，形式上的追求应该在不影响新闻真实性和客观性的前提下进行，确保新闻报道的准确性和可信度。

（二）求什么美

电视新闻生产求什么美？一般从以下三方面来进行论述：

1. 电视新闻的真实情状所带来的认知满足

电视新闻的真实情状所带来的认知满足可以从以下几个方面来理解：

第一，真实性认知满足。电视新闻报道真实的事件和情况，观众通过接触真实的新闻信息，能够更准确地了解和认知社会现象和事件。这种真实性认知满足使观众能够建立起对事实的信任感，从而更好地理解和评估所报道的新闻内容。

第二，信息获取满足。电视新闻提供了大量的信息和新闻报道，观众通过观看电视新闻可以获取丰富的新闻信息。这种信息获取满足使观众能够更全面地了解社会动态和事件发展，满足他们对新闻信息的需求。

第三，知识拓展满足。电视新闻报道涵盖了各个领域的知识和信息，观众通过观看电视新闻可以不断拓展自己的知识面。这种知识拓展满足使观众能够增加对世界的认知和理解，丰富观众的知识储备。

第四，问题解决满足。电视新闻报道涉及社会问题、政治经济等各个领域的内容，观众通过观看电视新闻可以了解到这些问题的背景和现状。这种问题解决满足使观众能够更好地理解问题的本质和解决方案，满足他们对问题解决的需求。

通过电视新闻的真实情状所带来的认知满足，观众能够更准确地了解社会现象和事件，获取丰富的新闻信息，拓展自己的知识面，解决问题，并建立对事实的信任感。这种认知满足使观众能够更好地参与社会生活，做出理性的判断和决策。

2. 电视新闻事件或人物所引发的情感触动

电视新闻能够为我们带来丰富的情感触动。以下是一些常见的情感感受和触动：

第一，兴奋和激动。我们看到一些令人振奋和激动的新闻，如体育比赛的精彩瞬间、突破性的科学发现或创新等，会引发我们的兴奋和激动之情。

第二，悲伤和同情。一些悲剧性的新闻事件，如自然灾害、恶性犯罪等，会使我们感到悲伤和同情。我们可能会为受害者感到悲痛，并对他们的遭遇表示同情。

第三，愤怒和愤慨。我们看到一些社会不公、腐败、不道德行为等的报道，会引发我们的愤怒和愤慨。我们可能会对不公正的行为或不负责任的行为感到愤怒，并要求公正和正义。

第四，喜悦和鼓舞。一些正面的新闻事件，如英雄事迹、成功故事、社会进步等，会给我们带来喜悦和鼓舞。我们可能会为成功和进步感到高兴，并受到鼓舞和激励。

第五，温暖和感动。一些人性化的故事、善举和感人的场景，会触动我们的温暖和感动之情。我们可能会被人与人之间的关爱、善意和真诚所打动，感受到人性的美好。

第六，担忧和焦虑。一些关乎社会问题、环境问题、健康问题等的新闻报道，会引发我们的担忧和焦虑。我们可能会对这些问题的严重性和影响感到担忧，并希望能够采取行动来解决问题。

这些情感体验使我们更加投入和关注新闻事件，激发我们的情感共鸣和行动力。电视新闻作为一种媒体形式，通过真实、生动的报道方式，能够触动我们的情感，让我们更深入地理解和感受新闻事件的重要性和影响。

3. 电视新闻整体联系感受所引起的思想顿悟

电视新闻整体联系所引起的思想顿悟是指通过对多个相关新闻报道的综合观察和理解，观众可以产生对于某个问题、主题或社会现象的深刻思考和领悟。

当我们观看多个相关的新闻报道时，可以从不同角度、不同层面来了解和思考一个问题或主题。通过整体联系感受，我们可以更全面地了解事物的复杂性和多样性，并从中发现一些共性或规律。

这种思想顿悟可以帮助我们深入思考社会问题、人类行为、政治经济等方面的课题。我们可以从新闻报道中获取信息和观点，进行比较和分析，形成自己的观点和见解。

思想顿悟可能涉及对于价值观、道德观、社会问题的重新认识，或者对于个人行为、生活方式的反思和调整。它可以帮助我们更好地理解社会现象和人类行为，提升我们的思维能力和洞察力。

电视新闻作为一种信息传播的工具，通过报道多样化的新闻事件和主题，可以为观众提供广泛的素材和观点，激发观众的思考和思想顿悟。然而，思想顿悟的产生还需要个体的主动思考和反思，以及对于不同观点的开放和批判性思维。

（三）如何求美

1. 新闻语态

在新闻语态中求美是指在电视新闻生产过程中，通过合适的语言表达和技巧，使新闻报道更具有艺术性和观赏性。以下是一些方法和技巧：

第一，简洁明了的语言。电视新闻应该使用简洁明了的语言，避免冗长和复杂的句子，使观众能够更轻松地理解和接受新闻内容。

第二，生动形象的描述。电视新闻可以运用形象生动的语言描述，通过生动的比喻、形容词和动词选择，使新闻事件更具有图像感和感染力。

第三，语调和节奏的控制。电视新闻制作人员可以通过语调和节奏的控制，使报道更具有韵律感和戏剧性。他们可以在关键时刻使用适当的语调和语速，以引起观众的注意和情感共鸣。

第四，引用和对话的运用。电视新闻可以适度运用引用和对话，以增强报道的真实感。通过引用相关人士的观点和对话，可以丰富报道的内容和观点，使观众更好地理解和参与。

第五，音效和音乐的运用。电视新闻可以运用适当的音效和音乐，以增强报道的氛围。通过选择合适的音效和音乐，可以使报道更具有戏剧性和情感张力。

第六，图文并茂的呈现。电视新闻可以运用图文并茂的方式呈现，通过图片、图表、文字等多种元素的组合，使报道更具有视觉冲击力和观赏性。

通过在新闻语态中运用这些方法和技巧，电视新闻制作人员可以使报道更具有艺术性和观赏性，提升新闻的影响力和传播效果。然而，求美的追求应该在不影响新闻真实性和客观性的前提下进行，确保新闻报道的准确性和可信度。

2. 形象纪实

在形象纪实中求美是指电视新闻生产过程中，通过精心的图像呈现和纪实手法，使报道更具有美感和观赏性，同时保持对真实情况的准确呈现。以下是一些方法和技巧：

第一，画面构图。电视新闻制作人员注重画面的构图，通过选择合适的角度、布局和比例，使画面更具有美感和视觉冲击力。他们会考虑到光线、色彩和背景等因素，以营造出符合报道主题的画面效果。

第二，摄影技巧。电视新闻摄影师运用各种摄影技巧，如景深、快门速度、镜头运动等，以捕捉到生动、精确的图像。他们会根据报道的需要，选择合适的摄影手法，以增强画面的表现力和观赏性。

第三，纪实性的呈现。电视新闻强调对真实情况的准确呈现，通过真实的场景、真实的人物和真实的事件，使报道更具有纪实性和真实感。制作人员会尽力保持真实情况的还原，避免过度修饰和虚构。

第四，细节和情感的捕捉。电视新闻制作人员注重捕捉细节和情感，通过细腻的观察和镜头语言，表达出真实情感和人性化的细节。他们会关注被报道者的表情、动作和情感，以呈现出更丰富、更贴近人性的报道。

通过在形象纪实中运用这些方法和技巧，电视新闻制作人员可以使报道更具有美感和观赏性，同时保持对真实情况的准确呈现。这种求美的追求可以提升报道的影响力和传播效果，使观众更深入地理解和感受报道的内容。电视新闻中的画面具有一见便知的功能，同时还具有一种现场的直观美。这样的例子不胜枚举。如《我国第一颗通信卫星发射成功》的电视新闻中，那喷射烈焰的火箭腾空而起的画面，不仅使人领略到了雄伟壮观的美，更重要的是激发了人们的一种爱国豪情。电视新闻《军民奋力扑灭大兴安岭特大火灾》中舍生忘死扑向火海的群体英雄形象画面，他们在现场答话和大火、浓烟熏黑的面庞、褴褛的衣衫、气喘吁吁的模样等特写画面，形成了强烈的视听撞击点，深深地震撼了观众的心灵。

3. 画面构图

在画面构图中求美是电视新闻生产中非常重要的一部分。以下是一些方法和技巧：

第一，三分法则。将画面分为三个水平或垂直的部分，通过将主要元素放置在这些分割线上或交叉点上，可以使画面更加平衡和吸引人。

第二，对角线构图。利用对角线构图可以增加画面的动感和紧张感。将主要元素放置在对角线上，可以使画面更具有层次感和视觉冲击力。

第三，前景与背景。通过合理利用前景和背景元素，可以增加画面的深度和层次感。在画面中加入前景元素，可以为画面增添立体感和层次感。

第四，对称与不对称。对称构图可以使画面更加平衡和稳定，而不对称构图可以增加画面的动感和张力。根据报道的主题和情感需要，选择合适的对称或不对称构图方式。

第五，重点突出。通过合理选择焦点和构图方式，将主要元素放置在画面的重点位置，可以吸引观众的注意力，使画面更具有吸引力和观赏性。

第六，空间运用。合理运用画面中的空间，可以使画面更加开阔和有层次感。避免将主要元素过于集中在画面的一个区域，而是将其分散在画面中的不同区域。

第七，色彩和光线。合理运用色彩和光线，可以增加画面的美感和表现力。通过选择合适的色彩搭配和光线处理，可以为画面增添情感元素和氛围。

通过在画面构图中运用这些方法和技巧，电视新闻制作人员可以使画面更具有美感和观赏性，增强报道的视觉冲击力和影响力。同时，也要注意画面构图的合理性和符合报道内容的要求，确保报道的准确性和可信度。

4. 色彩光效

在电视新闻生产中，色彩和光效的运用对于画面的表现力和视觉冲击力至关重要。以下是一些常见的色彩和光效的运用方式：

第一，色彩搭配。合理的色彩搭配可以增强画面的氛围和情感表达。不同的色调和色彩组合可以传递不同的情绪和意义。例如，明亮的色彩可以传递活力和喜悦的感觉，冷色调可以传递冷静和严肃的感觉，暖色调可以传递温暖和亲切的感觉。

第二，对比色的运用。通过使用对比鲜明的颜色，可以增加画面的视觉冲击力和吸引力。对比色的组合可以使主要元素更加突出，并增加画面的层次感。

第三，光线的运用。光线的运用可以为画面增添立体感和层次感。合理的光线设置可以突出主要元素，并增加画面的视觉冲击力。例如，利用适当的背光可以使人物或物体形成轮廓，增强其立体感。

第四，特殊光效的运用。特殊光效，如逆光、侧光、柔光等，可以为画面增加独特的氛围和效果。这些特殊光效可以突出画面中的细节、形状和纹理，增强画面的表现力和观赏性。

第五，灯光的运用。在拍摄现场，合理的灯光设置可以为画面增加光影效果和氛围。通过调整灯光的强度、方向和角度，可以营造出不同的情感氛围。

第六，通过运用适当的色彩和光效，电视新闻制作人员可以提升画面的美感和观赏性，增强报道的视觉冲击力和表现力。然而，色彩和光效的运用应该符合报道的主题和情感需求，同时保持对真实情况的准确呈现。

5. 叙事节奏

电视新闻生产的叙事节奏是指在报道过程中，通过合理的节奏控制和剪辑处理，使新闻报道具有流畅、连贯和吸引人的叙事效果。以下是一些常见的叙事节奏的运用方式：

第一，起承转合。新闻报道通常会按照起承转合的结构进行叙事，即通过引入、发展、转折和收尾等环节，使报道具有逻辑性和连贯性。制作人员会合理安排报道的起始、发展和高潮部分，以及适当的转折和结尾，使整个报道的节奏感和叙事效果更加流畅和吸引人。

第二，节奏变化。电视新闻的叙事节奏可以根据报道的内容和情感需求进行变化。在报道紧张和激烈的事件时，节奏可以较快，以增强紧迫感和戏剧性。而在报道温情和感人的故事时，节奏可以较缓，以营造出温暖和感动的氛围。

第三，剪辑处理。剪辑是电视新闻中重要的叙事手段之一。通过合理的剪辑处理，制作人员可以控制报道的节奏和时长，使报道更具有紧凑和连贯的效果。他们会根据报道的需要，选择合适的镜头、切换和过渡方式，以增强叙事的连贯性和吸引力。

第四，音效和音乐的运用。音效和音乐在电视新闻中也扮演着重要的角色。通过合适的音效和音乐的运用，可以增强报道的节奏感和情感表达。音效和音乐的选择和处理可以根据报道的内容和情感需求进行调整，以增强叙事的效果。

通过合理运用叙事节奏，电视新闻制作人员可以使报道更具有流畅、连贯和吸引人的叙事效果。他们会根据报道的内容和情感需求，控制节奏的变化、剪辑的处理，以及音效和音乐的运用，以产生更好的叙事效果和提升观众的参与感。然而，叙事节奏的运用应该符合报道的真实性和客观性，确保报道的准确性和可信度。

6. 意境营造

电视新闻生产的意境营造是指通过画面、音效、音乐等多种元素的综合运用，创造出特定的氛围和情感效果，以增强报道的艺术性和观赏性。以下是一些常见的意境营造的方法：

第一，画面构图和摄影技巧。通过合理的画面构图和摄影技巧，可以创造出特定的视觉效果和氛围。例如，运用特殊的角度、镜头运动、景深等技巧，可以增加画面的动感和立体感。

第二，色彩和光线。色彩和光线的运用对于创造意境非常重要。通过选择合适的色彩调性和光线，可以营造出不同的情感和氛围。例如，冷色调可以传达冷静和严肃的感受，暖色调可以传达温暖和亲切的感受。

第三，音效和音乐。音效和音乐的运用可以增强报道的情感表达和氛围营造。通过合适的音效和音乐选择，可以创造出悬疑、紧张、温馨、感人等不同的意境效果。

第四，编辑和剪辑处理。编辑和剪辑是创造意境的关键环节。通过合理的剪辑处理，可以控制报道的节奏和情感张力，以达到特定的意境效果。剪辑的切换、过渡和节奏控制都可以影响报道的意境和观赏性。

第五，文字和字幕的运用。文字和字幕的运用也可以为报道增添意境效果。通过选择合适的字体、排版和颜色，可以传达出不同的情感和氛围。

通过综合运用这些方法，电视新闻制作人员可以创造出特定的意境，使报道更具有艺术性和观赏性。意境的营造可以增强报道的情感表达和观众的情感共鸣，使观众更深入地理解和感受报道的内容。然而，意境的营造应该在不影响报道的真实性和客观性的前提下进行，确保报道的准确性和可信度。

四、求新：电视新闻生产的发展动力

求新是电视新闻生产的重要发展动力之一，以下是几个推动电视新闻生产发展的因素：

第一，技术进步。随着科技的不断进步，电视新闻生产得到了许多技术上的支持和创新。高清摄像技术、虚拟现实技术、实时编辑和即时传输等技术的应用，使电视新闻报道更加精准、生动和快速，满足观众对于即时性和质量的需求。

第二，多媒体融合。电视新闻生产越来越多地与其他媒体形式进行融合，如互联网、社交媒体等。这种融合使得电视新闻报道更加多样化和互动化，能够更好地满足观众的个性化需求和参与感。

第三，观众需求的变化。随着社会的发展和观众需求的变化，电视新闻生产也需要不断适应和满足观众的需求。观众对于多样化、深度化和个性化的新闻内容的需求不断增加，电视新闻生产需要不断创新和改进，以提供更丰富、更有价值的内容。

第四，竞争压力。电视新闻生产面临着来自其他媒体形式的竞争压力，如网络新闻、社交媒体等。为了保持竞争优势，电视新闻生产需要不断创新，提供与其他媒体形式不同的独特价值和体验。

第五，社会变革和需求。社会的变革和需求也推动了电视新闻生产的发展。社会问题、热点事件、科技创新等都需要电视新闻生产及时报道和深入分析，以满足公众对于信息的需求。

这些因素驱动着电视新闻生产不断发展和创新，以适应时代的变化和观众的需求。电视新闻生产需要与时俱进，不断追求新的方式和方法，以提供更好的新闻报道和服务。

（一）求新是电视新闻生产的内在要求

求新是电视新闻生产的内在要求，它体现在以下几个方面：

1. 新闻价值

电视新闻生产要求报道新闻事件和信息具有新闻价值，即具有时效性、重要性和公共关注度。新闻制作人员需要不断寻找和挖掘新的新闻故事和内容，以满足观众对于新鲜和有价值信息的需求。

2. 创新报道方式

电视新闻生产要求创新报道方式和手段，以吸引观众的注意力和兴趣。制作人员需要不断探索和尝试新的报道方式，如使用新的拍摄技术、运用新的叙事手法、采用新的图文呈现方式等，以提供与众不同的新闻报道体验。

3. 多样化内容

电视新闻生产要求提供多样化的内容，以满足观众的多样化需求。制作人员需要关注不同领域、不同层面的新闻事件和信息，涵盖政治、经济、社会、文化、科技等各个方面，以提供丰富多样的新闻报道。

4. 及时性和准确性

电视新闻生产要求报道及时、准确的新闻事件和信息。制作人员需要快速获取和处理新闻素材，确保报道的准确性和可信度。同时，他们也需要关注新闻的时效性，及时报道新发生的事件及其动态。

5. 质量和专业性

电视新闻生产要求提供高质量、专业化的新闻报道。制作人员需要具备丰富的新闻知识和专业技能，以确保报道的质量和准确性。他们还需要遵守新闻伦理和职业道德，保持报道的客观、公正和独立。

通过不断追求新的报道内容、创新报道方式、提供多样化的内容，以及保持及时性、准确性和专业性，电视新闻生产能够不断满足观众对于新闻的需求，提供高质量的新闻报道和服务。这些内在要求推动着电视新闻生产的发展和进步。

（二）电视新闻生产求新的路径

在新的传播语境下，互联网化的社会生态逐渐消解了新闻专业生产的空间，"倒逼"电视新闻生产方式做出变革，找到求新求变的路径。具体来讲，电视新闻生产的新路径大致有以下几个方面：

1. 理念求新

电视新闻生产的理念求新是指在新闻报道的整个生产过程中，制作人员始终保持对新闻的追求和创新精神，不断探索新的报道方式、内容形式和技术手段，以满足观众的需求和提供更好的新闻报道。

在理念求新的指导下，电视新闻生产创新体现在以下几个方面：

第一，新闻价值。制作人员不仅关注传统的新闻事件和话题，还积极寻找和报道新的、独特的新闻内容。他们追求报道具有新闻价值、时效性和公共关注度的新闻事件，以提供给观众新鲜、有价值的信息。

第二，创新报道方式。制作人员通过创新报道方式和手段，以吸引观众的注意力和兴趣。他们不断尝试新的拍摄技术、叙事手法、图文呈现方式等，以提供与众不同的新闻报道体验。

第三，多样化内容。制作人员注重提供多样化的内容，以满足观众的多样化需求。他们关注不同领域、不同层面的新闻事件和信息，涵盖政治、经济、社会、文化、科技等各个方面，以提供丰富多样的新闻报道。

第四，技术创新。制作人员积极应用新的技术手段和工具，以提升报道的质量和观众体验。他们关注科技的发展和应用，探索新的拍摄设备、编辑软件和传输技术等，以产生更好的新闻报道效果。

第五，新闻伦理和职业道德。制作人员在追求新闻的同时，始终遵守新闻伦理和职业道德的原则。他们保持报道的客观、公正和独立，不追求炒作和虚假报道，始终以提供真实、准确的新闻信息为目标。

通过理念求新，电视新闻生产能够不断创新和进步，提供高质量、多样化的新闻报道，以满足观众对新闻的需求和期待。这种追求新的理念促使电视新闻行业不断发展和适应时代变化。

2. 观念求新

电视新闻生产的观念求新是指在整个新闻生产过程中，制作人员持有一种积极的态度和观念，不断追求新的报道方式、内容形式和技术手段，以适应观众的需求和社会的变化。

观念求新体现在以下几个方面：

第一，创新内容。制作人员致力于提供新颖、独特和有价值的新闻内容。他们不满足于传统的报道方式和内容，而是积极寻找和挖掘新的报道角度、新的故事线索和新的话题，以满足观众对于新鲜、有趣和有深度的新闻信息的需求。

第二，创新报道方式。制作人员不断探索新的报道方式和手段，以提供与众不同的新闻报道体验。他们尝试运用新的拍摄技术、叙事手法、图文呈现方式等，以创造出独特的视听效果和观赏性，吸引观众的注意力和兴趣。

第三，创新技术应用。制作人员积极应用新的技术手段和工具，以提升报道的质量和观众体验。他们关注科技的发展和应用，探索新的拍摄设备、编辑软件和传输技术等，以提供更好的新闻报道效果。

第四，创新思维和实践。制作人员持有开放、创新的思维方式，鼓励团队成员提出新的观点和创意。他们鼓励实验和尝试，追求不同的报道方式和创新的实践，以不断推动新闻生产的发展和进步。

观念求新推动了电视新闻生产的创新和进步。制作人员通过持有积极的态度和观念，不断追求新的报道方式、内容形式和技术手段，以满足观众的需求和提供更好的新闻报道。这种观念促使电视新闻行业与时俱进，不断适应社会变化和观众需求的变化。

3. 内容求新

电视新闻生产的内容求新是指在新闻报道的内容方面，制作人员不断追求新颖、独特和有价值的新闻内容，以满足观众的需求和提供更好的新闻报道。

内容求新体现在以下几个方面：

第一，发掘新闻故事。制作人员积极寻找和发掘新的新闻故事和事件。他们关注社会的变化和热点问题，通过深入调研和采访，发现和报道那些具有新闻价值和公众关注度的新闻事件。

第二，视角创新。制作人员努力寻找新的报道视角和角度，以提供与众不同的观点和分析。他们不满足于传统的报道方式，而是尝试从不同的角度解读事件，提供新的思考和观点。

第三，多样化内容。制作人员注重提供多样化的内容，以满足观众的多样化需求。他们关注不同领域、不同层面的新闻事件和信息，涵盖政治、经济、社会、文化、科技等各个方面，以提供丰富多样的新闻报道。

第四，深度报道。制作人员努力进行深度报道，不仅关注事件的表面现象，还追踪背后的原因和影响。他们通过深入调查和采访，提供更全面、更深入的报道，使观众能够更好地理解事件的背景和内涵。

第五，创新形式和媒介。制作人员不断尝试新的报道形式和媒介，以适应新闻传播的多样化和变革。他们探索新的报道方式，如纪录片、虚拟现实、交互式报道等，以提供与众不同的新闻体验。

通过不断追求新的报道故事、视角、多样化内容和形式，电视新闻生产可以提供新颖、有价值的新闻报道，以满足观众对新闻的需求和期待。这种内容求新的精神推动着电视新闻行业的创新和进步。

4. 形态求新

电视新闻生产的形态求新是指在报道形式和呈现方式上不断追求创新和变革，以提供与众不同的新闻体验和观赏性。

形态求新体现在以下几个方面：

第一，视觉呈现。制作人员注重画面构图、摄影技巧和视觉效果的创新。他们通过运用新颖的画面构图、摄影技巧和视觉特效，使新闻报道更具有视觉冲击力和观赏性。

第二，剪辑和编辑。制作人员运用新的剪辑和编辑技术，以创造出独特的叙事效果和节奏感。他们探索新的剪辑方式、过渡效果和音效处理形式，以提供与众不同的报道形态和观赏性。

第三，交互式报道。制作人员尝试运用交互式技术和媒介，以提供更丰富、互动性更强的新闻报道。他们通过互动图表、可视化数据和用户参与等方式，使观众能够更深入地了解和参与新闻报道。

第四，跨媒体融合。制作人员将电视新闻与其他媒体形式进行融合，如互联网、社交媒体等。他们探索新的跨媒体报道方式，如将电视新闻与在线新闻、社交媒体互动等相结合，以提供更丰富、更多样化的报道形态。

第五，创新节目形式。制作人员不断探索新的节目形式和内容形式，以吸引观众的注意力和兴趣。他们尝试新的节目结构、内容安排和主持方式，以提供与传统新闻节目不同的观看体验。

通过形态求新，电视新闻生产可以不断创新和进步，提供与众不同的新闻报道形态和观赏性。这种求新的精神推动着电视新闻行业的创新和发展。

5. 手法求新

电视新闻生产的手法求新是指在报道过程中，制作人员不断追求创新和变革，通过新的报道手法和技巧，提供与众不同的新闻体验和观赏性。

手法求新体现在以下几个方面：

第一，叙事方式。制作人员不满足于传统的叙事方式，而是尝试新的叙事手法，如故事化叙事、多角度叙事、非线性叙事等。通过运用新颖的叙事方式，使报道更具有戏剧性和情感张力。

第二，视觉效果。制作人员注重运用新的视觉效果和技术，以提供更丰富、更生动的视觉体验。他们探索新的特效、动画和虚拟现实技术，以创造出与众不同的视觉效果和观赏性。

第三，数据可视化。制作人员运用数据可视化技术，将复杂的数据转化为直观、易懂的图表和图像，以提供更深入、更有说服力的报道效果。他们探索新的数据可视化工具和技术，以增强报道的信息呈现效果和观众理解程度。

第四，互动性报道。制作人员尝试运用互动性报道方式，使观众能够更深入地参与和体验新闻报道。通过在线投票、问答环节、社交媒体互动等方式，与观众进行互动，提供更丰富、更个性化的报道体验。

第五，社交媒体整合。制作人员将社交媒体整合到新闻报道中，通过实时更新、用户参与和社交分享，与观众建立更紧密的联系。他们探索新的社交媒体平台和工具，以增强报道的互动性和观众参与度。

通过手法求新，电视新闻生产可以不断创新和进步，提供与众不同的新闻报道手法和观赏性。这种求新的精神推动着电视新闻行业的创新和发展。

第四节　新闻的本体特性

新闻是一种文化载体，也是通过报纸、电台、广播、电视台等媒体传播信息的一种称谓，起到记录社会传播信息、反映时代的作用。新闻的本体特性分为以下几点：

一、真实与新鲜

新闻的基本要求是真实性，即新闻报道应该准确、真实地反映事实。新闻媒体应该进行客观、中立的报道，避免虚假信息和误导。真实之所以能成为新闻根本性的作用，主要是因为现代社会逐渐往信息化方向发展，使得我们每一个人都生活在媒体环绕当中，在一定程度上，"媒介环境"逐渐变成我们当前生存所要面对的境遇了。古人曾经所要实现的"足不出户而行千里"这一愿望已经在这个媒介社会得到了实现。对于某一个人来讲，在现实的社会生活当中所接触的世界是非常有限的，但是在媒介时代，人们所接触到的世界的广度和人生的宽度范围得到加大，还存在着能够涉足更多物理空间和尝试到更多样的人生滋味的可能。现在大多数的人已经离不开电视、手机、网络、新闻等了。在观看新闻的时候，也许也在看自己。所以，新闻的真实性对我们的人生选择会产生很大的影响。如果把社会当成一艘大船，那么新闻记者就是这艘船上的瞭望者，时刻沿着航道航行，在航行的过程中，如果遇到暗礁冰山，则及时发出警报，使得船行安全得到保障。

然而，要想实现这一举措的前提条件是瞭望者所给出的相关信息必须是真实的，绝对不能变成经常喊"狼来了"的那一类人。如果新闻失去真实性，那么就会导致很多社会问题出现，同时还会使得观众不再对其给予信任，新闻就渐渐失去了生命力，进而使得新闻媒体也失去了能够生存下来的基础。新闻的新鲜性和真实性是两个相互关联但又有所区别的概念。新鲜性指的是新闻的及时性和新颖性，即报道的内容与当前事件相关并且有独特的价值。新闻媒体需要及时报道新闻事件，以吸引读者或观众的注意力。真实性则指的是新闻报道的内容必须真实准确，必须经过核实和确认。这是新闻媒体的职责所在，要维护新闻的公信力和可信度。两者关系密切，新鲜的新闻必须有真实性，否则可能会对新闻传播效果产生负面影响。反之，真实的新闻如果没有及时进行报道，可能会失去新闻的价值和吸引力。

总之，新闻的新鲜性和真实性是相互依存的。媒体要在追求速度的同时，也要保证真实性，以弥补信息不对称的问题。

二、重要与即时

新闻的即时性是新闻的基本特点之一。新闻媒体必须在事件发生后第一时间予以报道，以保证新闻的原汁原味和真实性。随着移动互联网的普及，人们获取新闻的速度变得更快，新闻媒体也更需加快新闻报道的速度，以便更好地服务读者或观众。

社会发展是受到多种因素共同影响的，而新闻生产与传播就是其中非常重要的一环。随着时代的发展，新闻生产已经成为一项关系到国计民生的重要产业，社会发展离不开人类的意识导向，而人类与社会之间的相互沟通需要一个有效的媒介，而新闻传播恰好满足了这样媒介的需求，既能够传递社会发展的信息，同时也能够影响到人类本身思维的发展。从现实生活中我们也确实能够体会到传统纸媒新闻传播对于整个社会产生的推动作用，正是因为有新闻传播来传递社会与人之间的沟通信息，所以人类才能够推动社会的发展，社会的发展才能够带动人类思维的转变。因此，新闻的重要性不言而喻。

三、趣味与接近

新闻的趣味性和接近性是指新闻报道在内容和形式上能够吸引读者或观众的兴趣，并与他们的生活经验和情感接近。以下是对新闻的趣味性和接近性的解释：

（一）趣味性

新闻报道可以通过有趣的故事、幽默的元素或引人入胜的情节来吸引读者或观众的兴趣。通过增加趣味性，新闻报道可以激发读者或观众的好奇心，使其更愿意阅读或观看新闻内容。

（二）接近性

新闻报道可以与读者或观众的生活经验、情感和关切相接近。通过涉及当地事件、社区问题或个人故事，新闻报道可以与受众建立情感共鸣和连接，使其更容易理解和关注新闻内容。

新闻的趣味性和接近性的重要性在于吸引更多的读者或观众，提高新闻报道的影响力和传播效果。通过增加趣味性和接近性，新闻媒体可以吸引更广泛的受众，让他们更愿意参与和关注新闻事件，从而提高新闻的传播效果和社会影响力。然而，趣味性和接近性并不意味着牺牲新闻的真实性、客观性和质量。新闻媒体仍然需要坚持新闻的基本原则和职责，提供准确、客观和有价值的新闻内容。

第五节　电视的传播特性

关于电视的传播特性，可以概括成以下几点：

一、传播速度无极限

无线电波是电视的主要传播载体，它传播的速度和光速一样，都是非常快的，快到什么程度呢，平均每一秒可以绕整个地球 7 圈半，所以是极其快速的。从传播的技术上来讲，它能够将地球上某个地方所发生的事情传播到地球的任意一个地方。电视新闻的传播速度惊人，虽然它没有广播制作简便，但它的迅速发展已不容忽视；电视具有这种优势的主要原因就在于技术的不断进步。在 20 世纪 70 年代，电子采录技术已经在日常生活中得到广泛的使用和普及了，从而使得电视彻底摆脱了电视胶片拍摄的一些复杂的程序，使得现在能够进行现场拍摄，还可以同步到录音当中，使得信息得到及时的传送。对于 2021 年 10 月 1 日上午在北京天安门广场举行的国庆大阅兵来讲，这是备受世界关注的一件事情，很多国家都采取了现场直播的形式进行新闻报道，使得世界各地的不同地区的观众对这场庄严肃穆、气势恢宏的大阅兵仪式进行实时的观赏，这时候真的可以说是咫尺天涯成一家了。通过现场直播，很轻松地就能够实现古人所向往的"大同世界"的这一愿望了。因为通过现场直播可以使得电视所具有的速度优势和魅力得到充分的体现和发挥，再加上卫星通信的日渐发达还有通信设备更加的便捷，使得现场直播这种方式在电视新闻报道当中得到广泛的使用。与此同时，现场直播的传播方式也越来越常规化，不仅是在新闻报道中被大量使用，而且许多大型体育赛事也多采用现场直播的方式。

二、传播时空无障碍

电视传播的时空无障碍是指电视作为一种媒体形式，能够跨越时空限制，实现信息的无缝传播。以下是电视传播时空无障碍的几种表现：

第一，实时直播。电视可以通过实时直播的方式将新闻、体育赛事、演艺节目等内容实时传输给观众。观众可以通过电视机、网络等方式在不同的地理位置收看节目，实现跨越时空的观看体验。

第二，时差播放。电视节目可以根据不同地区的时差进行播放。例如，一档节目在某个国家的黄金时段播出后，可以在其他时区或国家的黄金时段进行重播，使观众在不同的时区都能够观看到节目。

第三，跨地域传播。电视信号可以通过卫星、有线电视等方式跨越地域限制，将节目内容传输到不同的地理区域。观众可以通过电视机、电视机顶盒等接收设备收看电视节目，无论其身处何地。

第四，网络传播。随着互联网的发展，电视节目也可以通过网络进行传播。观众可以通过流媒体平台、视频网站等在线渠道观看电视节目，不再受限于传统的电视信号传输。

通过这些方式，电视传播实现了时空的无障碍。观众可以在不同的时间和地点，通过电视节目获取信息、娱乐和文化内容。这种时空无障碍的特性使得电视成为一种重要的信息传播媒体，满足了观众对节目的需求且实现了观看的便利性。

三、传播手段综合化

电视的传播手段综合化是指电视作为一种媒体形式，利用多种传播手段和渠道来传递信息和内容。以下是电视传播手段综合化的几种表现：

第一，传统电视广播。传统的电视广播是最常见和传统的电视传播手段。通过无线电波传输，将电视节目和内容传递给观众的电视机。

　　第二，有线电视和卫星电视。有线电视和卫星电视通过电视天线、机顶盒等接收信号，传输电视节目。观众可以通过有线电视网络或卫星接收设备收看电视节目，实现更多频道和更高质量的观看体验。

　　第三，网络传播。随着互联网的发展，电视节目也可以通过网络进行传播。观众可以通过流媒体平台、视频网站等在线渠道借助电脑、手机、平板电脑等设备观看电视节目。

　　第四，移动传播。电视节目也可以通过移动设备进行传播，如智能手机、平板电脑等。观众可以通过移动应用或网页观看电视节目，随时随地获取内容。

　　第五，社交媒体和视频分享平台。电视节目和内容可以通过社交媒体平台和视频分享平台进行传播。观众可以通过社交媒体平台分享和推荐电视节目，与其他用户进行互动和讨论。

　　通过综合利用传统电视广播、有线电视、卫星电视、网络传播、移动传播以及社交媒体和视频分享平台等多种手段，电视内容的传播变得更加多样化和灵活。观众可以根据自己的需求和喜好，选择适合自己的观看方式和渠道，获得丰富多样的电视内容。传播手段综合化使电视更好地适应了现代观众的多样化需求和媒体使用习惯。

　　除此之外，电视还可以采用其他的方式手段对信息传递的效果进行强化，例如：通过对定格、慢动作等这些技巧的利用，重新对画面进行处理，进而使得所呈现出来的画面更能够吸引观众的注意力，从而能够调动观众产生一些感情。在《"挑战者号"升空爆炸》的新闻里，编辑在处理这一人类探索外层空间的历史性灾难的时候，用慢镜头将航天飞机在空中爆炸的短短几十秒时间拉长呈现在观众面前，使观众受到了强烈的震撼。电视还可以通过字幕增加新闻报道的信息量或者扩大新闻信息的接受面。字幕现在在新闻报道中已经成为一种常规性手段了。比如中央电视台新闻频道、中文国际频道等在日常新闻报道中就在屏幕下方用文字字幕不断播报最新的还来不及播报的信息，或者是反复播出重要的新闻。有些省市的电视台甚至开发了利用字幕进行广告发布、受众参与或者节目预告等功能。这其实也是电视在面临移动多媒体或者互联网等的竞争时，不断想办法开发自己的传播优势所带来的结果。

第六节 新闻传播的指导思想

新闻传播的指导思想是一种对新闻工作和新闻传播活动的基本原则和价值观的总结和概括。以下是几种常见的新闻传播的指导思想：

一、真实客观

新闻传播应该以真实和客观为基础，准确地报道事实，避免虚假和误导。新闻媒体应该秉持客观公正的原则，尽量避免主观偏见和个人立场的介入。

二、公共利益

新闻传播应该服务于公众利益，关注社会问题和公共利益，为公众提供有价值的信息和观点，保障公众的知情权和参与权。

三、多样性和多元化

新闻传播应该尊重和反映社会的多样性和多元化，包括文化、种族、性别、宗教等方面的多样性。新闻媒体应该提供平衡、多元的观点和声音，避免单一思维和信息垄断。

四、公正和平衡

新闻传播应该追求公正和平衡，避免片面和偏颇的报道。新闻媒体应该提供多方面的信息和观点，让公众能够全面了解事件和问题。

五、社会责任

新闻媒体应该承担社会责任，不仅是信息的传递者，还应该针对社会问题和公共利益发声。新闻媒体应该积极监督和报道权力的运行，为弱势群体发声，推动社会进步和公正。

这些指导思想在不同的国家和文化中可能有所不同，但它们共同强调了新闻传播的基本原则和价值观，为新闻从业者提供了方向和准则，以确保新闻传播的质量和社会效益。

党的二十大报告中强调"党的新闻舆论工作是党的一项重要工作，是治国理政、定国安邦的大事"。因此，把好舆论导向，做好正面宣传就应当成为一线新闻工作者日常工作的一把尺子、一个标准，伴随每一项业务工作始终。

舆论导向正确，就能凝聚人心、汇聚力量，推动经济社会发展；舆论导向错误，就会动摇人心、瓦解斗志，危害党和人民事业。坚持以正确舆论引导人，对于媒体从业人员来说，就要做到所有工作都有利于坚持中国共产党领导和我国社会主义制度，有利于推动改革发展，有利于增进全国各族人民团结，有利于维护社会和谐稳定。讲导向，这是最重要、最根本的导向。

有人说，新闻报道只是一种信息发布和信息传播，有什么就报道什么，无所谓导向问题。这种看法是不对的。任何新闻报道都有导向，报什么、不报什么、怎么报都包含着立场、观点、态度。新闻报道既要报道好新闻事件，更要传达正确的立场、观点、态度，引导人们分清对错、好坏、善恶、美丑，激发人们向上向善的精神力量。

要把坚持正确舆论导向贯穿新闻采编各个环节，落实到采写人员、编辑人员、审核人员、签发人员身上，层层把关、人人负责。党报党刊、电台电视台要讲导向，社交平台、新媒体也要讲导向；新闻报道要讲导向，副刊、专题节目、广告宣传也要讲导向；时政新闻要讲导向，文体类、社会类新闻也要讲导向。有人认为，文体类、社会类新闻等不必过于强调导向，尺度可以宽一些。这种认识是不对的，至少是不全面的。要让主旋律和正能量主导报刊版面、广播电视节目，主导网络空间、移动平台等传播载体，不能搞两个标准、形成"两个舆论场"。

团结稳定鼓劲、正面宣传为主，是党的新闻舆论工作必须遵循的基本方针。没有团结稳定，什么事情也做不成。

做好正面宣传，要注重提高质量和水平，增强吸引力和感染力。有人说，正面宣传很简单，材料是现成的，剪刀加糨糊就能完成。也有人说，正面宣传不好做，做出来也没多少人爱看。事实并不是这样的，我们做的许多弘扬正能量的节目在社会上影响很大，点击量也很高，也得到人民群众的认可。正面报道要努力用心用情去做，让百姓爱听爱看，更不能拒绝写小人物、小故事。

坚持团结稳定鼓劲、正面宣传为主，必须自觉在思想上政治上行动上同党中央保持高度一致。必须加深对党性和人民性关系的认识。新闻媒体就是要把对党负责和对人民负责统一起来、把服务群众同教育引导群众结合起来，更好地把党的理论和路线方针政策变成人民群众的自觉行动，及时把人民群众创造的经验和面临的实际情况反映出来。

第七节　意识形态生产的精神特性

电视新闻生产的意识形态生产的精神特性是指在新闻报道和节目制作中，制作人员所持有的意识形态观念和价值取向对于新闻内容和报道方式的影响。以下是一些常见的意识形态生产的精神特性：

第一，客观性与公正性。意识形态生产的精神特性要求新闻报道具有客观性和公正性，即报道应该基于事实，避免主观偏见和个人立场的介入。制作人员应该尽力避免意识形态的偏颇，提供多元的观点和声音，让观众自行进行判断和评估。

第二，价值导向与关注重点。意识形态生产的精神特性会影响新闻报道的关注重点和价值导向。制作人员可能会更加关注符合其意识形态观念的事件和议题，强调特定的价值观和立场。然而，良好的意识形态生产应该尽量保持公共利益和多样性的关注，避免过度强调个人或特定群体的利益。

第三，舆论引导与话语权。意识形态生产的精神特性可能导致新闻报道中的舆论引导和话语权的集中。制作人员可能会有意或无意地选择报道某些事件或观点，以塑造特定的舆论和影响观众的认知。然而，良好的意识形态生产应该尊重多元的观点和声音，并提供平衡的报道。

第四，社会责任与公共利益。意识形态生产的精神特性要求制作人员承担社会责任，关注公共利益和社会问题。他们应该通过新闻报道和节目制作推动社会进步和公正，为公众提供有价值的信息和观点。

尽管意识形态生产的精神特性可能存在一定的局限性和挑战，但良好的意识形态生产应该尊重新闻的基本原则和价值，确保报道的客观性、公正性和多样性。制作人员应该秉持维护公共利益和履行社会责任的原则，为观众提供准确、全面、公正的新闻报道和节目内容。

一、电视新闻有利于和谐社会的发展

电视新闻是意识形态生产当中的一种重要的方式，被称为传递信息的"喉舌"，对于和谐社会的发展与稳定是至关重要的。只有把人民"喉舌"观真正贯穿在新闻工作的始终，新闻工作者通达社情民意、化解社会热点、疏导公众情绪等方面的作用才能充分发挥。如果新闻事业有一个根基，那么这个根基就是公众。新闻界以公众的名义获得正当性，它的存在就是为了告知公众，充当了公众延伸了的

"眼睛、耳朵和喉舌",保护公众的知情权,永远为公众利益服务,为民众发声,才能起到有利于和谐社会发展的重要作用。电视新闻从业者要积极做有利于社会稳定的事情,社会稳定是构建社会主义和谐社会的重要基础。

构建和谐社会的终极目标是人的和谐,因此,和谐社会的建构必须以人为本,以人的权利和利益的表达、交流、协调、均衡为主调,实现个体—群体—社会的融通和协调。电视新闻所包含的以人为本和倡导公共意见表达的积极因素,正是构建和谐社会的重要基础。我国的电视新闻是在政治稳定的前提下发展起来的,因此电视新闻是构建和谐社会最具说服力的一个必要因素。电视新闻的良好发展更有利于构建和谐社会。

二、传承文化与引领文化

电视新闻作为一种意识形态生产,不仅在文化传承上面具有重要的责任,同时在文化引领方面也要起到积极的带头作用。意识形态不仅是统治阶级的思想观念,同时其中也包括民族在历史发展过程中所形成的一些价值体系。比如中国文化中所特有的"天人合一"的观念、讲求人伦道德的观念、集体主义的观念等都会在电视新闻的生产中成为一种底色。在《感动中国》的节目中,我们所追求的是中华民族崇尚英雄、在生死关头或重大抉择面前为了他人的利益敢于自我奉献的精神。由于电视新闻意识形态生产的这种精神特性的要求,电视新闻从业人员要牢记,要提升国家软实力,就必须大力弘扬民族优秀传统文化,发掘民族和谐文化资源,起到传承文化和引领文化的作用。

三、具有延续性与继承性

电视新闻生产具有延续性和继承性的含义是指,电视新闻不仅是一种瞬时的信息传递,也是一种历史的记录和积累。电视新闻生产的过程中,从采集、编辑、发布到阅读,都是一个不断延续的过程,每一个环节都需要前一环节的支持和基础。同时,电视新闻也具有继承性,即前一段时间的新闻内容和价值会被后续的新闻所继承和发展。这是因为电视新闻是一个不断积累的过程,新闻报道通常会涉及某个事件或者话题,而这些事件或话题往往是一个长期的过程,需要不断地跟进和报道。因此,电视新闻的积累和继承是非常重要的,后续的电视新闻需要基于前一段时间的报道内容和价值进行延续和发展,这样才能更好地为读者提供全面、准确、及时的信息。同时,电视新闻的继承性也体现在新闻机构和新闻从业人员的传承上,他们会将前辈的经验和技能传承给后来的人,从而不断提高新闻报道的质量和水平。新闻的延续性和继承性是新闻产业的基础，也是电视新闻不断发展和成长的重要条件。

第八节　竞争性生产的商业特性

中国电视属于第三产业，因此具有一定的产业属性。这就意味着，中国电视行业必须和其他第三产业一样，以产业化为方向，逐步建立起充满活力的自我发展机制，具备一定的商业特性，以此适应社会的发展。在电视节目体系当中，电视新闻占据着重要的位置，它能够帮助媒体塑造品牌形象，使得电视台的影响力和竞争力都得到很大的提升。目前，由于很多电视频道还有栏目都出现雷同的现象，所以使得现在的一些媒介偏心于娱乐，并没有什么观点可言，这样就容易导致媒介的识别特征变得逐渐弱化。因此，对于身处于多媒体和多频道的全国性竞争的媒介生态格局当中的电视而言，要适应这种变化，在竞争中求得发展的一席之地，我们可以从以下这几个方面进行理解：

一、电视新闻是电视观众收看电视节目时主要选择的节目类型之一

电视新闻以其视觉、听觉、语言等多种手段，将新闻事件直观地呈现在观众面前，具有信息量大、速度快、感官冲击力强等特点，因此备受观众青睐。此外，电视新闻还具有及时性和互动性的优势，观众可以通过电视节目、社交媒体等多种渠道与新闻事件互动，增强了新闻传播的参与性和体验感。随着电视技术的不断升级和智能手机的普及，观众可以在任何时间、任何地点收看电视新闻，使其成为人们获取新闻信息的重要途径之一。

从 2022 年各类节目的播出和收视比重来看，除了省级卫视新闻时事节目的播出和收视比重呈现倒挂之外，中央电视台和省级电视台、市级电视台新闻时事节目的播出和收视比重都呈现出收视比重高于播出比重的情况，而且越向基层方向走，这个比重越高，市级频道收视比甚至达到播出比的两倍。从以上的这些收视比例中可以看出电视观众对于电视新闻节目的需求依旧是非常强的，即使电视新闻节目跟两年前进行比较，收视率是下降的，但是新闻类节目对于资源的利用是非常好的，使得最后的收视预期是非常可观的。然而，中央电视台在各种电视频道当中占据了非常大的优势，并且新闻类节目对电视所做出的收视方面的贡献

就高达40%左右，但是，新闻类节目对省级卫视还有市县频道的收视贡献则不是那么理性，还不到20%。从以上这一现象也可以看出，中央电视台在电视新闻的竞争当中占据了很大的优势，可以说是"无人能敌"。在2019年到2022年的这三年内，各级电视台新闻节目对收视所做的贡献也在不断发生变化，中央电视台所具有的优势明显下降了，但是中央电视台依旧在电视新闻节目当中占据着非常重要的地位。这主要的原因就在于中央电视台的生产力是非常强的，并且通过长时间的发展，观众已经对其产生了信任，使得中央电视台各频道的收视率都是非常高的。在短时间内，其他媒体想要赶上中央电视台是存在一定难度的，同时，各地方电视台的竞争也十分激烈。对于普通人来讲，电视新闻不仅带来了很多消息，更让生活变得愉悦。而对于电视台本身的工作人员来讲，这是一个没有硝烟的职场竞争地，尤其是在发现"流量明星"可以带来财富后，不少电视台做出调整，希望可以在同行中崭露头角，邀请一些流量明星助阵，提高收视率，扩大自身的名气。对于新闻播报的这种方式，它报道的内容主要是跟老百姓相关的一些新闻事件，但是对于中央电视台而言，主要是在个性化、平民化的这种播报风格上得到体现。由于两者之间的这种差异化，使得中央电视台能够在新闻市场的竞争当中另辟蹊径，找到了一条新的路径。然而，同时也会带来很多新的问题，如新闻权威性急速下降、品牌形象也在不断下降、地方媒体的内部竞争逐渐白热化等。总而言之，从电视新闻生产当中完全可以看出竞争性这种特征。

二、电视新闻是电视媒体竞逐广告投入的重要资源

像《新闻联播》《天气预报》《焦点访谈》等这些比较重要的栏目在广告招标中是被当成竞标方式进行销售的。在"19点报时组合"这两个黄金时段的广告价格是非常高的。其中最受广告商欢迎的除了电视剧，还有新闻节目当中的广告时段，这也表明广告商对于新闻节目所具有的影响力是非常认可的。

电视新闻是电视媒体竞逐广告投入的重要资源之一。在电视媒体中，广告收入是主要的经济来源之一，而电视新闻作为电视媒体的重要内容之一，具有广泛的受众群体和高度的影响力，因此也成为各电视媒体竞逐广告投入的重要资源之一。电视新闻的受众群体广泛，包括各个年龄段、各个社会阶层的人群，因此能够吸引更多的广告商投入广告。同时，电视新闻的影响力也很大，能够引发社会热点话题和关注，使得广告商能够更好地将产品和服务推向市场。因此，电视新闻作为电视媒体竞逐广告投入的重要资源之一，对于电视媒体的发展和经济收益具有重要的作用。

三、电视新闻是与境外电视传媒竞争的主要领域之一

自从我国加入世界贸易组织后，在传媒学术界和业界激起了一个关于我国媒体和国际媒体怎样进行竞争的激烈讨论。讨论的主要内容一方面是媒体怎样才能够做到强大；另一方面是，在面对国际媒体的时候，中国媒体应该怎样进行舆论的导向。

电视新闻是与境外电视传媒竞争的主要领域之一。随着经济全球化的发展和信息技术的进步，境外电视传媒的影响力和竞争力不断增强。境外电视新闻机构在技术、内容、报道方式等方面具有一定的优势，能够通过跨国网络和卫星传输等手段将新闻内容迅速传播到全球各地。这对于国内电视新闻媒体来说是一种挑战，需要不断提高自身的竞争力，以吸引观众和广告商的关注。

为了与境外电视传媒竞争，国内电视新闻媒体需要注重内容质量、报道准确性和及时性，提供更多有深度、有价值的新闻报道。同时，还需要不断创新，采用新的技术手段和报道方式，以适应观众的需求和市场的变化。此外，加强与国际新闻机构的合作和交流，提升国际话语权和影响力，也是国内电视新闻媒体竞争的重要策略之一。

总之，电视新闻是与境外电视传媒竞争的主要领域，国内电视新闻媒体需要不断提升自身的竞争力，以保持市场地位和影响力。

总的来说，电视新闻生产的特点主要是在新闻的本体特征和电视传播特性的基础上建立起来的，与此同时，它也具备了意识形态生产的一些特性，如精神特性、竞争生产的商业特性等。对于电视新闻而言，它的本体特性就是它的根本，它的传播特性就是它的主要核心，并且把意识形态生产的这种精神特性当成发展的方向。但是，在电视新闻生产的实践过程中，我们第一步需要做的就是要围绕着新闻的基本原则来进行生产，同时生产的过程必须与现在的电视传媒技术的特性要求相对应，并且要对电视当中的这些符号、手段的运用达到一种熟练的程度，之后再进行新闻的生产。

第二章　我国电视新闻生产的现状
——以央视新闻频道为例

在全球范围内，央视新闻频道是收视率高、覆盖率高的一个电视新闻节目。对于央视新闻频道而言，一般情况下都是以最快的速度向人们传递第一手新闻资讯，时效性、信息量得到明显的突出，成为百姓了解世界时事的重要窗口。它在国内主要代表着党和政府，在国外主要代表的是中华民族，能够为人们提供最新的、最具权威性的实时新闻信息。央视新闻频道在某种程度上成为一个传感器或者一个普通人能够了解世界的窗口。

第一节　央视新闻频道概述

一、央视新闻频道的由来

央视新闻频道的由来可以追溯到中国中央电视台（China Central Television，CCTV）的成立。CCTV 是中国最大的国家级电视台之一，成立于 1958 年，总部位于北京。CCTV 旗下设有多个频道，其中央视新闻频道是其重要的新闻类电视频道之一。

央视新闻频道的成立是为了满足观众对新闻信息的需求，传递及时、准确、客观、全面的新闻报道。随着中国社会的发展和媒体环境的变化，央视新闻频道在不断发展和壮大。

央视新闻频道在报道中秉持客观、公正、真实、全面的原则，力求为观众提供权威、可信的新闻信息。央视新闻频道通过新闻节目、新闻报道、访谈、评论和专题节目等形式，向观众提供全天候的新闻报道和分析。

央视新闻频道通过报道国内外的政治、经济、社会、文化、科技等各个领域的新闻事件和动态，成为中国国内外新闻报道的重要来源之一。它在国内外都具有广泛的影响力和观众基础，承担着报道新闻、传递信息、引导舆论的重要使命。

央视新闻频道的由来可以说是随着中国中央电视台的发展而逐步形成的，为观众提供全面、准确、及时的新闻报道，成为中国最重要的新闻媒体之一。

央视新闻频道的节目包括《新闻联播》《焦点访谈》《朝闻天下》《新闻1+1》等。这些节目涵盖国内外的重要新闻事件、社会问题、经济发展、文化活动和科技创新等多个领域。

二、央视新闻频道的新媒体特色

央视新闻频道在适应新媒体发展的趋势下，积极探索和应用新媒体技术，具有以下几个新媒体特色：

（一）多平台覆盖

央视新闻频道通过多个新媒体平台进行覆盖，包括官方网站、移动应用、微博、微信公众号等。这些平台使得观众可以随时随地获取央视新闻频道的内容，满足观众多样化的观看需求。

（二）实时更新和互动性

央视新闻频道在新媒体平台上实时更新新闻内容，保持与观众的互动。观众可以通过评论、点赞、分享等方式与央视新闻频道进行互动，提出问题、表达观点，增强观众的参与感和体验感。

（三）多媒体融合

央视新闻频道在新媒体平台上实现了文字、图片、音频和视频等多媒体元素的融合。观众可以通过观看视频新闻、浏览图片报道、收听音频解说等方式获取全方位的新闻信息。

（四）数据可视化

央视新闻频道在新媒体平台上运用数据可视化技术，将复杂的数据转化为直观、易懂的图表和图像，以提供更深入、更有说服力的报道效果。观众可以通过交互式图表和图像，深入了解和分析新闻事件的背景和内涵。

（五）社交媒体整合

央视新闻频道在新媒体平台上与社交媒体进行整合，通过与观众在社交媒体上的互动，增强报道的传播力和影响力。观众可以通过社交媒体平台分享央视新闻频道的内容，扩大新闻的传播范围。

通过这些新媒体特色，央视新闻频道能够更好地适应观众的需求和媒体环境的变化，提供全方位、多样化的新闻报道和服务。同时，新媒体的应用也提供了更多的互动和参与机会，增强了观众与央视新闻频道的互动和联系。

第二节　央视新闻频道走向

一、节目内容更"亲民"

央视新闻频道的节目内容在一定程度上可以被认为更具有"亲民"性，因为它致力于提供平易近人、易于理解的新闻报道，以满足观众对于实用信息和普及知识的需求。央视新闻频道的报道通常注重新闻的实用性和生活化，关注民生问题、社会热点和日常生活中的实际需求。

央视新闻频道也注重文化性的表达，通过文化节目和专题报道，展示中国传统文化、当代文化和世界各地的多样文化。这些节目涵盖文化遗产、艺术表演、文化交流等内容，旨在提升观众的文化素养和审美意识。

同时，央视新闻频道也会设置一些深度报道和专题节目，探讨社会问题、政治经济、科技创新等领域的重要议题。这些节目旨在提供更全面、更深入的报道，引导观众思考和关注社会发展的重要问题。

比如，播报亲民化也彰显了活力。一直以来，央视《新闻联播》都给人一种"严肃、字正腔圆"的感觉，这种语言模式化、格式化的播报方式虽然给人一种稳重权威，但缺乏活力，被不少群众称为"联播体"。如今的《新闻联播》的文稿和串词都大大增强了口语化，如"这两天""随着2022年的到来，我国一批与百姓生活密切相关的新法新规也开始正式实施""航母style""遏制浪费，请从今晚这餐饭开始吧"……文风的转变也带来播报形式的变化。改版后《新闻联播》的主持人一改过去"一本正经，不苟言笑"的刻板形象，播报上不但语调柔和，还会视不同内容而变化表情。如《新闻联播》老一辈主持人李瑞英、李修平、张宏民、王宁在播报上与以往已有不小的变化，表情更加自然，甚至还不时会有含蓄的微笑，富有亲和力和活力，这也是央视《新闻联播》改版被称为"变脸"的标签之一。

央视新闻频道作为部级电视新闻频道，除了承担政治宣传的职能外，应当"弯下腰"制作专门的民生新闻节目，优化节目形式和节目质量，更多地站在人民群众的角度审视新闻、选择新闻、解读新闻，力争做到以受众为中心，从国家的高度对民生问题给予关注。

二、频道的文化性更强

央视新闻频道在节目内容上的确注重文化性，通过文化节目和专题报道展示了丰富的文化内容，弘扬了中华传统文化，推广了当代文化，以及展示了世界各地的多样文化。以下是央视新闻频道在文化性方面的一些特点：

（一）文化节目

央视新闻频道定期播出各类文化节目，如《中国文化报道》《中国文化遗产》《文化中国》等。这些节目通过深入报道中国传统文化的各个方面，包括艺术、文学、历史、哲学等，以及当代文化的发展和创新，展示了中国丰富的文化底蕴。

（二）文化专题报道

央视新闻频道在新闻报道中经常涉及文化专题，如文化节庆活动、文化遗产保护、文化产业发展等。这些报道通过深入挖掘和解读文化事件和现象，传播文化知识和理念，促进观众对于文化的理解和关注。

（三）文化交流和对外报道

央视新闻频道积极报道国内外的文化交流活动和文化盛事，如文化展览、艺术节、国际文化交流活动等。通过报道国际文化事件和跨文化交流活动，央视新闻频道为观众呈现了丰富多样的全球文化景观。

（四）文化名人访谈

央视新闻频道经常邀请文化界的知名人士进行访谈，探讨他们的创作理念、艺术成就和文化观点。这些访谈节目通过深入了解和展示文化名人的思想和成就，为观众带来了文化的启迪和思考。

通过这些文化性的节目和报道，央视新闻频道不仅传递了新闻信息，还弘扬了中华文化，推广了当代文化，促进了文化交流和理解。央视新闻频道在文化性方面的努力，使其成为中国重要的文化传播平台之一。

总体而言，央视新闻频道在节目内容上努力平衡"亲民"性和文化性，既注重为观众提供实用的新闻信息和生活化的内容，又关注文化传承和文化多样性的展示。这样的内容设置使得央视新闻频道能够满足观众的不同需求，提供丰富多样的新闻报道和节目内容。

三、世界地位逐步提高

央视新闻频道的世界地位逐步提高受到多种因素的影响，主要表现如下：

（一）覆盖范围

央视新闻频道作为中国最大的国家级电视台之一，拥有广泛的覆盖范围，通过卫星传输和互联网等方式将新闻内容传播到全球各地。这使得央视新闻频道能够触及更多的观众，提供全球范围内的新闻报道。

（二）新闻报道的权威性

央视新闻频道在报道中秉持客观、公正、真实、全面的原则，力求提供权威、可信的新闻信息。其报道涵盖国内外的政治、经济、社会、文化、科技等各个领域的新闻事件和动态，为观众提供全面、准确、及时的新闻报道。

（三）国际合作与交流

央视新闻频道积极开展国际合作与交流，与世界各地的媒体机构建立合作关系，共享新闻资源和报道经验。通过与国际媒体的合作，央视新闻频道能够获取全球范围内的新闻信息，并将中国的声音传递到国际社会。

（四）新媒体的发展

随着新媒体的兴起和发展，央视新闻频道积极探索和应用新媒体技术，通过官方网站、移动应用、社交媒体等平台，将新闻内容传播到更广泛的观众群体之中。新媒体的发展为央视新闻频道提供了更多的传播渠道和观众参与机会，进一步提高了其在世界范围内的影响力。

通过这些因素的综合作用，央视新闻频道的世界地位逐步提高。它在国际新闻舞台上扮演着越来越重要的角色，为观众提供全球范围内的新闻报道和信息，促进了国家间的交流与理解。

四、电视新闻节目与其他媒体的互动将越来越频繁

随着新媒体的快速发展和观众需求的变化，央视新闻频道的电视新闻节目与其他媒体的互动将越来越频繁。以下是一些可能的互动方式：

（一）社交媒体互动

央视新闻频道可以通过社交媒体平台与观众进行互动，包括在新闻节目中分享社交媒体上的观众意见和评论，与观众进行在线问答和互动等。这种互动可以增加观众的参与感和互动体验。

（二）在线投票和调查

央视新闻频道可以通过在线投票和调查的方式，邀请观众参与对新闻事件和话题的意见收集。观众可以通过央视新闻频道的官方网站或移动应用参与投票和调查，表达自己的观点和看法。

（三）观众参与节目制作

央视新闻频道可以鼓励观众参与节目制作，如通过征集观众的新闻线索和报道素材，邀请观众参与节目的讨论和辩论等。这种参与可以增加观众的参与感和参与度，同时丰富节目的内容和观点。

（四）跨媒体整合

央视新闻频道可以与其他媒体进行跨媒体整合，共同报道和讨论重大新闻事件和话题。通过与其他媒体的合作和互动，央视新闻频道可以获取更多的新闻资源和观点，同时扩大新闻报道的影响力和传播范围。

第三节　央视新闻频道面临的挑战和机遇

央视新闻频道在未来的发展中，可能会面临以下几个方面的挑战和机遇：

一、多媒体融合

随着新媒体的快速发展，央视新闻频道需要进一步加强与新媒体的融合，通过官方网站、移动应用、社交媒体等平台，实现多渠道、多平台的内容传播。这将为观众提供更多样化、个性化的新闻体验，同时也需要央视新闻频道进行技术和人才的升级和转型。

二、观众需求变化

观众对于新闻的需求和消费习惯正在发生变化，央视新闻频道需要不断了解观众的需求和喜好，提供更加精准、有针对性的新闻报道和节目内容。同时，央视新闻频道也需要关注年轻观众的需求，通过创新的报道方式和内容形式，吸引年青一代的关注和参与。

三、国际传播能力提升

央视新闻频道在国际传播方面有着巨大的潜力和机遇。随着中国的崛起和国际影响力的提升，央视新闻频道可以进一步加强与国际媒体的合作与交流，扩大国际报道的覆盖范围和影响力。同时，央视新闻频道也需要提升自身的国际传播能力，加强对外报道的专业性和客观性。

四、创新内容和报道方式

央视新闻频道需要不断创新内容和报道方式，以适应观众的需求和媒体环境的变化。通过探索新的报道方式、运用新的技术手段和创新的节目形式，央视新闻频道可以提供更丰富、更有深度的新闻报道和节目内容，增强观众的参与感和观看体验。

通过应对这些挑战，央视新闻频道有机会进一步提升自身的品牌价值和影响力，成为更具国际竞争力的新闻媒体，为观众提供更高质量、更多样化的新闻报道和服务。

第三章　专题类电视新闻的生产

专题类电视新闻节目是解读社会焦点问题、引导社会舆论导向的有效途径，在媒体环境激烈的竞争状态下依然保持较高的收视率，受到广大受众的关注。它兼容某些新闻的特性，但又具有与新闻不同的功能。它的重要功能就是"对事实和对真实自然的人、人性的高度尊重与揭示"。因此它既不会取代其他电视艺术，也不会被其他电视艺术所取代，有着顽强的艺术生命力。

专题类电视新闻其实就是一个能够为观众提供深度信息的一种新闻报道方式。它主要是通过对各种电视手段和播出手段进行综合运用，进而对一些重大的新闻题材进行详细的报道，为观众提供深度的信息。专题类电视新闻的形式非常多样，其中包括电视新闻专题报道节目、谈话类电视新闻节目、杂志类电视新闻节目、评论类电视新闻节目和电视调查性报道等几个不同的类别。对于电视台新闻来讲，它的拳头产品主要是专题类电视新闻节目，同时专题类电视新闻节目也是它的品牌形象和核心竞争力形成的重要手段。

第一节　电视新闻专题报道节目

一、电视新闻专题报道节目概述

专题类节目在电视台也是经常看到的一种节目样式。它有着较强的新闻性，有着明显的纪实风格，比之消息又有着较强的艺术性，属于广义的新闻节目范畴。

（一）新闻专题

新闻专题是对某一重大新闻事件或具有重大新闻价值的事件的深入报道。它报道的范围很广，可以说，它是消息的延伸和拓展。新闻专题需要有足够的篇幅，能够承载大容量的节目内容。

1. 新闻专题的发展

中国电视发展之初，技术设备、传播样式、美学风格均承袭了苏联的衣钵，苏联的纪录片模式也被深深注入电视片传播之中，屏幕上分新闻报道和纪录片两大类。随着电视的发展，由电视台自己制作的各类专题节目出现在了荧屏上，新闻类专题也就成了一种门类，逐渐和纪录片并驾齐驱，可以说专题片也汲取了纪录片的创作手法，逐步开始融合。

1958 年，中央电视台就播出了《英雄的信阳人民》《为首都博物馆工作的画家们》《大庆铁人》《党的好干部焦裕禄》等，都是用 16 毫米的胶片拍摄的，样式也脱胎于电影纪录片。

20 世纪 60 年代中期的《收租院》《向青石山要水》《泰山压顶不弯腰》也没有脱离当时电影纪录片的政论模式。

20 世纪 70 年代末，中央电视台成立专题部，专题片在电视上逐渐红火起来，这时新闻专题和社教专题还没有明确的分野，都称为专题片。风光片占了大量的内容，如《黄山》《泰山》《丝绸之路》《哈尔滨的夏天》《漓江水》《话说长江》等都轰动一时。但重大新闻事件还是用新闻专题的形式表现，如两会召开、重大的历史事件的纪念等。

到了 20 世纪 80 年代，专题片逐步向政论的方向发展，如《长征——生命的歌》《让历史告诉未来》都创下了前所未有的收视纪录。但也出现了一些问题，声画两张皮，画面依从解说的构架，使得观众逐渐厌倦。

20 世纪 90 年代之后，纪实类电视节目从唯美转为返璞归真的趋势悄悄出现。1991 年中央电视台推出的《望长城》实现了以长镜头自然光、同期录音、追踪过程等同步记录现实生活的纪实风格在大型电视作品中的重大突破。1993 年，中央新闻电影制片厂正式并入中央电视台，显示出电影纪录片和电视专题的殊途同归。

21 世纪，社教专题和新闻专题逐步有了自己特定的概念，新闻专题成为专题节目的一个分支开始独立出来。而过去的风光片、纪实类专题片归入社教类专题，从全国电视新闻的评奖分类中也可以看出这种变化。

2. 新闻专题的特征

（1）新闻性

新闻性是新闻专题的基本特性，新闻专题也要具备新闻要素，因为新闻专题是围绕新闻事件或新闻人物、新闻典型等展开的。报道要有时效性，或是新近发生的事，或是适宜于当前形势需要的。报道要有新闻由头。对有重大新闻价值的题材，及时地深入采访、挖掘，以制作出思想内容和表现形式都达到一定高度的完整节目，呈现给观众。

（2）重要性

新闻专题的题材需要精选。要选择新近发生的、发现的，具有社会意义的人物、事件、经验和社会问题、现象为题材。即使是重大题材，也要是人民群众关心的热门话题，是人民群众实际生活中迫切需要解决的问题。要培养出正确判断选择题材的能力，能从看似平常的事情中挖掘出具有重大价值的新闻来。

（3）专题性

专题新闻必须具有专题的特征，是消息类新闻的延伸和拓展。一是报道思想内容的延伸。应多侧面、多视点、多角度、多层次地展现新闻事实及相关的背景材料，说明事件（事态）发生、发展的来龙去脉、前因后果，并分析其现象和本质，内在条件与外在条件之间的相互关系，从而揭示出深刻的主题思想。二是报道时间的延伸。应有足够的长度，有能容纳分析、透视事物的内容的篇幅。三是新闻品种的延伸。应从传播形式上设立固定的栏目，作为传播新闻专题的窗口，也可作为特别节目播出。

（4）多样性

从表达方式看，要根据主题的需要，运用电视多种表现元素和播出方式，尽可能鲜明、生动地传达主题的意义。在力求图像和解说、采访谈话同期声完美结合的同时，采用字幕、特技、动画及少量的配乐等，以增强节目的信息量和感染力。

（二）新闻专题的类型

1.典型报道

新闻的典型报道是指对一定时期内产生的最突出、最具有代表性的人物或事件进行的重大报道。典型报道的要求如下：

（1）克服模式化，重视个性化

以前在写先进典型的时候，往往容易拔高。上面有什么精神都在先进典型身上找依据，根据主观需要随意确立主题，结果是千人一面、千人一腔，造成模式化，甚至是墙里开花墙外香，反而使先进典型陷入一种尴尬的处境。

搞典型报道要到生活中去发现、去认识典型价值，重要的是让典型具有个性，而不是模式化、概念化。正如恩格斯所说："每个人都是典型，但同时又是一定的单个人，正如老黑格尔说的，是一个'这个'，而且应当是如此。"[①]为展现"这个"的个性美而不是抽象的美，必须注重人的心态的展示，注重典型细节、情节的捕捉。

（2）注意思想引路，避免经验引路

典型报道的宗旨是要"学有榜样"，能对人民群众起到激励、鼓舞、推动作用，并且这种作用不应当是直露的、功利性的，而是要让观众因感动感悟而达成共识，是自觉自愿的。因此，典型报道要用事实说明被报道的人和事的昨天、今天和明天，从思想高度展示典型的实质意义和它对人民的启示。先进典型作为成功者，都有成功的经验，但报道不是经验引路，而是思想引路。典型的经验是在他所处的主客观条件、环境之下获得的，当主客观条件发生变化后，经验也不尽适用，但他们为奔向成功而不断创新、不断探索、追求的思想境界是可学的。典型的意义在于强烈体现时代特征的精神上。

（3）找准线索，提炼主题

新闻专题在构思的时候，要注意整体感。因为专题片篇幅较长，反映的内容较多，如没有严谨的构思，就会显得思路混乱。所以在新闻专题报道的时候，无论是画面还是解说，都要有一条明确的主线，用一条线索来贯穿全片，既脉络清晰又层次分明。

（4）重大事件的详尽报道

重大事件主要是指突发事件、灾难性事件、有重大意义的某项行动等。这类报道用现场报道的手法将观众带入现场，如亲临其境，直观地获得信息。这类报道要尽量用现场纪实的手法拍摄，给观众以参与感。全片应在纪实中展示完整的构思，将事件的来龙去脉讲清楚。还要注意抓取细节，增强片子的魅力。

2. 社会问题、社会现象的思辨性报道

思辨性报道是专题报道作为深度报道的重要类型，是对社会问题、社会现象的分析思辨的报道。这类报道离不开对事物的归纳和演绎。归纳是由个别到一般、由事实到概念的推理方法，演绎则是由一般到个别、由一般原理到个别结论的推理方法。要正确认识和报道社会问题、社会现象，就要把归纳和演绎统一于专题报道之中。比较，是根据共同的参照去分析与衡量事物；鉴别，是通过比较找出事物的异同。

[①]　中共中央马克思恩格斯列宁斯大林著作编译局. 马克思恩格斯选集　第四卷 [M].3 版. 北京：人民出版社，2012.

思辨性报道离不开对事物的抽象和概括。面对大量素材，记者要慧眼识金，把最有新闻价值、最能说明事物本质的东西筛选、提炼出来。通过对多种事物的分析和综合、归纳和演绎、比较和鉴别、抽象和概括，从而抽取出事物的本质属性，形成对事物的理性认识，得出新的观点、见解，给观众以思想启迪。

思辨性报道的特点如下：

（1）重在新的观念

思辨性报道注重因事而引发思想，把对事物的认识上升到哲理高度。它重在思辨，重在观念的阐述，而不注重介绍事情的始末。要求记者高瞻远瞩，以新的观念来面对事实。

（2）用事实说理

思辨性报道具有较强的理性思辨色彩，但它不是用概念逻辑来思辨，而是用事实说理，用事实的逻辑力量进行思辨。因此，报道必须提供能分析的材料及用以说理的新的事实。这些事实不一定是新近发生的，但它所涉及的问题必须是社会的"热点"。围绕一种问题、现象以及发展运行轨迹中的各种事实进行分析，提炼出某种观点，引发某种思考。

思辨性报道是通过事实的逻辑力量来指出一种趋势，或阐明一条规律，或解释某一疑团，或提出令人深思的新问题。总之，报道都要有思辨性的成果，有理性的闪光。而这一思辨是记者首先发现的。理性的闪光来自记者的慧眼和学识，理性的思辨寓于记者对事实的选择和事实的排列（逻辑力量）之中。报道中记者（或通过采访对象之口）所做的哲理性的论述是对事实的延伸和升华，因此报道具有一定的理论厚度。

（3）符合思维规律

思辨性报道要符合思维规律。旧的新闻报道模式常有简单、片面、肤浅的通病，说好就一切都好，说坏就一无是处。从思维角度来看，形成这种模式是线性思维所致。线性思维把复杂的事物简单化，对事物的思考是单因单果的（即一个原因导致一个结果）。而生活中的事物是矛盾的综合体，充满着复杂性，常常表现为多因多果关系：或一个原因导致多种结果，或多原因导致多结果。复杂的事物要求记者的思维也是多维的。思辨性报道的特点就是要揭示事物的多因果关系，它不回避社会现象的复杂性和多样化，注重对事物的每个侧面的剖析，厘清事件与全局之间的联系，用理性思考对纷繁复杂的社会现象或问题理出头绪，并让观众跟着去分析，去思考。这是一种符合现代人思维规律的思考问题的方法，因此更能令人信服，更能引人深思。

（4）调查研究的成果

思辨性报道是围绕社会问题、社会现象或某一重大事件深入、系统、全方位地进行调查研究的成果。思辨过程是一个由现象到本质，再回到通过事物的本质来认识现象的过程。要认识事物的本质，必须在深入调查研究上下功夫。从采访方法上看，即要采掘到深层次的材料。因此，记者必须广泛听取多方面的意见，剖析多种不同类型的事实；必须善于从生活中积累材料，并善于透过现象看本质。既无新闻敏感，又不善于思考问题的人，是无法驾驭思辨性报道的。

（三）新闻专题的报道形式

1. 电影纪录片式

电影纪录片式即以电影新闻纪录片的结构形式，用画面和解说对新闻典型做客观报道。在结构上它有开头、发展、高潮、结尾，脉络分明，层次清楚。开头常以新闻背景或概貌引出报道中心，从画面看，开头通常安排各种特殊的、新奇的，或提出问题、引人深思，或有动感的吸引人的画面，使报道一开始就能抓住观众，结尾往往是"话已尽而意犹存"，起到深化主题思想的作用。电影纪录片式的专题报道充分发挥画面语言的感染力，具有典型生动的画面形象。

电影纪录片式的专题报道要融入现代纪录片纪实手法以摄录同步再现生活，那些组织导演摆布的无声画面，即使构图和用光很讲究，也是没有生活气息的。

2. 采访主持式

采访主持式即电视记者以报道者或主持人的身份出现，在现场报道，在现场采访。整个专题报道通过画面的客观形象和记者的现场报道、采访、点评相结合，由记者所见所闻所问引出整个新闻事实，充分发挥电视语言的特长，以记者和采访对象有思想深度的言论启发观众去思考。

较之传统的电影纪录片式，主持采访式的专题报道长于阐述理性的观念，挖掘深层次的思想，特别适合对社会问题、社会现象等题材作分析解释性报道。

3. 录像报道式

录像报道式是指把新闻事件摄录下来，进行编辑整理播出。这类专题报道，就其对新闻现场实录来说，和专题新闻手法相同。其和专题新闻的不同之处是，整个报道不仅是新闻现场详尽真实的记录，记者也参与到报道中来。它是记者编辑在事先做了构思准备、确定报道思想后，进入新闻现场作现场报道、点评与采访。记者在现场介绍背景材料，采访当事人、有关人，从而使报道不仅详尽而且有思想深度。

现在有许多记者积极探索、创新，不仅局限于上述类型，又创造出了许多全新的模式。

（四）专题报道的选题

选题是专题类电视新闻报道中最重要的那一步。在进行选题这一步时，我们不但需要根据当前的一些社会背景还有实际的一些情况去进行选题，同时还需要结合党的一些方针政策来进行选题，必须考虑周全，要有大局和全局的意识，对一些比较重要的题材的价值取向进行分析和判断。对于时间上的选择，我们需要选择一些最新发生的一些具有意义的人或事；在内容上面的选择，应该从不同方面对新闻事实还有一些背景材料进行展现，使事情的来龙去脉得到说明与阐述，使主题所具有的深刻意义得到揭示。专题报道的选题应注意以下三个方面：

1. 国家大事与民间的日常生活相结合

对于电视新闻专题报道而言，它不但能够挖掘一些体现出国家体制建设和关于经济运行机制的题材，同时也能够对指导国计民生的重要题材进行挖掘，而且还能在微观上面使人们的日常生活得到体现。从《新闻联播》《焦点访谈》等栏目的选题取向中，我们也可以看到上面所提出的一些趋势。

中央电视台是在 2013 年迁入新台址的，所使用的演播室也变成了最新的。中央电视台也因此启动了对节目进行改版的这一计划。很多频道的负责人都在中央电视台 2013 年的广告招标会上渐渐亮相，并且对这些变化进行了一个详细的披露。

中央电视台《新闻联播》这一路发生了很大的改变，逐渐推出一些比较接地气和有人气的报道，引起了很多人的关注。从最开始的"寻人启事"，帮桂林四兄弟千里寻母，到推广汽车上如何系好安全带的便民小贴士；从在头条位置连续推出小女孩照顾弟弟的"新闻连续剧"，到推出主题策划《你幸福吗》真实还原普通百姓心声……

从以上央视《新闻联播》的一些变化，我们也可以看出《新闻联播》对于自身的一些定义。对于 20 世纪 80 年代初的《新闻联播》来说，它的片头知识由一架电视信号发射，还有几个比较简单和平面的汉字组成。但是，现在的《新闻联播》只需要承担这种电视信号的发射接收的功能，所以，它也是一种只进行意识形态宣传的宣传者。《新闻联播》在不断地对自身的一些姿态进行改进，渐渐融入经济全球化的浪潮当中，成为一个为观众提供资讯的服务者。从宣传者到服务者的这种转换，也表明电视台再也不只是一个只能从上往下的一个鼓吹者了，而是一个具备专业素养和职业操守的一个信息传播者了。同时，观众也不会很被动地接受教育了，现在变成了一个具有权威信息的消费者了。

《焦点访谈》这一档节目进行改版之后，它对突发性新闻的深度报道得到了强化，民生选题的比例得到加大。那么对于央视综合频道当中的新闻节目而言，也将会使得新闻频道中所具有的差异性变得更加突出。不仅是《新闻联播》与《焦点访谈》这两个节目进行了并机直播，《朝闻天下》《新闻30分》等新闻类节目也同样如此。

中央电视台当中的两档被称为王牌的节目进行改版之后，它们能够顺应时代的发展潮流，使得新闻节目所遵循的"三贴近"（贴近实际、贴近生活、贴近群众）原则得到表现。

2. 内容客观性与主观倾向性相统一

从19世纪30年代开始，新闻的客观性就一直是西方新闻业中的"金科玉律"，从《纽约先驱报》创办人詹姆斯·戈登·贝内特（James Gordon Bennett）"将不带任何冗词和华丽辞藻记录下事实"的要求成为一条新闻准则，到1923年美国报纸编辑人协会将客观性原则作为新闻业的道德规范写进新闻界信条。这都说明新闻实践所应遵循的基本原则。但是，无论是在我国还是在西方，媒体都应有自己的立场。在专题新闻报道中，编辑、记者对新闻事件要有一个正确的主观导向，使客观内容与主观情感统一，进而可以引导社会舆论。请看下面一则来自央视《生命线》栏目的专题报道：

甘南消防深井救援行动

2022年10月16日10时09分，甘肃省甘南州消防救援支队指挥中心接到群众报警：位于碌曲县玛艾镇加格村一农家乐院内挖饮水井施工时井壁发生坍塌，一男子不慎被埋压于12米井底。

接到报警后，指挥中心立即调派碌曲大队2辆消防车9名消防救援人员前往处置，支队全勤指挥部及羚城消防站2辆抢险救援车11名消防救援人员前往增援。

到达现场后，经询问知情人和勘察了解，该男子被困水井深度大约12米，井口直径约1米。该工人在挖饮水井时井壁发生坍塌不慎被埋压井底，情况未知，十分危急。

现场指挥员立即调派一台小型挖掘机和一台挖掘机到达现场对井壁一侧进行挖掘，开辟救援通道。在被埋压深井3小时后被困者被成功救出，经现场医护人员确认，被困者生命体征良好，无生命危险。

有限空间作业需警惕，莫让有限空间成为"夺命空间"。

3. 正面报道与负面报道相平衡

专题类电视新闻报道既要"以正面报道为主，坚持正确的舆论导向"，同时也不必完全限制负面新闻报道。因为，负面新闻也是正面新闻的重要补充，报道得法，能够成为缓解矛盾、宣泄情绪、惩恶扬善的重要途径。正如大众传媒专家约翰·马丁（John Martin）博士所说，报纸之所以对负面新闻感兴趣是因为这种新闻有一种缺憾，而有缺憾的东西才更有吸引力。在一些具有舆论监督性质的栏目中，这样的专题报道就不少。

二、电视新闻专题报道节目的策划

古语有云"三思而后行"。

"三思"就是要求对事件各方面做到周全的考虑思量。对于专题报道来说，策划无疑需要"三思"，需要设计好报道的目标、步骤，才能取得良好的报道效果。

首先，确定专题报道理念。

安德森·海斯·库珀（Anderson Hays Cooper）主持的 *Anderson Cooper 360°* 是美国有线电视网（CNN）旗下的一档新兴的夜间电视新闻节目，于2003年9月8日开播，每晚10点播出，全场2个小时。节目报道理念就是"第一时间、全方位、全世界"，其特点就在于将同一事件的最近新闻报道和深度分析紧密结合，既有最新的事件进展又有较为深入的阐释。也正因如此，它成功地吸引了25～54岁的受众群体。

其次，策划一定要有创意，使节目当中具有一定的"卖点"。在众多节目类型当中，专题新闻报道想要实现较高的收视率，就需要在策划的过程中能够找到节目的"卖点"。一个好的卖点是在一个好的创意的基础上形成的，但是，通常情况下，具有"卖点"的创意都是需要人们亲自捕捉发掘还有提炼，才能够被发现的。

最后，随事件的全局进行把控，使人员的配置得到优化。所谓新闻报道策划，其实指的就是让某一个新闻报道达到预期的传播效果，对新闻报道活动进行一些规划和设计，使在报道的过程中能够得到反馈，让之前的一些设计行为得到修正。所以，如果一个策划者想要实现新闻报道的成功，就需要对人员的配置进行优化，这是非常重要的。如北京冬奥会报道，策划组融入了新的理念，呈现出了不同的专题报道风格。

在北京冬奥会报道过程中，媒体运用多种形式跟进、记录奥运赛场。以微视频作为报道切入点，不仅更加直观地让网友感受冬奥赛场内外，沉浸式的视觉体验也丰富了网友的"冬奥日常"。

北京作为历史上第一个"双奥之城"，不仅实现了中国人的体育梦想，也开启了奥林匹克的新起点。各行业经历了两次奥运会的"双奥人"作为典型代表，用智慧与行动铸就了"双奥之城"的多彩与辉煌。

在"双奥"的浓烈氛围下，人民网策划推出《双奥之城双奥人》系列采访，深入挖掘"双奥"人物，表现他们的工作风采和奉献付出，展示北京现代、开放、时尚的城市魅力。引导全社会同心共筑中国梦，助力办成一届精彩、非凡、卓越的奥运盛会。《王艳玲：我为"双奥"守国门》《李兴钢："冬奥山村"雪飞扬》等作品传播广泛。

2021 年 12 月开始，在北京冬奥会预热期，人民网策划了短视频栏目《文艺星开讲·艺起迎冬奥》，邀请多位正能量文艺工作者录制短视频，以精练活泼的语言，穿插丰富的比赛图片，介绍花样滑冰、冰壶、短道速滑等冬奥项目小知识，每期视频在 1 分钟左右，既让广大网友"涨知识"，也在最后"留作业"，引发网友讨论和学习冬奥项目知识的热潮。

人民网冬奥会预热微视频《42 年冰雪梦——这一天·向未来》于 2022 年 2 月 3 日正式推出。视频上半部分采用虚拟动画与实拍素材相结合的形式，将珍贵的历史史料画面与动画和冬奥元素相结合，梳理自 1980 年我国首次参加冬奥会以来的各种重大历史事件，串联起中国 42 年的冬奥历程。

下半部分以习近平总书记 5 年 5 次考察冬奥会筹办工作和二〇二二年新年贺词中的深情话语，讲述中国 42 年冰雪梦，这一天向未来的美好期盼。相关话题 #150 秒回顾中国冬奥历程# 浏览量超 100 万次。此外，人民网推出《我和我的冬奥》视频访谈系列，通过我国优秀冰雪运动员等亲历者、见证者的讲述，回忆他们与冰雪运动结缘、参与冬奥会的经历，并送上对北京冬奥会的祝福。

在本次北京冬奥会报道过程中，报网深度融合，推出多款爆款产品。截至 2022 年 2 月 14 日，人民网与人民日报社体育部合作的《少年不老·冰雪之旅》已经推出 12 期短视频，总曝光量过亿。

2 月 3 日，人民视频、人民日报社国际部、人民日报社体育部联合策划冬奥创意短视频《一朵茉莉花一起向未来》，邀请萌娃和春节留在国内的留学生一起献唱北京冬奥，通过《茉莉花》《一起向未来》等歌曲唱出中国风的旋律、激情的冰雪、春天的故事。视频发出后，登上微博热搜，《人民日报》法人微博、人民网法人微博、《人民日报》客户端等人民系渠道转发，并获全网各级媒体转发和商业新闻资讯平台置顶推送，累计传播量过亿。

三、电视新闻专题报道节目的拍摄

（一）宏观拍摄与微观拍摄相结合

专题报道的摄像记者在日常采访中要时刻注意观察采访环境。把宏观观察与微观观察相结合，捕捉有创意、有意境的镜头，使其更加符合新闻主题的要求。所谓宏观观察，是针对宏大的场面、大面积大范围的场景而言的，还包括采访对象相关的人、事物及周边环境。而微观观察是指细节观察，是指捕捉表现事物特征的局部或细微处的能力。宏观与微观拍摄要做到全方位、多角度，展现出具有新鲜感的独特空间。宏观与微观镜头同样重要，两者相辅相成。而且拍摄器材必须十分灵活，既能很好地靠近，又能迅速远离。

（二）拍摄中用细节突出主题

在专题报道的拍摄中，细节的作用在画面中应得到了最充分的体现。在专题报道中，主要从以下几个方面来捕捉细节：

1. 动作细节

人自身的一些情感和思想都是通过人所做出的一些动作进行表达的。在专题报道的过程中，对细节进行拍摄时使用最多的一种方法就是通过对多人身上的一些偶发因素和个性特点的动作细节进行捕捉，从而刻画人物自身的典型性和真实性。在盘锦电视台《百姓故事》的一档节目报道一对修鞋的老夫妻时，捕捉和运用了这样一组镜头：老人用贴着"创可贴"布满老茧的手，倒水、拿药递给感冒了仍然坚持出摊修鞋的老伴儿。老伴儿的咳嗽，老大娘轻轻地吹着冒热气开水……这些细节镜头看似不起眼儿，但表现了老两口在艰难的日子里相互照应、相濡以沫的真实情感，于细微处见真情；而且在老人吃药拿药的画面中对一双布满老茧的手的特写与停留，大大增强了报道的可信性和感染力。

2. 神态细节

我们常常会把人们的面部表情当成心情的晴雨表，同时也是一个情态表，能够体现人物的内心世界。在对人物的面部神态进行抓拍这一方面，记者是比较在行的，因为记者要通过对人物面部情态的抓取将主人公的内心情感展现给观众。美国的一部电视剧里面就有一个非常擅长分析人的面部神态的主人公，同时他也是一名警务员，主要是对犯罪嫌疑人的说法是否真实进行判断。他主要把人对正常事物所做出的一些反应和人脸部的一些微表情当成判断的依据，从而对各个事件当中的说谎者进行查找，最后能够帮助其他的警务员找出最终的说谎者，也就是真凶。这种现场也只是在电视上才有，但是我们也可以想象到，假如负责拍摄的工作人员并没有对犯罪嫌疑人的脸部进行拍摄，那么观众就没有办法对侦探人员所进行的由浅入深的分析进行理解，从而没有办法体会到这种侦探方法的神奇所在。因此，对于神态进行抓拍的这一举动，在表现人物心理和性格上是非常重要的。

3. 背景细节

一个事件的背后会存在着很多背景信息。对于观众而言，能够看到的那些都是通过摄像机进行记录的，并且只是事件的一部分，并不是事情的全部。那么，怎样才能够让大众看到事件的全貌，从而对整个事件的了解更加细致，或者是能够更清楚地了解到每个人所具备的一些特征。此时，对摄像者能够准确抓住细节的这种能力提出了更高的要求，其要具备对各种细节进行抓取的能力，从而把这些细节完整地记录下来，最后再呈现给观众。

（三）多景别切换和画面对比可增加画面的视觉效果

在进行专题报道的拍摄过程中也需要注意对画面进行对比，使最后所呈现出来的视觉效果达到最佳。举一个例子：对在安康电视台的"7·18"洪灾报道中的《大灾不倒，安康奋起》这一个新闻专题片而言，它对于镜头语言的使用是非常合理的，并且还采用了重复强调的这种方法，使得洪水这一画面重复出现。因为对前后镜头的画面进行了对比，使得专题片的艺术表现力得到了很大程度的增强。这个专题片的片尾主要是一些自然风景，如绿水、蓝天、白云等自然风景，然而片头却是电闪雷鸣、风雨呼啸的场景，使得片头片尾产生了很大的反差。这种很大、很强烈的反差使得观众的器官得到了刺激，同时给观众的心理暗示也非常强烈。整部片子给人的视觉上的冲击还有心灵上的震撼是单纯的有声语言不能够替代的。

另外，在进行专题报道时，对于拍摄的记者来讲，他们应该要通过对各种景进行综合的运用，然后进行构图，使事件或者任务当中的一些变化得到表现，使新闻报道更有说服力和感染力。

白岩松在他的一篇报道当中曾提到过一次经历："对于中国话当中的温饱中的'温'就在'饱'的前面，在北方的冬天取暖又意味着什么，在北方，有很多的农村地区是比较贫困的，对于他们来讲，取暖是非常珍贵的一件事情，同时也没有能够进行取暖的地方，在最开始的那个长镜头当中，就有两个80多岁的老年人，他们白天就穿着一件肮脏的大衣坐在大炕上一动不动的，由于天气太冷，因此需要保存体能，所以就没有进行过多的运动。然后跟着镜头的移动，下一个画面呈现出来的就是一个水缸，对于东北人来讲，每家每户都具备一个水缸，然而，水缸里面的水都被冻结了，紧接着镜头又开始摇动起来了，摇到的画面是墙上的一个钟，这个钟在嘀嗒嘀嗒不停地走，最终镜头停留在一张婚纱照上面，这张婚纱照里面是一对满脸笑容且对未来有着美好憧憬的两口子，在这一刻，我的眼泪不受控制地流了下来。这个镜头跨越了50多年，现在却因为寒冷而被冻在炕上一动也不能动，水缸已经完全结冰，挂在墙上的钟在不停地走，在50年前对于未来是那么的憧憬，没想到50年后的今天却是这样的，在镜头里面，一句话也不说。"尽管在镜头里面一句话也没有讲，但是给人一种千言万语的感觉，这也许就是画面所具有的说服力和叙述力吧。

（四）运用蒙太奇思维架构专题新闻的主题

建筑学是蒙太奇的主要来源，之后是法国人将蒙太奇带入电影的创作当中，让它成为画面剪辑还有组合的一个代名词。蒙太奇的手法伴随着电视的产生而被广泛地应用到电视节目当中。所以，专题新闻采访报道中进行的一些相对比较大型的一些采访活动，对于蒙太奇的思维方式是非常注重的，一直在强调用这种思维方式对采访活动进行统筹和安排。正确地使用蒙太奇的拍摄和编辑手法，不仅可以增加画面语言的说服力，还能加强新闻的真实性。

四、电视新闻专题报道节目的编辑制作

一个专题报道的成功是由多方面的协同合作共同完成的，专题报道的后期编辑和制作同样十分重要。

（一）画面编辑

画面编辑是按照一定的规律顺序以及人们的视觉习惯或者是生活习惯进行的艺术连接。

1. 按照事件发展的顺序进行编排

按照事件发展的顺序进行编排的叙述方式属于最简单的一种叙述方式，与此同时，它也是与观众的感受最贴合的一种顺序编排。从事件的开始到结尾、表面的现象到事情最真实的本质，对事件由浅入深地进行剖析，使事件的深层含义得到显露。在对党的第二十次代表大会进行报道的时候，里面所采用的报道顺序主要是按照会议进行的顺序一步一步进行的。从大会开始到代表发言、选举主席、主席讲话等一系列报道，都让观众紧跟会议的进程。

2. 全知视角下的共时顺序

叙事上还有一种独特的新闻叙事模式——全知视角下的共时性叙事。在专题类电视新闻节目中，最常运用到这种模式的是对于典型人物的报道，我们称之为英雄事件。这种新闻叙事模式是具有中国特色的新闻叙事模式，通过对英雄人物的报道使人们增强责任感和使命感。通常来讲，一般的叙事模式是按照时间的顺序进行的，我们称之为历时性叙事；而对于报道先进典型人物的专题类电视新闻节目，多采用全知视角下的共时性叙事，这更有利于宣传意图的实现，即在叙事的过程中可以展示人物的各个侧面。"从踏上高原的那天起，孔繁森就暗下决心，要把自己的一切献给祖国的这块神圣的土地，献给勤劳勇敢的人民。"这就是用全知的视角来展示人物的内心世界，这样的叙事模式有助于升华人物的精神世界。

报道典型人物的新闻专题虽然多采用全知视角叙事，但也有历时性叙事的运用。因为新闻需要交代清楚事情的来龙去脉，或者说在整个节目中要将时间顺序穿插其中。《调查》有一期节目《当年打工妹如今茧成蝶》，是一则聚焦城镇化的典型报道，介绍了"金牌月嫂"姜守荣的事迹。通过历时和共时的叙事模式，展现了主人公的奋斗历程。

3. 故事性编排顺序

对于故事性编排顺序而言，这种编排方式在最开始的时候一般都是以设置悬念为主，这主要是为了给观众制造悬疑的氛围，让观众迫不及待地想要了解这件事的真相，从而引起更多观众的注意，进而能够完全掌握观众的这种好奇心。

专题类报道的故事性编排顺序可以根据具体的主题和内容进行灵活安排，但通常包括以下几个部分：

（1）引入

在专题报道的开始部分，引入主题并提出问题或引发观众的兴趣。可以通过一个引人入胜的故事、一个引人注目的数据或一个引人思考的问题来吸引观众的注意力。

（2）背景介绍

在引入之后，给观众提供相关的背景信息，让他们对主题有更深入的了解。这可以包括历史背景、相关事件或人物的介绍等。

（3）问题呈现

在背景介绍之后，明确报道的核心问题或议题，并展示相关的证据、数据或案例，以支持问题的存在和重要性。

（4）深入调查

在问题呈现之后，进行深入的调查和报道，揭示问题的各个方面和影响。可以采访相关人士、收集证据、展示实地调查等，以提供更全面的信息和观点。

（5）观点对比

在深入调查之后，呈现不同的观点和立场，展示问题的多样性和复杂性。可以采访不同的专家、权威人士或相关方，以呈现不同的观点和意见。

（6）解决方案和展望

在呈现不同观点之后，提供解决问题的可能方案和展望。可以介绍已经采取的措施、成功案例或未来的发展趋势，以给观众带来希望和启示。

（7）结尾

在专题报道的结尾部分，可以总结主要观点和信息，并给观众留下一个值得深思的问题或呼吁行动的信息。

需要注意的是，专题类报道的故事性编排顺序可以根据具体情况进行调整，以最好地呈现主题和内容，吸引观众的关注并传递有价值的信息。

（二）同期声

我们所说的同期声，其实就是跟电视画面时刻同步的声响，主要指的是在拍摄现场记录到的一些人物讲话声和拍摄环境当中的一些声响。对此，在对同期声进行剪辑的过程中有一些细节是需要着重注意的，也就是要实现画面与解说的相互结合。在对现场同期声进行剪辑的时候，对于专题报道，需要把现场真实感作为一个报道原则。专题片《大灾不倒，安康奋起》中，使用了大量的同期声来表现当时的场景以及人物的思想变化。

受灾群众1的同期声："这次的灾害就是老一辈人说的，七八十年他们都没见过的。"受灾群众2的同期声："确实，那是罕见的事。"进一步强化了片头对汛情的报道，让人民群众对汛情的严峻性产生深刻的认识。

转移过程中，方玮峰市长的同期声："把群众最大限度地搜救出来。"

抢险过程中，汉滨区大竹园镇七堰村党支部书记黄锋的同期声："我说，既然我来了，之后你们活着的人我无论如何都要救出去。"

这些同期声的出现充分体现了党和政府视人民群众的生命财产安全为第一的理念。

（三）解说词

电视新闻的解说词是指在电视新闻报道中，用来解释和说明画面内容的文字。解说词在电视新闻中起着重要的作用，它能够帮助观众更好地理解报道的内容，提供背景信息和相关解释。需要注意的是，解说词应该简洁明了，语言流畅，并与画面内容相协调。它应该准确传达信息，同时也要符合新闻的客观性和中立性原则。

第一，专题报道其实是一种事件性的报道，它主要擅长利用画面来进行故事的讲解，使观众能够从所展现的画面当中获取想要的信息，使画面自身所具有的这种叙事能力得到提高。

第二，在专题报道的过程中，时常会有一些关于数字的解说词出现，因此，我们在对这些数字进行处理的时候，应该要让这些解说词变得更加形象化。"我们建立了一个新的发电厂，这个发电厂的整体容量为100万千瓦，年发电量就达到了12亿千瓦"，对于这种数字而言，给观众最大的感受就是这个数字十分庞大，但是具体是怎样一个概念，是完全不知道的。因为这个数字并不像几十度或者几百度一样，观众是具有一定的概念性的，"然而，这个数字的发电量已经能够解决我市40%的工业用电问题了，或者是能够解决150万人的生活用电问题了"。如果换成以上的这种表达方式进行表述的话，那么对于观众而言，对这个数字就会具有一定的概念了，也能够让观众从真正意义的层面上去理解新闻的含义了。

第三，"情欲信，辞欲巧"《礼记·表记》，即要准确地叙说思想、传递感情，就必须有精巧的语言。专题报道的解说词最常见的作用是辅助画面表情达意，所以在必要的情况下应借助画面的连贯性特点来保持解说词的完整性。

第二节　谈话类电视新闻节目

1993年1月18日上海东方电视台播放的《东方直播室》这个谈话类电视节目是我国第一个谈话类节目。1996年，经过中央电视台半年的不断努力，推出了《实话实说》这个时长为40分钟的谈话节目，并且每周会推出一期，尽管它不属于新闻类的谈话节目，但是自开播以来它成为在全国最具影响力的电视节目之一，在很大程度上促进了我国谈话类新闻节目的飞速发展。

一、谈话类电视新闻节目概述

对于谈话类新闻节目来讲，它主要是在主持人的指导下，把"谈"当成一种手段来邀请一些嘉宾或者观众，通过平等交流的方式对观众最关心的一些问题进行交谈，使自己的一些意见还有观点得到表达。根据参与人数的不同把谈话类节目分成了三个不同的类型：专访型、访谈型以及讨论型。

（一）专访型谈话节目

专访型谈话节目主要是让主持人充当记者这一身份，对每一个受邀嘉宾进行专访活动。

专访型谈话节目的特点如下：

第一，深入探讨。与其他类型的节目相比，专访型谈话节目更注重深入探讨和分析。主持人会针对特定话题或问题进行提问，引导嘉宾发表观点、分享经验和提供专业知识。

第二，嘉宾导向。在专访型谈话节目中，嘉宾通常是节目的核心。主持人会给予嘉宾充分的发言权和机会，倾听他们的观点和意见，并与之进行互动和交流。

第三，实时对话。专访型谈话节目通常是实时进行的，主持人和嘉宾会在节目中直接对话。这种实时对话的形式使观众能够更加真实地感受到嘉宾的思考过程，并且方便交流互动。

第四，多样化的话题。专访型谈话节目可以涉及各种不同的话题和领域，如政治、经济、文化、社会等。这样的多样性可以吸引不同背景和兴趣的观众。

第五，反思和启发。专访型谈话节目旨在通过深入对话和讨论，提供给观众思考和启发的机会。观众可以从嘉宾的经验和观点中获得新的见解和思考。

（二）访谈型谈话节目

访谈型谈话节目是一种以主持人与嘉宾之间的访谈为主要形式的电视节目。在这种节目中，主持人会邀请各种不同背景和领域的嘉宾，通过提问和对话的方式进行交流和讨论。

访谈型谈话节目的特点如下：

第一，嘉宾导向。在访谈型谈话节目中，嘉宾通常是节目的核心。主持人会针对嘉宾的经历、观点、专业知识等进行提问，并引导嘉宾进行深入的回答和讨论。

第二，主题多样性。访谈型谈话节目可以涉及各种不同的主题和领域，如娱乐、时事、文化、科技等。这样的多样性可以吸引不同背景和兴趣的观众。

第三，实时对话。访谈型谈话节目通常是实时进行的，主持人和嘉宾会在节目中直接对话。观众可以通过这种实时对话的形式感受到嘉宾的思考过程和交流互动。

第四，深入探讨。访谈型谈话节目注重深入探讨和分析。主持人会通过提问和追问，引导嘉宾展开更深入的回答和讨论，以便更好地了解和传达主题的内容。

第五，观点交流。访谈型谈话节目提供了一个平台，让拥有不同观点的人士能够交流和辩论。主持人会引导嘉宾之间的互动和辩论，以促进思想碰撞和观点交流。

这些节目在电视媒体中具有广泛的影响力，吸引了大量观众，并成为嘉宾展示自己和讨论各种话题的重要平台。

（三）讨论型谈话节目

讨论型谈话节目是一种以主持人和一组嘉宾之间的讨论为主要形式的电视节目。在这种节目中，主持人会邀请一组具有不同观点和背景的嘉宾，围绕特定的话题或问题展开深入的讨论和辩论。

讨论型谈话节目的特点如下：

第一，多嘉宾参与。讨论型谈话节目通常会邀请多位嘉宾参与，他们可能是专家、学者、政治家、社会活动家等。这样的多嘉宾参与可以带来不同的观点和意见，丰富讨论的内容。

第二，主题明确。讨论型谈话节目会围绕特定的话题或问题展开讨论，主题通常是与时事、社会问题、政治等相关的。这样可以引发观众的兴趣，促使他们思考和参与讨论。

第三，辩论和交流。在讨论型谈话节目中，主持人会引导嘉宾之间进行辩论和交流，促进不同观点的碰撞和交流。这种辩论和交流可以激发观众的思考，帮助他们更好地理解和分析问题。

第四，主持人引导。主持人在讨论型谈话节目中扮演重要的角色，他们需要引导讨论的方向，控制讨论的节奏，并确保每位嘉宾都有机会表达自己的观点。

第五，观众互动。一些讨论型谈话节目还会通过电话、社交媒体或现场观众提问的方式，与观众进行互动。这样可以增加观众的参与感，让他们对讨论内容提出问题或发表意见。

一些著名的讨论型谈话节目包括《鲁豫有约》《非常静距离》等。这些节目通过讨论和辩论，探讨各种话题和问题，引发观众的思考和讨论。

二、谈话类电视新闻节目的选题

谈话类节目的选题是整个节目的统帅和灵魂。一个好的选题不仅会引起听众的共鸣，而且会调动主持人的情绪，使节目精彩纷呈。

谈话类节目选题的特点如下：

（一）选题的平民化

所谓平民化，就是节目的主题、内容以及主持人的风格都贴近百姓，贴近生活，贴近实际。这种大众化既不是简单的土化、俗化，也不是热衷低级趣味、讨好观众，而是围绕大众口味，以喜闻乐见的方式表现有文化和艺术含量的内容。电视节目平民化不仅在新闻、专题节目中有所体现，在谈话节目中也时常表现出来。谈话类节目的平民化的选题可以增加观众的共鸣和参与感，使节目更贴近观众的需求和兴趣。

在谈话类节目的选题中，平民化的考虑可以包括以下几个方面：

第一，普遍关注的问题。选取那些普遍关注的问题，如健康、教育、就业、家庭、人际关系等。这些问题是大多数观众都会面临的，因此能够引起他们的共鸣和兴趣。

第二，当前热点话题。选择当前社会热点话题，如社会事件、政治动态、科技创新等。这些话题通常会引起广大观众的关注和讨论，因此能够吸引更多的观众收看节目。

第三，实用性和生活指导。选取那些与观众生活密切相关的实用性话题，如健康养生、家庭教育、职场技能等。这些话题能够为观众提供有益的生活指导和实用的知识，增加观众的收益感。

第四，观众参与性。选取那些能够引发观众参与和互动的话题，如观众故事分享、观众提问环节等。通过让观众参与到节目中，增加他们的参与感和忠诚度。

第五，尊重多样性。选取涉及不同背景、文化和兴趣的话题，以尊重观众的多样性和需求。这样能够吸引更广泛的观众群体，并提供更多元化的观点。

通过平民化的选题，谈话类节目能够更好地满足观众的需求，增加观众的关注度和忠诚度。同时，平民化的选题也能够促进社会对于普遍关注问题的讨论和解决，具有一定的社会意义。

（二）选题的大众化

谈话类节目的选题大众化是指在选择节目话题时更注重广大观众的兴趣和关注点，以及与大众生活密切相关的话题。这种大众化的选题可以吸引更多的观众，提高节目的收视率和受众群体。

在谈话类节目的选题中，大众化的考虑可以包括以下几个方面：

第一，热门文化现象。选择当下热门的文化现象，如流行电视剧、网络热点、综艺节目等。这些话题在社交媒体和大众讨论中广泛存在，能够吸引更多观众的关注和参与。

第二，社会生活话题。选取与观众的日常生活密切相关的话题，如家庭、职场、恋爱、健康等。这些话题是大众生活中普遍存在的，因此能够引起观众的共鸣和兴趣。

第三，时事热点。选择与当前社会热点相关的话题，如社会事件、政治动态、经济发展等。这些话题能够引发观众的思考和讨论，增加节目的时效性和吸引力。

第四，观众参与性。选取那些能够引发观众参与和互动的话题，如观众投票、互动游戏等。通过让观众参与到节目中，增加他们的参与感和忠诚度。

通过大众化的选题，谈话类节目能够更好地吸引观众的关注和参与，提高节目的收视率，扩大节目的受众群体。同时，大众化的选题也能够反映社会大众的兴趣和关注点，具有一定的社会意义。

比如，中央电视台曾播出过一档节目，就是专题为《万德奎：你的健康你做主》的一期节目。

以下就是这档节目中的一些相关内容：

中国首席健康专家万德奎教授，每当有人问他多少岁的时候，他总是这样回答：三十五岁。由于万教授常年都保持着一种平和的心态，并且加上他每天坚持锻炼，使得他身体器官的各项指标都和三十多岁的年轻人差不多，再加上他有着三十五岁的外表，所以更显得他年轻。

通过世界卫生组织所公布的数据可知：人类健康长寿的影响因素当中就主要包括遗传、社会因素、医疗条件、气候条件、自己，其中遗传就占据了15%，社会因素就占了10%，医疗条件占了8%，还有气候影响占了7%，那么剩下的50%主要是因为自己。然而，主观就已经占据了其中的60%，对此，我们可以对这60%的主观做些什么呢？万教授因此给出了很多的方法和建议：

为健康生活，每天必须做到的七件事：

第一，一定要吃好三顿饭。

第二，一定要睡好八个小时觉。

第三，每天坚持运动半个小时。

第四，每天要笑三十分钟。

第五，每天一定要会大便。

第六，一定要跟爱人搞好关系。

第七，不吸烟，不酗酒，每天齐步走。

所以从以上的例子可以看出，这档节目受大众喜欢的主要原因就在于随着生活水平的不断提高，人们对自己的生活质量的要求也就随之升高，因此对于养生和保健这方面的关注度也就越来越高。所以中央电视台主要邀请了一些比较"大牌"的专家到节目当中，主要的目的就是避免观众产生怀疑，其中也是为了能够给大众提出一些高质量生活和健康方面的建议，这样可以满足大众在这方面的一些需求。

（三）选题个性化

个性化和民主化的程度会随着现代社会的发展不断地提高，使得大众对电视的需求从单一化逐渐变得多元化。所以，当一档节目比较缺乏个性时，那么这档节目就不可能持续发展下去，因此对谈话类新闻节目的播放提出了更高的要求，需要不断地向多元化方向进行探索和发展。

通过选题个性化，电视节目能够与众不同，突出独特性和个性化，吸引观众的关注和留存度。同时，个性化的选题也能够提升节目的创新性和竞争力，为观众带来新鲜感和独特的观看体验。

三、谈话类电视新闻节目的策划

（一）营造良好的谈话环境

营造一个相对轻松且愉悦的环境对于现场氛围的调节是非常重要的，这种环境能够使得大众在短时间内融入演播室的氛围当中，同时也能够在一定程度上帮助主持人对节目有一定的整体的把握。对于电视访谈节目，在访谈的过程中如果想要与受访者产生良好的沟通，就需要营造一个适合访谈的氛围。由于主持人和受访者都是第一次面对面交流，难免产生生疏感，有一定的心理距离。所以，主持人的最基本的要求就是要采取有效方式消除心理距离为后面采访活动的顺利展开做铺垫。所以，在进行采访之前，主持人需要提前对受采访者进行详细的了解，使受访者能够对主持人更加信任。并且在这个基础上与受访者不断地进行交流，这样可以避免受访者陷入因主持人所提出的一些问题不知如何回答的尴尬境地。

确保营造良好的谈话环境对于谈话类节目的成功非常重要。以下是营造良好谈话环境的几个关键要素：

第一，尊重和礼貌。主持人和嘉宾之间应相互尊重和保持礼貌。主持人应给予嘉宾足够的时间表达观点，不打断或干扰他们的发言。同时，嘉宾也应尊重其他嘉宾的观点，避免争吵或过度争论。

第二，公正和中立。主持人应保持公正和中立的立场，不偏袒任何一方。主持人应提供平等的机会给每位嘉宾表达观点，并确保每个观点都得到公正的对待。

第三，开放和包容。谈话环境应是开放和包容的，鼓励不同观点和意见的交流。主持人应鼓励嘉宾展示独特的观点，并尊重他们的多样性。

第四，专注和倾听。主持人应专注于嘉宾的发言，并倾听他们的观点。主持人可以通过提问和追问来深入了解嘉宾的观点，而不是仅表达自己的意见。

第五，控制节奏和平衡。主持人应控制节目的节奏，确保每位嘉宾都有足够的时间表达观点。他们还应努力平衡不同观点之间的讨论，避免某一观点占据过多的时间和空间。

通过营造良好的谈话环境，谈话类节目能够提供一个有益的讨论平台，促进观众的思考和参与。同时，良好的谈话环境也能够增加观众的舒适感和观看体验，提升节目的质量和吸引力。

（二）扎实完备的前期准备

在进行节目策划时，节目效果的好坏主要跟前期做的一些准备工作有关。

对背景知识多做一些准备。如果节目做的是一个关于人物的话题，但是对于节目策划者和主持人而言，对背景知识进行一个详细的了解是非常有必要的。就对人物进行采访来讲，在进行采访时，对受采访者的一些童年经历和求学经历以及创业经历等进行进一步了解，可以让观众从多个方面对人物进行分析和了解。

对于主持人而言，在访谈节目中，他是主要的掌控者，他的主要职责就是对嘉宾进行提问。同时他所提出的一些问题要有"抛砖引玉"的效果，使得嘉宾可以顺着这一问题进行相关阐述，如果想要达到这种效果，就需要主持人在这些问题里面进行一些巧妙的设计了。

访谈节目要能够有效地安排人员和设备。对于谈话类节目而言，一般都是在演播室中进行录播，或者是进行直播，跟其他类型节目是不一样的，它不需要派出记者对外进行拍摄或者进行信息采集。如果需要对外景进行拍摄时，会在节目播出之前就会完成编辑，然后当成一种影像资料，方便在节目中呈现给大众和嘉宾，所以，让主持人与嘉宾之间达到一种和谐的状态是十分重要的。请看下面的例子：

曹可凡专访国画大师程十发

曹可凡：现在很多人都在热烈地讨论海派绘画的问题。我想海派绘画是从赵之谦、吴昌硕、任伯年他们开始的，一直到今天，已经一百多年的时间。也有人说，程十发的绘画是海派绘画最后的辉煌，您同意这种观点吗？

程十发：不同意！最后的是没有期的。我们这些人现在的画画，实际上从前人都走过的，就是平时你不深刻去研究人家。你真正创造的有没有，是有的，但是不多，主要的房子的梁柱还是古人给你砌的。

曹可凡：您也曾经说过"海派无派"，这是什么意思？

程十发："海派无派"，这是说明海派不是一个派，海派里面包含了很多的派，各种流派的人集中到一起才叫海派。

曹可凡：程先生，现在还有人对国画有一种观点，认为过去的国画都太充满小资的情调，太柔软，所以不能表现现在的生活，所以主张要画大画，越大越好，越大越能体现它的大境界、大内涵。您同意这种观点吗？

程十发：大中能见小，小中能见大，这是大小的秘密。你要画大的，不相信小的不行；你小的也能画得很大，这两个是相对的。

曹可凡：其实大与小之间有这样一种哲学的关系。

程十发：对，对，对！容纳别人要气度大，容纳自己要小气些。

曹可凡：这是不是也是您处世的一种准则，或者是一种人生的哲学？

程十发：大家多帮助！

曹可凡：谢谢程先生，我们也希望您能够身体健康。

程十发：好的，谢谢你！

从这段访谈中我们可以看出，主持人曹可凡具有深厚的美术涵养，对国画史和国画大家的背景知识掌握得也很娴熟。

（三）兼具预见性、应变性

在拍摄录制过程中，新闻报道很有可能会一些突发情况。因此，谈话类节目的策划需要预设一些应急措施。

谈话类电视节目要坚持"灵活有度"与"随机应变"的策划原则，确保节目策划能够顺利开展下去。坚持"灵活有度"原则，就是要求策划工作要实事求是，真正切合谈话类电视节目的主题与谈话的内容，对每个细节都细致分析、科学策划、有机设计，但是具体的实践与谈话、访谈操作可以更加灵活地交由主持人、现场工作人员进行有度的处置。"随机应变"也应该成为谈话类电视节目策划的另外一个重要原则，即根据节目进程进度与现场访谈、采访的实际状况，有机调整谈话、访谈的内容与重点，但是核心的内容不可随意更改。

（四）从平民的视角"观天下"

在谈话类节目的选题中，选题的"平民化"要求从平民的视角观天下，以平常老百姓的眼光和态度去观察和思考社会中的热点、难点问题，使空泛的问题实际化、抽象的问题具体化、复杂的问题简单化。下面关于冬奥会与主办城市之间关系的选题就充分体现了这一点。

2022年2月5日，在河北省张家口市，虽室外气温低至零下10℃，但一串串红灯笼加上冬奥会徽、吉祥物等冬奥元素的装饰，让这里"热"了起来。作为北京 2022 年冬奥会雪上项目主要举办地之一，张家口正努力让世界认识这里。

守护长城，守护冬奥

在崇礼冬奥核心区桦林东段古长城不远处，即是国家跳台滑雪中心"雪如意"。冬奥会比赛期间，运动员从"雪如意"的赛道上滑下，便可望见不远处的长城。

已与此间古长城结缘六载的张家口市崇礼区文物保护管理所所长杨东武感慨称，随着冬奥会开幕，世界各国的冬奥健儿都将领略到中国长城的风采，长城不仅是中国的长城，也是世界的长城。

身为长城保护工作者，杨东武对崇礼古长城了如指掌：崇礼境内存有战国、秦、汉、北魏、北齐、唐、明 7 代长城，且此间长城建筑形制花样繁多，有土夯、石筑、土石混筑、干插石垒等多种建筑形式，具有重要历史价值。

杨东武参与了冬奥核心区桦林东段长城展示亮化工程，约 6 公里的长城墙体和 7 座烽火台、敌台的展示亮化工程已建设完毕，呈现在各国冬奥健儿眼前。

"这个春节假期我随时待命，随时准备安排工人检修冬奥核心区的一些文化展示工程。"如今，杨东武参与了张家口赛区的外围保障工作，他不仅需要守护长城，还需要守护冬奥。

"我希望将崇礼的古长城以及太子城遗址等这些文化元素，通过北京冬奥会展示给世界，让世界认识中国文化的独特魅力和博大精深。"杨东武说。

传承文化，传承精神

53 岁的崇礼人谢四光是张家口市级非物质文化遗产泥塑艺术代表性传承人，喜欢在工作之余用泥土、软陶创作反映塞外风土人情的作品。北京 2022 年冬奥会开幕前，他完成了包括《雪如意》在内的冰雪运动主题系列泥塑。

随着北京 2022 年冬奥会开幕，作为崇礼人，谢四光感慨万千，冬奥会不但让他居住的崇礼小城发生巨大改变，也让包括他在内的许多崇礼人变得更加开放和国际化。

谢四光告诉中新网记者，自从北京携手张家口成功申办冬奥会以来，作为泥塑艺人，他有了用融入冬奥元素的泥塑作品支持冬奥、参与冬奥的想法。

为寻找创作灵感，谢四光重拾滑雪技能，在雪板飞驰间观察雪友们的姿态、表情，积攒素材。2019年，他终于成功创作出第一批冰雪运动题材的中国传统泥塑作品。

同时，在谢四光看来，北京2022年冬奥会也为崇礼的城市建设提供了一个很好的机会。"崇礼因冬奥会更美了，更国际化了。"

谢四光说，在筹办北京2022年冬奥会的过程中，相互理解、友谊长久、团结一致等奥运精神也深植崇礼人心中。"我们崇礼人现在做什么事情都是高标准要求，也更加开放和国际化。欢迎世界各国的朋友认识崇礼，来崇礼做客"。

留下冰雪，留下产业

张家口有着独特的冰雪资源，特别是以崇礼为代表的坝上坝下过渡地带，降雪早、积雪厚、存雪期长达150天，是华北地区最大的天然滑雪场。受益于北京冬奥会，这座山城的冰雪产业逐渐"火热"。

《北京2022年冬奥会和冬残奥会遗产报告集（2022）》数据显示，截至2020年底，张家口建成冰场、雪场29个，其中大型滑雪场9家，有高、中、初级雪道177条。崇礼经过20多年培育发展，建成了京津冀区域独一无二的雪场集群。万龙、太舞、云顶、富龙四家滑雪场入围"2020年全国滑雪场十强"。

在富龙四季小镇，冬奥保障项目已全面启动。据富龙控股集团董事长王诚介绍，小镇内富龙假日度假酒店和风铃乐谷（焕活）酒店作为张家口赛区签约饭店，将提供724间客房，承担冬奥赞助商和国外媒体的食宿保障。

冬奥会不仅是运动的盛会，也将是美食的盛宴。王诚说，为弘扬中华饮食文化，展现主办城市风貌，他们在菜单搭配和就餐环境等方面做了精心准备，例如推出莜面鱼鱼、山药饼、羊蝎子等崇礼特色美食，在餐桌设计上，融入崇礼元素和冰雪元素。

如今，冬奥会已经开幕，王诚非常看好张家口的发展。"冬季是其他地方旅游业的淡季，却是崇礼的旺季。"

据介绍，去年滑雪季期间，富龙四季小镇的日均客流量在3000人次，"今年有望实现更大增幅突破"。王诚说，按照家庭式度假的思路发展，他们陆续建设了足球场、棒垒球场、房车营地、露营基地、山地自行车道、徒步道等运动休闲场地，"未来，富龙四季小镇非滑雪季的收入很可能会超过滑雪季的收入"。

四、谈话类电视新闻节目的主体

（一）主持人

谈话类节目的主持人在节目中扮演着重要的角色,他们负责引导和促进讨论,维持节目的秩序和流畅性。以下是一些主持人在谈话类节目中的重要职责和特质:

第一,引导讨论。主持人应具备良好的引导能力,能够提出有针对性的问题,引导嘉宾展开深入的讨论。他们应熟悉节目话题,并能够在讨论中保持主题的连贯性和深度。

第二,中立和公正。主持人应保持中立和公正的立场,不偏袒任何一方。他们应尊重每位嘉宾的观点,并确保每个观点都得到公正的对待。

第三,社交技巧和沟通能力。主持人应具备良好的社交技巧和沟通能力,能够与嘉宾和观众建立良好的互动。他们应善于倾听和理解他人,能够适时地引导对话,处理争议和冲突。

第四,知识储备和准备工作。主持人应对节目话题有一定的了解,做好准备工作。他们应研究和了解相关的背景资料,以便提出有深度的问题,并能够与嘉宾展开有意义的讨论。

第五,幽默和幽默感。主持人应具备一定的幽默感和幽默表达能力,能够轻松和妙语连珠地引导讨论,增加节目的娱乐性和观众的参与感。

第六,良好的时间管理和控制能力。主持人应具备良好的时间管理和控制能力,能够控制节目的节奏和时长,确保每位嘉宾都有足够的时间表达观点,同时避免节目时间过长或过短。

第七,热情和亲和力。主持人应具备热情和亲和力,能够与嘉宾和观众建立良好的关系和互动。他们应能够传递积极的能量和态度,增加观众的舒适感和参与度。

谈话类节目的主持人在节目中扮演着重要的角色。他们应具备引导讨论、中立公正、社交技巧、知识储备、幽默感、时间管理和亲和力等多方面的能力和特质,以保持节目的高质量和吸引力。

1. 具有亲和力

亲和力主要指的是说话的语气是温柔的、动听的,同时也包括一些肢体语言。对于我国早期的《实话实说》这一谈话类节目而言,它之所以最后取得成功,主要的原因就在于它的主持人具有较强的亲和力。我们可以通过以下材料,体验什么叫作亲和力:

话题：为什么吸烟？

主持人：各位朋友，大家好。欢迎收看我们的《实话实说》节目！我们今天谈的话题可以说非常小，有多小呢？只有两寸多长；我们也可以说这个话题非常大，因为它涉及中国的工农兵学商各个行业，而且和中国的13亿人有切身的联系，那就是——吸烟。下面我们就言归正传。我们今天谈的是吸烟问题，先从心理学的研究方面谈起。（对郭念锋）您平时都是研究别人的，今天能不能当着大家的面，研究研究自己。您吸烟吗？

郭念锋：我想我吸烟很怪，因为我吸烟从开始的时候，就跟人家不一样，我吸烟是饿的。

主持人：饿的？（笑声）

郭念锋：1960年在大学读书的时候，下乡劳动，吃不饱肚子，晚上睡不着觉，我们一个房东老大爷特别好心，就端了一个大篓箩，里面装的烟叶，他说："你抽一口啊，就不饿啦！"（笑声）

侯耀文：是，那时候有个名称叫"名彩炮"。

郭念锋：我抽完一口之后，就果然不饿了，只恶心光想吐。（笑声）打那以后，每顿饭都吃不饱，所以每顿饭之后，都饭后一支烟，就这样抽上了，到现在都没戒掉。

主持人：因为饿，您当上了神仙。（笑声）侯耀文，我问您，您也是因为饿才抽上烟的吗？

侯耀文：我不是，我是别人勾引我抽烟的。（笑声）因为参加工作之后有比我年纪大的人，他们抽烟，抽了以后让我"来一根？""不会，不会。""你瞧你，尝尝，不抽你把它扔喽！"后来我就尝了。尝了以后，也没什么感觉。后来就跟人要啊，（笑声）他就给我。

2. 具有活跃的思辨能力

主持人要在合适的时候讲适当的话，同时还需要化解一些比较尴尬的局面。保持一个相对和谐的谈话氛围，进而使嘉宾还有观众能够在这个轻松的环境当中进行交流，并且对谈话的方向进行把控，这也是对主持人提出的基本要求。

3. 主持人和节目本身相互交融

对于主持人而言，在节目当中要对整个节目进行把控，并且充分体现主持人的主持特点。中央电视台把主持人的一些个人基本信息放在了官方网站（tv.cctv.

com）上，便于观众对主持人的主持特点与风格进行分类。同时也为主持人开通了能够与观众进行交流的平台，使观众可以向主持人做出一些反馈，让节目的发展方向变得更加清晰和明确。下面是对一些主持人的特点的介绍：

【敬一丹】和敬一丹共处两小时，却想不出一个确切的词来形容她，因为她时而像你的大学老师，时而像邻家大姐，时而像看着你长大的阿姨，时而像和你相识已久的忘年之交，但最多的时候是爆发出爽朗的笑声，真如一位网友所说，敬大姐如果演电影，适合去演女侠，一代武林宗师的那种！

【张泉灵】无论是面对批评还是赞誉，张泉灵始终保持着一种恬淡的笑容，却遮掩不住她的热情与活力，总觉得她有着源源不断的能量，也有让你想听下去的力量。临别时，再回顾这两个小时，我突然想到了那两句诗："问渠那得清如许，为有源头活水来。"张泉灵没有辜负这个好名字，这是一股跳跃着的清澈的泉水。

【水均益】与水均益合作已经有过很多次了，所以实在谈不上什么印象，更多的是一种综合的认识吧。他的睿智、渊博、敏锐、理性而又充满激情，已经是大家公认和众所周知的。而当这个经历过战火洗礼、和100多位世界风云人物有过面对面地接触、在中国家喻户晓的人物每每出现在我面前时，我都会意外而又深刻地感受到他投射出来的一种谦和的态度。

【白岩松】6：50时，白岩松准时到达，绿色格纹休闲衬衣、短裤，看来是刚刚参加了运动。但是那种自如、坚定、略带一点桀骜不驯的神态，一如在屏幕上给大家留下的深刻印象。他不是那种你立刻就能接近的人，但绝对是一个可以吸引你的人。

（二）嘉宾

谈话类电视新闻节目的嘉宾属于采访对象的范畴，"通常是指就某一重大新闻事件，或是某一复杂的社会现象、社会问题，从新闻传播的角度邀请前来发表意见和看法的专家、学者"。嘉宾的作用是对事件释疑解难、点评分析、解读新闻事实和对事件发展做出预测等。谈话类电视新闻节目的嘉宾一般有权威性、多样性、适当性等特点。

1. 权威性

在对嘉宾进行选择的时候，应该偏向于选择一些与该事件具有一定关联度的人，也可以是一些比较有权威的专家或者学者。选择他们的原因主要是他们所发表的一些观点具有一定的科学性和可行性。在《万德奎——我的健康我做主》节目中，万德奎是一位营养学专家，又深谙养生的技巧，并且还有自己的切身实践，他针对各个阶层的观众都给予了健康的生活方式建议，使观众从节目中获益匪浅。下面分享几条万教授的健康生活方式建议：

建议一：早晨起床——吃早饭等于进补药。

万教授说过：那些对早饭马马虎虎、午饭随便对付，一到晚上就开始大吃大喝的这些现象就是生病的主要根源。对于每个人而言，早饭是必须吃的，早饭在一天三顿当中是最重要的一餐。因此，早饭一定要吃好，中午能够吃饱，晚饭要少吃，这样才能保证一天的营养得到平衡。

建议二：管理自己的情绪——要宣泄，不要发泄。

万教授曾经说过：针对情绪这方面的问题，主要可以通过这两种方式进行解决——发泄和宣泄。因此，我们可能就会想，发泄和宣泄这两者之间又有什么区别呢？他还对发泄和宣泄的一些具体注意事项进行了讲述，他说，发泄对个人来讲是具有一定的伤害的，但是宣泄就不一样，它是属于比较高层次的一种情绪解决方式，并不会对人体造成伤害。在日常的生活当中，我们时常会听见很多人嘴上说"我不生气"这四个字，但是从这里可以看出这个人其实是非常压抑的，嘴上说不生气，但是事实上是非常生气的。对于人这种动物而言，本来就是一种感情动物，喜怒哀乐对于人来讲是再正常不过的事情了，中医上把喜怒忧思悲恐惊叫作"七情"。在高兴的时候就想笑，在伤心的时候就想哭，在生气的时候还想大骂。这是人对于感情的一种表达方式，同时也可以表现出人的感情是非常丰富的，如果一个人只拥有一种感情的时候，那么这个人是非常不健康的，对于那些压抑或者抑郁的人而言，不管看见谁都板着一张脸，因此就容易得抑郁症，只有一个人的感情是非常丰富的时候，想干什么就干什么，想怎么样就怎么样，才是健康的状态。但是有些地方还是需要注意的：首先不要过度，其次生气的时间不要太长，需要尽快地进行调整，这样才是健康的表现。

建议三：下班之后——男士应酬少喝酒，女士需要勤锻炼。

对于很多男士而言，通常在下班之后还应对各种饭桌上的应酬，因此，酒也是天天喝。针对以上这种现象，我们应该怎样去解决喝酒这个问题呢？对于万教授而言，他认为喝酒是属于不健康生活方式中的其中一个，第一个就是吸烟。酒这种东西，喝得少的话对身体还是存在好处的，例如，如果每天只喝一两白酒，如果是喝葡萄酒的话，特别是干红葡萄酒喝二两，啤酒的话就喝半斤到一斤，这样对于身体而言是具有很多好处的，但是如果是过量饮酒的话，对身体的伤害是非常大的。会使得身体的各个器官都受到伤害，如肝、脑、心等这些身体器官。喝白酒，醉一次就相当于得一次急性肝炎，喝酒不仅对肝造成伤害，同时也会导致人的认知能力大大降低，与此同时，喝醉酒会导致大脑细胞大量死亡，最安全的那个量就是一天一两白酒。所以对于每个人都一样，一定要从年轻就开始锻炼，控制嘴迈开腿，因为健康的关键就在于少吃多动。

就很多女士来讲，一下班回家就开始瘫在沙发上，就想不起来进行运动了。万教授说，延缓衰老最好的一种方式莫过于进行一些必要的锻炼了。对此他针对这一现象提出了一些必要的建议：我们每天可以运动半个小时或者是一个小时，锻炼的方式有很多种，但是走路就是最简单的一种锻炼方式了，同时也是最有效并且最经济的一种方式。对于年轻人来讲，想要通过走路这种方式进行锻炼的话，就需要进行快走，需要达到一分钟130步的速度，同时心跳也需要达到120次，这样才能使心脏得到锻炼，只要能够坚持半年以上的时间，人体的心肺功能整体上就会得到30%到50%的提高。

2. 多样性

受邀的嘉宾不应该只局限于一些名人、专家或者学者，我们应该把更多的目光投入一些普通人身上，让新闻话题的内容更偏向于普通的人群。下面列举的话题及现场嘉宾体现了谈话类电视节目嘉宾选择的多样性。

话题：热爱生命
现场嘉宾：于大元（总政歌舞团演员）、孙云彩（女，北京37中高级教师）、袁正平（上海运输工会干部）
话题：吃苦，让孩子成材
现场嘉宾：王慧琴（女，退休工人）、郭冬临（电影、电视演员）、宗介华（儿童问题作家）
话题：打工在北京
现场嘉宾：田玉（户口在东北的北京人，个体劳动者）、涂仁华（来自四川万县，在北京打工）、翟越（哈尔滨人，大学毕业后选择在北京工作）、杨东平（社会学者）

话题：结婚的钱由谁来出？

现场嘉宾：孙军华（女，天津蓟县农民）、高月（女，银行职员，助理会计师）、樊平（中国社会科学院，社会学者）

综上可以看到，谈话类电视节目的嘉宾选择不仅包括专家学者，还有退休工人、打工者、农民以及人民教师等。

3.适当性

在选择嘉宾时，需要选择一些语言表达能力比较好的性格也比较外向的嘉宾，因为对于一些嘉宾来讲，他的身份背景虽然符合访谈条件，但是他本身的性格如果是比较内向并且不擅长与他人进行交际，就不适合参加访谈类节目。

（三）观众

谈话类节目的成功离不开现场观众的积极配合，更离不开电视前的观众的关注与守候。下面截取一档谈话节目《面对孩子撒谎》的部分内容：

柳明：别说孩子，包括我们大人也一样，要有觉悟，还有制度，今天我们做任何事情，都要有制度和觉悟，才能保证成功，孩子也一样。

观众三：对刚才各位嘉宾的观点我持不同意见，当孩子撒谎的时候，打或者不打这两种方法都不对，应采取夫妻双方结合起来，一个是打，另一个是打了以后再采取另一种方式，让孩子明白，妈妈或者爸爸为什么要打你。

主持人：这在戏剧艺术上叫作一个唱白脸，一个唱红脸。

观众三：我觉得这样做才有效。

观众四：我的孩子撒谎，我也有一个办法，因为孩子撒谎有他一定的道理，比方说是他的一个天性，所以他撒谎以后，我把他的错误都给写出来，我不说他，把它挂在他所出入的地方，或者他的同学和家人都能见到的地方，一是刺激他，二是鞭策他，三是羞辱他。

观众五：孩子撒谎中，不同的撒谎有不同的原因，作为家长首先要弄明白他为什么撒谎，然后才能采取不同的方法。我觉得撒谎不能单纯地用打或者不打来解决。

主持人：你刚才的意思是说孩子撒谎如果有理由，我们就可以宽容他，是吗？

观众五：对于孩子的一些撒谎的处理，是非常重要的，如果发现孩子撒谎之后，那么首先需要做的是了解撒谎的原因，然后再去想这件事情该怎样去处理。对于家长而言，不应该用对成年人的角度来理解孩子撒谎所具有的危害，我觉得孩子有他们自己天真的一面，同时也有可以进行理解的那一面。因此，家长可以将撒谎会造成的一些后果慢慢讲给孩子听。比如当孩子不想做作业时，我们可以跟她讲那你不要做了，等到明天去学校的时候，老师会怎样批评她，只有她碰壁了之后才会知道这件事情的严重性。

主持人：（对小观众五）你好，小朋友，你今天表现得非常好。因为第一你讲了实话，第二你听得非常认真，你能不能谈一谈听完以后的感想？

小观众五：我想以后绝对不能再说谎话了，谎话的害处太大了。

主持人：这些害处你是不是今天第一次听到？

小观众五：是的。（笑声，掌声）

主持人：不知道陈教授是不是在观众的发言中找到了很多很好的办法和很多新的研究课题？

综上可以看出，观众的积极参与不仅丰富了节目的内容，同时也会影响到电视机前的观众对该问题的思考。

五、谈话类电视新闻节目的采访活动

一个完整的谈话节目是由主持人、嘉宾以及现场观众三个要素组成的节目形态。在这一访谈的过程中，主持人应注意哪些问题呢？

（一）做优秀的倾听者

作为谈话类节目的主持人，倾听是一种非常重要的技能和特质。优秀的主持人应该具备良好的倾听能力，能够真正关注和理解嘉宾的观点和意见。

以下是主持人作为优秀倾听者的一些关键特点：

第一，注意力集中。优秀的主持人能够将注意力完全集中在嘉宾的发言上，不被其他事物或想法干扰。他们保持专注，不打断嘉宾的发言，以便完整地理解和吸收嘉宾的观点。

第二，开放心态。优秀的主持人持开放心态，愿意接受不同的观点和意见。他们不会过早下结论或表达自己的观点，而是尊重嘉宾的观点，并以客观、中立的态度对待。

第三，提问技巧。优秀的主持人具备良好的提问技巧，能够提出有针对性和深度的问题，以引导嘉宾更深入地表达观点。他们善于运用开放性问题和追问，以便从嘉宾那里获得更多的信息和见解。

第四，非语言沟通。优秀的主持人不仅通过语言进行倾听，还通过非语言沟通表达对嘉宾的关注和理解。他们运用眼神接触、肢体语言和微笑等方式，向嘉宾传达出积极的倾听信号。

第五，总结和澄清。优秀的主持人擅长总结和澄清嘉宾的发言，以确保自己正确理解嘉宾的观点。他们可以用自己的话语对嘉宾的发言进行总结，以便进一步深入讨论或引出更多的观点。

具备优秀的倾听技能的主持人能够更好地理解和回应嘉宾的观点，建立良好的沟通和互动。这不仅有助于提高节目的质量和深度，还能够增强观众对节目的信任感和参与感。

（二）适当运用肢体语言

张越是一名著名的主持人，她在主持节目的过程中通常只会给电视机前的观众看到半边脸，然而，她的正脸是面对嘉宾的，肘部所支撑的上半身主要往嘉宾的方向倾斜，从这里可以看出她表现出的倾听嘉宾的表述的欲望是极强的，同时，她的这一举动也能够调动嘉宾想要诉说的这种冲动。即使语言在访谈类节目当中充当着主持人、嘉宾以及现场观众的沟通桥梁，但是如果在此基础上再加入一些非语言符号，那么节目最后的效果会更好，达到锦上添花的效果。主持人和嘉宾会进行一些眼神交流和使用一些肢体语言，实现缓解嘉宾紧张情绪的目的，使嘉宾和主持人之间的那种默契程度得到增强。

（三）体现人文关怀

对于谈话类新闻的选题，一般都是选择一些社会上的热门话题，或者是具有争议性的一些话题，并且受邀的嘉宾都是来自社会各个行业的人，然而，有一些当事人因为不想在大众面前抛头露面，所以需要主持人还有节目组做好一些保密的措施，让当事人的隐私得到保障，这主要体现了人文精神。

对于"5·12"汶川大地震，有很多电视台都到受灾地区对这场重大的自然灾害进行新闻报道，一些记者跟重灾区的一些孩子同吃同住，帮助孩子缓解余震所带来的惊恐感，还有因为与家人走散而产生的一些担忧。他们更加注重的是跟孩子们进行心灵上的沟通，使孩子对他们产生信任，这样也可以打动很多观众。有的记者说："我们不仅是一名记者，更是援救队中的一员，同时也是心灵上的抚慰者。"这体现了人文关怀。

（四）把握细节特征

在节目访谈的前期准备或者在节目进行中，主持人应注意抓住人物或者事件的细节，用细节来表现人物的思想变化或者是事件的动向。例如，在《一次家庭暴力事件》中有这么一段细节：

解说：9月15日，经过沟通，我们在家中见到了他的妻子金（Kim）。她最近失眠很严重，与照片相比瘦了很多，她告诉我们，孩子刚刚补睡完午觉。

记者：她（孩子）这两天睡得不太好吗？

金：老三害怕自己睡啊，她看过了，她看过他爸打我了。然后她（当时）拉着她爸的手，说"爸爸，不要，不要"。后来在医院的时候她说"妈妈，对不起，下一次我用筷子，我用剪刀来（阻止他）"。真不要听我三岁小孩说这个话啦。

金的几句关于家暴对孩子的影响的复述，让一个受到精神伤害的三岁小孩的形象跃入眼前，观众不禁好奇，孩子究竟看到了什么，会激起一个孩子对自己的父亲这么大的仇视？这样的细节，不仅抓住了人物的特征，而且也引起了观众的兴趣，成为观众要继续一探究竟的动力。而主持人就要抓住这样有价值的信息，继续将问题深化。

第三节　杂志类电视新闻节目

1990年，北京电视台开播了集新闻、社会话题、人物报道、服务信息于一体的新栏目《北京您早》，这是国内最早的一档早间电视新闻节目，也被许多人称为最早一档改变我国观众收视习惯的新闻杂志类栏目。中央电视台于1993年创办了一档初始定位为综合杂志类的新闻栏目《东方时空》，该栏目打破了以往主持人播报电视新闻的节目形态，以"讲述老百姓自己的故事"为宗旨，通过百姓身边事件展现普通人的生活状态。

一、杂志类电视新闻节目概述

杂志类电视新闻节目又可以叫作新闻杂志节目，这种类型的新闻节目也是电视新闻深度报道中的一个非常重要的节目形态。它主要是通过借鉴杂志的一种综合编排的方法，并且利用电视所具有的传播优势，用不同样式和内容的新闻节目板块的小栏目进行串联，最后能够形成一个完整的节目，这个节目的播出时间还有栏目都是固定的。与此同时，它不但具有大量的简讯，同时也具有一定数量的报道，这也是电视节目杂志化的一种比较具体的表现形式。杂志类电视新闻最早是在美国出现的，其英文全名为 Magazine-Format Documentary Series，意思是"杂志型系列新闻纪录片"①。

杂志类电视新闻是一种以杂志形式呈现的电视新闻节目。与传统的新闻报道不同，杂志类电视新闻更注重深度报道和综合性分析，以多样化的内容和形式为观众提供更全面、深入的新闻信息。

杂志类电视新闻的特点如下：

第一，主题广泛。杂志类电视新闻涵盖各种不同的主题和话题，包括政治、经济、文化、社会、科技、环境等。这样广泛的主题范围可以满足观众的多样化需求，提供更全面的新闻报道。

第二，深度报道。杂志类电视新闻注重深度报道和综合性分析。它不仅提供新闻事件的基本事实，还通过采访、专题报道、调查等方式深入挖掘事件的背景、原因和影响。

第三，多样化的形式。杂志类电视新闻采用多样化的形式呈现，包括专题报道、人物专访、实地探访、纪录片等。这种多样化的形式可以增加节目的吸引力和观赏性，使观众更好地理解和接受新闻的内容。

第四，长篇幅报道。相比于传统的新闻报道，杂志类电视新闻的报道篇幅较长。这样可以提供更多的细节和背景信息，使观众能够更全面地了解新闻事件。

第五，分集制作。杂志类电视新闻通常以分集制作的形式呈现，每集围绕一个或多个主题展开深入报道。这样可以使观众更好地跟进和理解新闻内容，同时也增加了节目的连续性和持久性。

杂志类电视新闻通过深度报道、综合性分析和多样化的形式，为观众提供更全面、深入的新闻信息。它在电视新闻领域具有一定的特色和影响力，能够满足观众对于更深入、多样化报道的需求。

二、杂志类电视新闻节目的选题

作为众多节目形态之一的杂志类新闻节目，在节目形态层出不穷的今天，仍能长盛不衰，不能不归功于它独具特色的选题。

---

① 　王溥 . 新闻报道策划实务 [M]. 武汉：武汉大学出版社，2020.

（一）新鲜性和接近性

对于杂志类新闻节目而言，选题的新鲜性主要包含及时性和适宜性这两种特性。由于杂志类新闻节目所追求的是能够将信息进行整合，这时候信息所具有的适宜性就会显得非常的重要。

例如，《1818 黄金眼》是一档民生新闻节目，其把关注民生、服务百姓当作主要宗旨，从百姓的角度来看待问题，实现和百姓的零距离接触，为百姓服务。这一节目的总直播时长 72 分钟，同时也是浙江电视媒体第一个时长超过一个小时的新闻节目，并且还是唯一一档 24 小时都开通新闻热线的新闻栏目。

"记者在你身边，新闻因你而动。"《1818 黄金眼》于 2004 年元旦开播，是浙江省日播时间最长的民生新闻节目，分为民生版和公众版。它关注民生、服务百姓，在全省率先开通 24 小时新闻热线，每天接听上万观众的求助电话，并以鲜明的新闻定位、快速的报道反应、丰富的信息资讯、优质的民生服务，打响了主流媒体的新闻品牌，成为浙江省民生新闻栏目第一品牌。浙江省委宣传部历年开展的公众舆情调查显示，其公众知晓度在所有媒体中位居第一。

所谓接近性，就是指新闻事件跟受众在地理上或者心理上的一种接近。对于地理上的接近，其实就是事发地跟受众之间的位置是非常近的。然而心理上的接近性是这个新闻事件是否能够使观众产生一些心理上的共鸣的前提。

（二）综合性和实用性

由于信息时代发展速度极快，人们的生活节奏也在不断地加快，一些信息量比较大且信息实用性非常强的新闻节目深受大众喜爱和欢迎。杂志类电视新闻节目的出现，使人们的信息需求得到了很大的满足。如《朝闻天下》通常是以时政要闻作为开篇报道，简短回顾节目播出前一天的会议决策等时政新闻，然后开始播报新闻。新闻播报顺序以及内容由于节目三个时间段的划分而稍显不同，要闻回顾后是国际时讯、国内新闻、生活资讯等。节目同时采用直线型编排和内容重复编排手法。直线型编排即节目编排按照时间推移呈直线型，根据每个时间段针对不同观众编排不同的内容。

在保持原有国内国际时事新闻权威性的同时，《朝闻天下》强化了对社会民生新闻、天气出行资讯、文化体育资讯、时尚生活资讯等可视性强的题材，同时在表现方式上强化电视特性，突出视听感受。

（三）故事性

杂志类电视新闻在报道中通常注重故事性的呈现，以吸引观众的兴趣和关注。通过讲述生动的故事，杂志类电视新闻能够更好地传递新闻信息，增加观众的参与感和情感共鸣。

杂志类电视新闻的故事性体现在以下几个方面：

第一，人物故事。杂志类电视新闻通常会通过讲述人物的故事来展示新闻事件的影响和背后的故事。这些人物可以是受影响的个人、英雄人物、普通民众等，通过他们的故事，观众可以更深入地了解事件的背景和影响。

第二，情感共鸣。杂志类电视新闻会通过情感化的叙事方式，引发观众的情感共鸣。通过讲述感人的故事、展示人们的喜怒哀乐，观众能够更加深入地体验新闻事件中包含的人性和情感。

第三，故事线索。杂志类电视新闻会通过构建故事线索来串联报道的内容。通过将各个报道元素有机地连接起来，形成完整的故事结构，使观众能够更好地理解和跟进报道的内容。

第四，视觉呈现。杂志类电视新闻注重视觉呈现，通过精心的摄影、剪辑和配乐等手段，营造出具有故事性和吸引力的画面效果。视觉元素的运用可以增强故事的表现力和观赏性。

通过故事性的呈现，杂志类电视新闻能够更好地吸引观众的注意力，增加观众对新闻事件的理解和关注度。故事性的报道能够使新闻内容更加生动、有趣，提供更全面、深入的观点，满足观众对于更具情感共鸣和参与感的需求。

三、杂志类电视新闻节目的策划

（一）杂志类电视新闻节目策划的关键步骤

策划杂志类电视新闻节目需要考虑以下几个关键步骤：

1. 确定节目的定位和目标受众

首先，要明确节目的定位和目标受众。确定节目的风格、内容和形式，以及所针对的受众群体，这有助于确定节目的整体方向和策划思路。

2. 确定节目的主题和话题

根据节目的定位和目标受众，确定节目的主题和话题。主题可以是特定领域、社会问题、文化现象等，话题可以是与之相关的具体事件、人物、趋势等。

3. 嘉宾筛选和邀请

根据节目的主题和话题，筛选合适的嘉宾。嘉宾应具备相关的专业知识、经验或独特的观点，能够为节目提供有价值的内容和观点。然后邀请嘉宾参与节目，并与其沟通节目的安排和内容。

4. 内容策划和分集制作

根据节目的主题和话题，制定每集的内容安排和流程。确定每集的故事线索、讨论点、专题报道等。确保每集内容的连贯性和深度，同时注意节目的时长和节奏。

5. 采访和制作准备

在策划阶段，进行相关的采访和制作准备工作，主要包括收集资料、进行背景研究、安排采访时间和地点等。确保采访和制作的顺利进行，以获取高质量的内容。

6. 合理安排栏目结构

杂志类新闻节目按照其内容组合方式的不同，可以分为事件组合式和板块组合式两种结构模式。杂志类新闻节目策划要明确节目的内容构成，合理安排栏目的结构。

（1）事件组合式

事件组合式是指杂志类新闻节目每期播出的几则具有相似或相同形态的深度报道或调查性报道，并通过主持人的解说和评论串联起来，形成一个有机统一的整体。

（2）板块组合式

板块组合式是指杂志类新闻节目中在同一栏目名称下，把内容形式各不相同的多个节目板块精心组合、编排而成的一种节目形式。在这种组合结构中，各个板块有固定的播出时间和内容。例如，《朝闻天下》的板块时间规定如下：

板块一：6：00—6：20　综合新闻

板块二：6：20—6：45　媒体广场

板块三：6：45—7：00　民生社会新闻

板块四：7：00—7：20　最新国际、体育新闻

板块五：7：20—7：45　媒体广场

板块六：7：45—8：30　综合新闻

7. 视觉呈现和后期制作

在节目制作过程中，注重视觉呈现和后期制作。通过精心的摄影、剪辑、配乐等手段，营造出具有故事性和吸引力的画面效果，确保节目在视觉上的吸引力和观赏性。

8. 宣传和推广

在节目制作完成后，进行相关的宣传和推广工作。利用社交媒体、广告宣传、媒体合作等方式，向目标受众宣传节目，吸引观众的关注和收看。

通过以上策划步骤，可以确保杂志类新闻节目的内容丰富、观点多样、故事性强，满足观众的需求和期待。同时，策划过程中要注重创新和灵活性，根据观众反馈和市场变化进行调整和改进。

（二）主持人是杂志类电视新闻节目的灵魂

每一个电视媒体在自身积累中，都有可能成长起有相当影响力、相当水准的知名人物，要想在媒介竞争中立于不败之地，有计划、有针对性地培育这些知名人物，努力使其成长为具有持久影响力与号召力的品牌，是电视媒体战略中重要的一环。杂志类新闻节目的主持人是一档节目的灵魂，更是一档节目的"招牌标识"。

1. 主持人的外在形象与内在气质应与节目相契合

在杂志类新闻节目当中，主持人的外在形象也会直接对节目的定位产生影响。《非诚勿扰》是较为有名的一档婚恋类节目，它的主持人是孟非。然而，孟非在里面的形象就是"光头"、衣着非常朴素、言语非常诙谐，就跟一些拉家常的节目一样，使这个节目赢得了大众的喜爱。

气质也是人的个性特征当中的一个特征，它是指在人的认识、情感、言语、行动中，心理活动发生时力量的强弱、变化的快慢和均衡程度等稳定的动力特征。气质主要表现在情绪体验的快慢、强弱，表现的隐显以及动作的灵敏或迟钝方面，因而它为人的全部心理活动表现染上了一层浓厚的色彩。而主持人的内在气质在一定程度上会转换成自己独有的主持风格。

2. 主持人的选择应注意运用"名人效应"

名人效应又可称为"晕轮效应""光环效应"，是指"名人的出现多达成的引人注意、强化事物、扩大影响的效应，或人们模仿名人的心理现象的统称"。因此，杂志类新闻节目在选择主持人时，也不要规避那些已具有一定社会影响力的主持人和社会人，通过合理利用"名人效应"，使节目的传播达到事半功倍的效果，如《朗读者》。

《朗读者》是由中央广播电视总台央视综合频道推出的文化情感类节目，由董卿担任主持人和制作人。《朗读者》包括《朗读者第一季》《朗读者第二季》《朗读者第三季》。该节目以个人成长、情感体验、背景故事与传世佳作相结合的方式，选用精美的文字，用最平实的情感读出文字背后的价值，节目旨在实现文化感染人、鼓舞人、教育人的传导作用，展现有血有肉的真实人物情感。

四、杂志类电视新闻节目的编辑与制作

（一）内容的编辑

杂志类电视新闻节目常用的编辑方式有归类编辑法和统一编辑法。

1. 归类编辑法

所谓归类编辑法，即在一档新闻节目中，将内容相关、主题相同或相近的数条新闻或数个新闻短片编辑在一起，形成一个小的单元，借助综合优势形成一种传播上的强势，从而收到"1+1+1＞3"的最佳传播效果。

2. 统一编辑法

所谓统一编辑法，就是在一档节目中，尽量保持内容和风格上的统一，从而使节目在整体上显得协调、一致，使观众对节目的总体思路与观点能够清晰明了。

（二）画面的编辑

在对电视画面进行编辑的时候，主要是针对节目当中的选题内容还有节目的定位来有效地选择电视镜头，从而找到最好的那个剪辑点，然后再进行画面的组接和排列。这样做就是为了使节目当中的内容得到更好的表达，使观众能够真实地体会到节目传递的信息，使节目能够达到预期的效果和目标。对于杂志类电视新闻，其主要的功能是整合和归纳信息、观点，所以，对节目的画面编辑提出了更高的要求，应使节目的画面更具表现力和形象性。

1. 镜头组接

电视画面最基本的构成元素是镜头，电视画面主要是通过各种不同的镜头进行切换和变化而形成的，所以，在进行镜头组接的时候需要注意的是，不但要符合观众的思维方式，也需要与电视的一些表现规律相符合。镜头组接不仅需要具

有一定的连贯性、完整性，同时也能够进行动静结合，使远景和中景以及近景实现交错使用。

2. 场景转换

杂志类新闻节目的后期制作中经常用到的一种技术手段就是场景转换。场景转换，简称为转场。什么叫转场？简单来讲，转场就是场景与场景之间、段落与段落之间的一些过渡和转换。实现转场主要有两种方法：第一个就是技巧转场，第二个就是无技巧转场。技巧转场指的就是通过对电视特技进行运用，进而进行设备的制作，然后再使用特技对两个电视画面的组接进行处理，使场景得到转换的一种方法。技巧转场主要包括淡入、淡出、叠化等方式。无技巧转场是对画面进行组接时采用的直接的手段。对于杂志类电视新闻节目来说，场景转换方式还可以使用现场音效或者同期声。某电视台的一期节目《姐姐》中，同时运用了多种转场方式，使整个节目画面自然连贯、丰富多彩，节目片段如下：

画面：一新生婴儿出世时的啼哭，从画面上叠化出两个孩子的照片，照片记录着他们的成长过程。

解说：蕊蕊和峰峰是一对双胞胎，他们出生的时候是剖宫产。爸爸妈妈经过商量，认为女孩可以照顾男孩，所以女孩蕊蕊就成了姐姐，男孩峰峰就做了弟弟。今年，蕊蕊和峰峰6岁了。

画面："哗啦"一声，两个孩子将一副国际象棋倒在桌子上，正儿八经地开始对弈。没走几步，姐姐的白兵吃了弟弟的黑象，弟弟有了异议。

画面：蕊蕊看了看弟弟，又瞧了瞧棋盘，只好咽下这口气。棋盘上碰倒了一个棋子。

画面：峰峰趁姐姐扶起棋子的工夫，偷吃了白棋的一个象。

画面：峰峰笑嘻嘻地摊开手里的棋子，姐姐终于抓住了把柄。

画面：姐姐自顾自地用橡皮修改着一大张铅笔画，弟弟百无聊赖地收拾棋盘，决定找妈妈告状。

几组生动活泼的画面刻画出了一个调皮可爱的"弟弟"和一个懂事乖巧的"姐姐"，当然片中的"姐姐"也不负父母的期望，变成了一个照顾弟弟的"小大人"。生动的镜头语言，在没有解说词的前提下，也可以达到非常好的传播效果。

3. 片头的制作

片头代表着节目的整体形象，凝聚着整个节目的主要思想和灵魂。观众可以通过节目片头了解杂志类新闻节目的定位、主题设置、节目风格等思想内涵。在杂志类新闻节目中，片头又可分为栏目总片头和子栏目片头两种类型。

（1）栏目总片头

栏目总片头是人们确定杂志类新闻节目定位的一个重要标识，通常情况下都会选择一些能够体现出节目价值的图标来进行呈现，时长一般在 10 秒和 45 秒之间。栏目总片头主要是由一些画面、音乐或者文字进行组合而成的，里面的一些画面都是在原本的一些节目中筛选出来的，或者是通过拍摄而得来的。有的栏目总片头还会出现一些音乐，音乐是针对节目的内容挑选的，使音乐和片头画面融为一体，音乐对于片头的制作有着至关重要的意义。对于文字，节目通常所呈现的都是字母的缩写或者简写，一般都是通过艺术字的形式向观众传递，主要在片头当中充当说明的角色。

（2）子栏目片头

杂志类电视新闻节目主要是由很多的不同板块进行结合而组成的，如果把节目的总片头比喻成节目的总体概括，那些子栏目就是板块与板块之间的一种衔接。通过子栏目片头，我们可以提醒观众板块正在发生变换，或者提示观众，下一个板块会有一些比较重要的内容或者有哪些看点。子栏目片头在整个节目当中主要起到了承上启下的作用。

4. 解说词的制作

杂志类电视新闻节目的主体是主持人，主持人的主要职责就是为观众穿针引线，所以，主持人串联词在节目当中是至关重要的。杂志类电视新闻中的解说词要善于使用高频词，以增加节目的亲民性。

1975 年至 1976 年，在国家出版局、中国科学院、新华社领导下，北京新华印刷厂、人民日报印刷厂的排字工人以及北京 1500 名中学生协同举行了中华人民共和国成立以来规模最大的"查频统计"。从政治理论、新闻通讯、科技和文艺四类书籍 86 本，期刊 104 本，文章 7000 余篇共 2100 余万字中进行"查频"，结果发现印刷现代书刊一共使用了 6265 个字，这 6000 多个字分为五类，最常用的有 560 个，常用字有 807 个，次常用字有 1033 个，共计 2400 个，这些字在书刊中出现的概率为 99%。也就是说，一个中国人只要认识 2400 个字，一般的白话文都可以看得懂。此外，不常用的汉字有 1700 个，偶出字有 2165 个。

在 560 个最常用字中，最多的反复出现几十万次，如"的"字，在 2000 多万字中就出现了 83 万次。最常用字出现频率最多的有 42 个字，占了报刊用字的四分之一。

解说词要具有一定的生动性和趣味性。因为一个生动有趣的开场白相较于一个比较死板的开场白，更容易吸引观众的注意力，能够让观众对节目产生兴趣。不同板块之间的相互转换主要是通过解说词进行过渡实现的，使整个节目变成了一个有机的整体。

第四节　评论类电视新闻节目

一、评论类电视新闻节目的概念与特点

评论类电视新闻节目是一种以评论和分析为主要内容的电视节目形式。这类节目通常由主持人或专家评论员对新闻事件、社会问题、政治动态等进行深入分析和评论。

评论类电视新闻节目的特点如下：

第一，专业评论。评论类电视新闻节目通常邀请具有专业知识和经验的主持人或专家评论员参与，他们在特定领域或话题上具有权威性和专业性，能够提供深入的观点和分析。

第二，深度分析。评论类电视新闻节目注重对新闻事件和社会问题的深度分析。主持人或评论员会通过多角度、多维度的分析，剖析事件的背景、原因和影响，并提供独到的观点和见解。

第三，多样化的观点。评论类电视新闻节目会邀请不同立场和观点的评论员参与，以呈现多样化的观点和意见。这样可以促进观众的思考和辩论，增加节目的争议性和吸引力。

第四，实时评论。评论类电视新闻节目通常是实时进行的，主持人和评论员会在节目中对新闻事件进行即时评论和分析。这种实时性可以提供及时的观点和见解，使观众能够更好地了解和理解正在发生的事件。

第五，观众互动。一些评论类电视新闻节目会通过电话、社交媒体或现场观众提问的方式，与观众进行互动。观众可以提问、发表意见或对评论员的观点提出质疑，增加观众的参与感和互动性。

评论类电视新闻节目通过专业的评论和深度的分析，为观众提供更全面、深入的观点和见解。这种节目形式能够帮助观众更好地理解和分析新闻事件和社会问题，促进公众对于社会议题的思考和讨论。

二、评论类电视新闻节目的选题

评论类电视新闻节目的选题应该关注当前的热点话题和社会问题，并选择具有广泛关注度和影响力的事件或议题进行深入分析和评论。以下是一些可能的选题方向：

（一）政治动态

选取当前的政治事件、选举、政策变化等作为选题，通过评论和分析，探讨其背后的动因、影响和可能的发展趋势。

（二）社会问题

选取社会上引发广泛关注和讨论的问题，如社会不公、种族歧视、性别平等、环境保护等，通过评论和分析，探讨其原因、影响和解决方案。

（三）经济趋势

选取经济领域的热点话题，如经济增长、就业形势、贸易战等，通过评论和分析，解读其对经济发展和民众生活的影响。

（四）文化现象

选取当下流行的文化现象，如电影、音乐、体育等，通过评论和分析，探讨其背后的社会意义、文化影响力和商业模式。

（五）科技创新

选取科技领域的热门话题，如人工智能、大数据、区块链等，通过评论和分析，探讨其对社会、经济和个人生活的影响和挑战。

（六）国际事务

选取国际重大事件和国际关系问题，如国际冲突、贸易争端、经济全球化等，通过评论和分析，探讨其对国际秩序和国际合作的影响。

在选择评论类电视新闻节目的选题时，需要考虑观众的关注度、话题的时效性和重要性，以及嘉宾的专业性和权威性。通过选择有价值、有深度的选题，评论类电视新闻节目能够为观众提供观点和见解更具深度的内容，引发观众的思考和讨论。电视新闻的选题非常重要，它直接影响着新闻报道的质量、观众的关注度和新闻机构的声誉。正确选择和策划选题可以提供有价值、有深度的新闻内容，满足观众的需求，同时也能够推动社会对重要议题的关注和讨论。

三、评论类电视新闻节目的制作模式

评论类电视新闻节目随着社会的不断高速发展，逐渐往多元化的方向发展。根据评论主体构成，可以将目前国内的评论类电视新闻节目划分成三种模式：评述模式、谈话模式和辩论模式。

（一）评述模式

评论类电视新闻节目的评述模式可以采用多种方式，以呈现深入的分析和观点。以下是一些常见的评述模式：

第一，独立评论。主持人或专家评论员独立发表自己的观点和分析，以对新闻事件或社会问题进行评述。他们可以通过解释事实、提供背景信息和引用专业知识对事件进行深入分析和评论。

第二，辩论对话。邀请不同观点的评论员或专家进行辩论对话，以展示不同的观点和立场。辩论对话模式可以促进观众思考和辩论，增加节目的争议性和吸引力。

第三，专题报道。通过专题报道的方式，对特定话题进行深入分析和评述。这种模式通常包括采访相关人士、调查研究、实地探访等，以提供全面的观点和见解。

第四，人物专访。邀请相关人物进行深入的专访，以了解他们的观点、经验和见解。这种模式可以通过深入的对话和提问展示人物的观点和个人故事。

第五，观众互动。通过观众提问、评论和发表意见，与观众进行互动，以获取更多的观点和反馈。这种模式可以增加观众的参与感和互动性，丰富节目的内容和观点。

第六，专家解读。邀请相关领域的专家对新闻事件或社会问题进行解读和评述。专家解读模式可以提供专业的观点和分析，为观众提供深入的理解和见解。

通过采用不同的评述模式，评论类电视新闻能够提供多样化的观点和分析，丰富节目的内容和观点。这样可以激发观众的思考和辩论，提高节目的质量和吸引力。

（二）谈话模式

评论类电视新闻节目的谈话模式可以采用不同的形式和结构，以促进深入的讨论和分析。以下是一些常见的谈话模式：

第一，主持人和嘉宾对话。主持人邀请嘉宾参与节目，通过对话的形式展开深入的讨论。主持人会提出问题，引导嘉宾发表观点和分析，同时进行追问和引导，以深入探讨话题。

第二，圆桌讨论。邀请多位嘉宾参与圆桌讨论，共同探讨特定话题。主持人会引导讨论的进行，确保每位嘉宾都有机会发表观点，并促进嘉宾之间的交流和互动。

第三，观众参与。通过观众的提问、评论和意见，与观众进行互动和讨论。主持人会引导观众参与节目，回答观众的问题，解答疑惑，并鼓励观众发表自己的观点和意见。

第四，专家解读。邀请专家参与节目，对特定话题进行解读和分析。主持人会提出问题，引导专家发表专业观点和解读，以提供深入的分析和观点。

这些谈话模式可以根据节目的需求和话题的特点进行灵活运用。通过深入的讨论和分析，评论类电视新闻节目能够提供多样化的观点和见解，促进观众的思考和辩论，提高节目的质量和吸引力。2008 年央视推出的《新闻 1+1》便属于此类模式，"新闻 1+1"即"1 位主持人 +1 位评论员"。由主持人和评论员构成评论主体，对当天最新、最热的新闻话题展开分析和评论。谈话型的新闻评论类节目打破了传统的新闻播报方式，大胆采用现场直播形式对当天的新闻话题展开即时评论，不过，这种两人谈话模式的新闻评论难免还有"一言堂"灌输式的影子，观众很难参与进来。

（三）辩论模式

辩论模式这一模式从字面也可以知道，它主要是以多人进行辩论的方式进行评论。首先由主持人进行主持，接着就是提出一个新闻事件或者是一个社会问题，让那些具有不同观点的人进行现场的辩论，从而使他们的观点和意见都能得到展示。通过使用这一模式，可以实现全民参与，在节目中，不仅邀请一些进行评论的嘉宾或者一些事件的当事人等，同时还邀请了很多民意代表或者一些现场的观众。对于这种类型的新闻评论节目，主要是由主持人进行话题的抛出，使持有不同观点的参与者展开激烈的辩论，演播室现场的气氛是非常紧张的，形成了一个开放式的讨论场面。

四、评论类电视新闻节目的论证过程

评论类电视新闻节目的论证过程通常包括以下几个步骤：

（一）提出观点或立场

评论类电视新闻节目在开始时，主持人或评论员会明确提出自己的观点或立场。他们会表达自己对于特定话题或事件的看法，并阐述自己的观点。

（二）提供证据和事实支持

在论证过程中，主持人或评论员会提供相关的证据和事实来支持自己的观点。这些证据可以是统计数据、研究报告、专家意见等，用以证明自己观点的合理性和可信度。

（三）分析和解释

主持人或评论员会对提供的证据和事实进行分析和解释，以展示其与观点的关联和意义。他们会解释为什么这些证据支持他们的观点，并分析其背后的原因和影响。

（四）引入对比和对立的观点

在论证过程中，主持人或评论员可能会引入对比和对立的观点，以展示不同观点之间的差异和争议。他们会分析不同观点的优缺点，并提供自己观点的优势和合理性。

（五）逻辑推理和引用权威

主持人或评论员会运用逻辑推理，通过合理的推断和推理，将证据和观点连接起来。他们可能会引用权威人士的观点和研究，以增加自己观点的可信度和权威性。

（六）总结并得出结论

在论证过程的最后，主持人或评论员会进行总结并得出结论，概括论证的要点和观点的合理性。他们会强调自己观点的重要性和价值，并呼吁观众对其观点进行思考和讨论。

通过论证过程，评论类电视新闻节目能够提供合理和有说服力的观点和分析，帮助观众更好地理解和思考特定话题或事件。这种论证过程有助于提高节目的质量和可信度，同时也促进观众对于新闻事件的深入思考和参与讨论。

五、评论类电视新闻节目评论主体的多元化

评论类电视新闻节目评论主体的多元化是指在节目中邀请具有不同观点、背景和立场的评论员参与，以呈现多样化的观点和分析。这种多元化的评论主体有以下几个好处：

（一）提供丰富的观点

不同的评论员代表了不同的观点和立场，能够提供更丰富、多样的观点和分析。这有助于观众获得更全面、多角度的信息，从而更好地理解和思考特定话题或事件。

（二）促进辩论和对话的发生

多元化的评论主体可以促进辩论和对话的发生。不同观点之间的碰撞和辩论有助于激发思考和深入讨论，提高节目的争议性和吸引力。

（三）体现受众的代表性

通过邀请不同背景和立场的评论员参与，可以更好地体现受众的多样性和代表性。观众可以在不同观点中找到自己的立场，从而增加对节目的认同感和参与度。

（四）增加节目的专业性和权威性

多元化的评论主体可以提供不同领域的专业知识和经验。不同领域的专家评论员能够为节目提供专业的观点和分析，增加节目的专业性和权威性，提升节目的可信度。

（五）促进理解和包容

多元化的评论主体有助于促进理解和包容。通过接触不同观点和立场，观众可以更好地理解不同人群的观点和思维方式，增强相互理解和包容的能力。

通过多元化的评论主体，评论类电视新闻节目能够提供更丰富、多样的观点和分析，促进辩论和对话的发生，增加节目的争议性和吸引力。这样可以满足观众的多样化需求，提高节目的质量和受众的参与度。

第五节 电视调查性报道

调查性报道是具有系统性、能够对问题的主旨做出深入的研究和揭露的一种报道形式。国内电视调查性报道以 1996 年中央电视台开播的《新闻调查》栏目为代表，该栏目以记者的调查行为为表现手段、以探寻事实真相为基本内容、以做真正的调查性报道为追求目标，崇尚理性、平衡和深入的精神气质。

一、电视调查性报道的栏目定位

电视调查性报道的栏目定位是为了进行深入调查和揭示真相而设立的特定类型的节目。

在栏目定位方面，电视调查性报道应考虑以下几个方面：

（一）深入调查和揭示真相

电视调查性报道的栏目定位应注重深入调查和揭示真相。它应致力于挖掘并揭示潜在的不合法、不道德或不公正的行为，以引起公众的关注和反思。

（二）关注社会问题

电视调查性报道的栏目定位应关注社会问题和议题，如环境污染、食品安全、社会不公等。通过调查和报道这些问题，可以引发公众的关注和行动，推动社会的改变和进步。

（三）以公共利益为导向

电视调查性报道的栏目定位应以公共利益为导向。它应致力于揭示对公众有重大影响的问题，保护消费者权益，提高政府和企业的透明度，促使其做出负责任的行为。

（四）独立和客观

电视调查性报道的栏目定位应注重独立性和客观性。调查性报道应以事实为基础，遵循新闻伦理和职业道德，确保报道的准确性和公正性。

（五）影响力和公众参与

电视调查性报道的栏目定位应具有一定的影响力和公众参与性。它应通过深入的报道引发受众的关注与行动，推动社会的改变和进步。

通过明确定位和定位电视调查性报道的栏目，可以确保报道的深入、客观和有影响力。这样能够提供有价值的信息和观点，引起观众的关注和参与，推动社会的改变和进步。①

二、电视调查性报道的栏目运作方式

电视调查性报道的栏目运作方式可以包括以下几个关键步骤：

（一）选题策划

栏目团队根据社会问题、不公正行为等，选择具有调查价值和影响力的选题。选题应具有公众关注度和社会影响力，能够引起观众的兴趣和关注。

（二）调查和采访

栏目团队进行深入调查和采访工作，收集相关的证据和资料。这可能包括采访相关人士、收集文件和记录、进行实地调查等，以获取事实真相和相关信息。

（三）数据分析和验证

栏目团队对收集到的数据和信息进行分析和验证，确保其准确性和可信度。这可能涉及数据分析、专业咨询、专家意见等，以确保报道的可靠性。

（四）制作和编辑

栏目团队将调查收集到的素材进行制作和编辑，以呈现出有影响力和引人注目的节目内容。这包括剪辑、配音、配乐等制作工作，以确保节目的质量和视觉效果。

（五）报道和揭示

栏目团队将调查结果和发现进行报道和揭示，以向观众展示事实真相。报道可能包括纪录片、专题报道、独家采访等形式，以呈现出深入、客观的调查内容。

---

① 马程光. 电视新闻专题类节目的发展演变［J］. 记者摇篮，2022（2）：81-83.

（六）影响和反馈

栏目团队通过报道和揭示，希望引起公众的关注和反应。他们可能通过社交媒体、观众反馈、公众参与等方式了解观众的反应和节目在社会上的影响力，并进一步推动社会的改变和进步。

三、电视调查性报道的策划

电视新闻节目的制作流程一般由选题、策划、采访、编辑制作、播出等几个环节构成。策划属于前期计划阶段，对整个节目制作做预先决策，包括做什么、何时做、如何做、谁来做等。对媒体从业人员而言，策划既是一种行为、职业，更是一种新闻人的自觉意识。电视节目的成功离不开策划，一个栏目的良好口碑也需要精心策划。电视新闻制作流程，如图3-1所示。

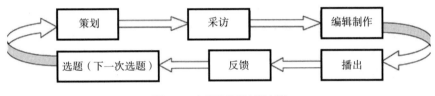

图3-1　电视新闻制作流程

（一）选题策划

选题策划是策划的第一步。一个优秀的电视调查性报道首先要有一个好的选题。

1. 选题来源

对于电视调查性报道的选题来源而言，其实跟其他电视新闻的选题没有太大的区别，它主要是通过以下这几种渠道进行信息获取的：

（1）"线人"的爆料

首先，我们得先理解"线人"这个词，其实简单来讲就是向媒体提供信息的人，包括职业的新闻线人和非职业的新闻线人这两种类型。一些民生类的栏目组每天都会收到很多群众举报或者向栏目组打来电话，还会收到很多举报信件，然而，栏目组的一些工作人员的工作主要是对信件进行拆解或者是接听举报电话，主要是为了能够获取比较重要的新闻线索。

（2）媒体

电视调查性报道的选题来源随着新媒体的发展也在不断扩大，之前只能在电视、报纸或者杂志上的一些报道中获取，但是现在可以将目光转向互联网这个方向。作为一个新闻人，需要具备对重要信息进行搜集和发现的能力，这也是一个新闻人所应具备的重要素质。

（3）记者日常的一些发现

作为一名记者，具备敏锐的观察力是基本的要求，因此记者在日常生活当中应对身边的一些事情进行仔细的观察，能够从中发现一些有用的新闻线索。美国的一名新闻学家就曾经说过："一个不擅长对色彩进行辨别的人不可能成为一名画家。一个不能够对音符进行理解的人不能够成为音乐家，同时对于一个不具备'新闻感'的人，是不可能成为记者的。"社会就像是一本厚厚的百科全书，我们能够在里面找到一些问题，就可以在里面找到对应的答案。最主要就是能够做到细心，只要细心地去观察和体会，一定会在其中发现线索。

2. 选题标准

在选择电视调查性报道的选题时，可以考虑以下几个标准：

（1）公共利益

选题应关注公众利益和社会问题，涉及对公众有重大影响的话题。这些话题可能涉及环境保护、社会不公、腐败现象等，能够引起公众的关注和关心。

（2）新闻价值

选题应具有新闻价值，即具有时效性、新颖性和独特性。它应能够引起公众的兴趣和关注，具有一定的新闻热点和争议性。

（3）调查价值

选题应具有调查价值，即存在潜在的不合法、不道德或不公正的行为。它应能够提供深入调查和揭示真相的机会，帮助公众了解事实和真相。

（4）影响力

选题应具有一定的社会影响力。它应能够引发公众的思考和行动，推动社会的改变和进步。

（5）公正和客观

选题应遵循公正和客观的原则，确保报道的准确性和公正性。它应避免偏见和片面性，提供全面和客观的观点和分析。

（6）可行性

选题应具有可行性，即能够进行深入调查和报道。它应有足够的信息来源和资源支持，以确保调查的有效性和报道的质量。

通过考虑以上标准，可以选择具有公共利益、新闻价值和调查价值的选题，以提供有价值、有影响力的电视调查性报道。

3. 选题类型

2022 年 5 月 11 日起，《最美铁路人》系列专题片连续 10 天在中央电视台社会与法频道播出，每天 1 集，每集 10 分钟。节目分别讲述了薛胜利、张雪松、李玉斌、刘晓云、王久军、冯剑坚、王江、王军、郑天海、陈向华这 10 位"最美铁路人"的奋斗故事，充分展现出新时代铁路人的先行风采、服务本色、担当品格、奋斗精神，节目生动精彩、催人奋进。此外，该系列专题片还在中国工网、"人民铁道"和"中国铁路"微信公众号、"中国铁路"微博、强国号、人民号等平台发布，引发强烈反响。可见选题类型是十分重要的，好的选题能引起大众的共鸣。

（二）节目策划

电视新闻节目策划通常有栏目策划、日常节目策划和特别报道策划。这里所指的"策划"是日常节目策划，即选题确定后如何进行节目的正常制作的相关流程。

1. 收集信息

在选题确定下来之后，紧接着就要进行相关信息的采集了，采集的信息主要是一些与背景相关的资料，再细化就是关于采访对象的一些基本信息。通过对这些信息进行采集之后，记者在采访的过程中就具有明确的采访目的了。

2. 设计节目样式

在进行节目策划的时候，记者要对整个节目的框架进行详细的了解，并且了解整体节目的大致走向，使记者在采访的时候会更加熟悉和熟练，避免记者出现手足无措的情况。所以，记者要了解节目的基本框架、受访者以及对受访者提出的问题等。节目样式的设计应时刻围绕着节目主题来进行，避免出现偏离主题的现象。

四、电视调查性报道的采访

跟其他的新闻节目相比，电视调查性新闻节目本身就具备揭露性这一特性，并且能够在一些特殊的情况下，能够使用隐性采访的方式对信息进行获取和收集。所以，进行采访的记者要具备一个良好的心理素质，遵守采访的原则。

（一）采访的原则

1. 平衡原则

平衡原则是在进行采访时，保持公正、客观和平衡的原则。它强调在采访中对不同观点、立场和利益的平等对待和呈现。

平衡原则在采访中的应用包括以下几个方面：

（1）公正对待

在采访中应保持公正和客观的态度，不偏向任何一方。采访者应避免个人偏见和偏见的影响，以确保报道的公正性和准确性。

（2）多元视角

采访时应尽量呈现多元的视角和观点。给予不同观点和立场的人机会发表意见，展示多样性和复杂性，以提供更全面的报道。

（3）事实核实

在采访过程中，应确保所报道的信息和观点的准确性和可信度。采访者应进行事实核实，尽量避免错误和误导性的报道。

（4）尊重和礼貌

采访者应以尊重和礼貌的态度对待受访者。尊重他们的观点和意见，避免争吵和攻击性的言辞，以维护采访的和谐和受访者的积极性。

2. 平等原则

从本质上看人际沟通，其实就是在进行一对一沟通的基础上所参与的直接沟通。在采访的过程中，记者的身体语言是作为记者对内心感受和采访态度进行表达的一种形式。所以，在采访时，一定要遵循平等的原则。

（二）采访的要求

电视调查性报道的采访要求主要包括以下几个方面：

1. 深入调查

采访者应进行深入的调查工作，收集相关的证据和资料。在进行采访之前，他们应该对调查对象和话题进行充分的背景研究，以便提出有针对性的问题，并获取相关的信息和观点。

2. 证据支持

采访者应要求受访者提供相关的证据和支持材料，以证实其观点和陈述的真实性。他们可以要求受访者提供文件、记录、照片、视频等证据，以确保报道的准确性和可信度。

3. 透明度和公开性

采访者应要求受访者提供透明和公开的信息。他们可以询问受访者的背景、利益关系、行为动机等，以确保报道的透明度和客观性。

4. 保护受访者权益

采访者应尊重受访者的权益和隐私，并确保采访过程中不侵犯其权益。他们应遵循新闻伦理和职业道德的原则，尊重受访者的意愿和感受。

5. 呈现多方观点

采访者应努力获取不同观点和立场的回答，以展示问题的多样性和复杂性。他们可以采访相关的专家、当事人、相关组织等，以获取不同的观点和意见。

6. 公正和客观

采访者应保持公正和客观的态度，不偏袒任何一方。他们应提出中立和有针对性的问题，以促进受访者提供客观和准确的回答。

（三）记者的素质

记者的素质是指他们应具备的一些关键能力和品质，以从事新闻报道工作。以下是记者素质的一些重要方面：

1. 新闻敏感性

记者应具备对新闻的敏感性和洞察力，能够快速发现和抓住新闻线索，以及辨别新闻的重要性和价值。

2. 调查能力

记者应具备良好的调查能力，能够进行深入的调查和采访，收集相关的信息和证据，以提供准确和全面的报道。

3. 信息收集和处理能力

记者应具备高效的信息收集和处理能力，能够迅速获取和整理大量的信息，以及筛选和验证可靠的信息来源。

4. 写作和表达能力

记者应具备良好的写作和表达能力，能够以简明、准确和有吸引力的方式撰写新闻报道，以及进行口头表达和采访。

5. 道德和职业操守

记者应具备良好的道德和职业操守，遵守新闻伦理和职业准则，尊重事实和真相，坚持客观、公平和公正的原则。

6. 团队合作能力

记者通常需要与其他记者、编辑、摄影师等合作，他们应具备良好的团队合作能力，能够有效地与团队成员合作，以完成新闻报道任务。

记者素质的不断提升和发展是一个持续的过程，需要不断学习和实践。具备了上述素质，记者能够更好地履行其职责，提供准确、客观和有价值的新闻报道，为公众提供有意义的信息和观点。

五、电视调查性报道的叙事与编辑

（一）叙事结构

电视调查性报道可以通过三种形式来进行故事的叙述，其中有文字形式、声音形式，还有画面形式。通过对这些形式的使用，可以使大众更容易了解事情的真相。

1. 叙事路径

叙事路径在电视调查性报道中主要指的是，节目是通过怎样的方式、哪一种顺序和逻辑对故事的发展进行讲述的，这样有利于大众去理解和接受叙事的意义。在大众的认知结构和心理期待的基础上选择叙事路径，一般情况下，叙事路径有两种：第一种就是时间发展路径。对于这种路径，指的就是根据事件所发生的时间顺序，然后再针对"因果逻辑"来推进故事的发展。这种路径的使用必须建立在大众对这件事情的前因后果非常熟悉的基础上。第二种就是记者调查路径。记者按照一定的调查逻辑顺序，然后再根据"成因逻辑"来推动故事的发展。对于记者的调查过程而言，这是一个不断进行质疑和深入的过程。调查性报道相较于其他的报道主要的不同点是它具有一些其他电视新闻节目所不具备的调查手段，如质疑、追问、取证等。

记者要在节目当中对不同的事件提出一个又一个的质疑，然后再经过一系列的调查、采访和取证，最终才能够把真相呈现给大众。

2. 故事化的叙述方式

在电视调查性报道中，故事化的叙述方式可以增加报道的吸引力和影响力，使观众更容易理解和关注报道的内容。以下是一些故事化的叙述方式的应用：

（1）人物故事

通过讲述受访者或相关人物的故事来展示事件或问题的影响和意义。通过深入挖掘个人的经历、感受和观点，观众可以更加贴近故事，产生共鸣和情感连接。

（2）情境设定

通过设定特定的情境或场景，将观众带入故事中。这可以通过实地探访、再现重要场景或使用视觉效果等方式实现。情境设定可以增加报道的真实感和吸引力。

（3）故事线索

通过构建故事线索来串联报道的内容。这可以通过引入引人入胜的开头、发展悬念和高潮以及给予结论和启示等方式实现。故事线索可以帮助观众更好地跟进报道的发展和理解其意义。

（4）线索逐步揭示

通过逐步揭示线索和信息，引发观众的好奇心和求知欲。这可以通过提出问题、引入引人注目的细节以及逐渐揭示关键信息等方式实现。线索逐步揭示可以增加报道的悬念和吸引力。

（5）视觉呈现

电视调查性报道可以通过精心的摄影、剪辑和配乐等方式，营造出具有故事性和吸引力的画面效果。视觉元素的运用可以增强报道的表现力和观赏性。

故事化的叙述方式可以使电视调查性报道更具有故事性和吸引力，帮助观众更好地理解和关注报道的内容。通过讲述人物故事、情境设定、构建故事线索、逐步揭示线索和视觉呈现等方式，可以使报道更加生动、引人入胜，并引发观众的情感共鸣和思考。

3. 设置悬念

对于电视调查性报道而言，悬念也是其中的一种叙事方式。在电视调查性报道中，设置悬念可以增加节目的吸引力和观众观看的持续性，使他们更加关注和追随报道的发展。以下是一些设置悬念的方式：

（1）引入引人入胜的开头

通过在报道的开头引入一个引人入胜的情节或事件，吸引观众的兴趣。这可以是一个令人惊讶、引起好奇心的开场，激起观众想要了解更多的欲望。

（2）提出关键问题

在报道的过程中，提出一个关键问题或谜题，引发观众的思考和猜测。这个问题可以是一个未解之谜、一个重要的答案或者一个引发争议和讨论的议题。

（3）逐步揭示线索

通过逐步揭示关键线索和信息，让观众逐渐了解故事的发展和真相。这可以通过逐步公布新的证据、引入新的证人或专家意见等方式实现。

（4）制造悬念的转折

在报道的过程中，设置一些出人意料的转折或发展，让观众感到意外和好奇。这可以是一个新的发现、一个关键人物的出现或者一个重要事件的发生。

（5）留下悬念和未解之谜

在报道的结尾留下一些悬念和未解之谜，让观众渴望了解更多的信息和答案。这可以通过提出新的问题、留下一些疑问或暗示未来的发展等方式实现。

在电视性调查报道中设置悬念可以增强观众的好奇心和紧张感，激发他们继续关注和追随报道的发展的兴趣。这有助于提高报道的吸引力和观众的参与度，推动社会对问题的关注和讨论。然而，需要注意悬念的设置应该符合事实和道德的原则，避免夸大和虚构的情节。

4. 画面的叙事功能

在电视调查性报道中，画面具有重要的叙事功能，可以通过视觉效果和图像呈现来增强报道的表现力和吸引力。以下是电视调查性报道中画面的几个叙事功能：

（1）信息传递

画面可以传达大量的信息，通过图像、文字、图表等形式来呈现。它可以展示调查对象、现场情况、证据和资料等，使观众更直观地了解报道的内容。

（2）情感表达

画面可以通过视觉效果和摄影技巧来表达情感和氛围。通过运用光影、颜色、音乐等元素，可以营造出紧张、悲伤、震撼等不同的情感效果，增强报道的情感共鸣。

（3）故事叙述

画面可以通过镜头语言和剪辑来讲述故事。通过选择不同的镜头角度、切换不同的场景和人物，以及运用剪辑和转场技巧，可以构建连贯的故事线索，使报道更具叙事性和吸引力。

（4）证据支持

画面可以作为证据的支持，通过展示实际的场景、物品或行为来证明报道的真实性和可信度。这可以包括展示文件、记录、照片、视频等证据，以增加报道的可信度和说服力。

（5）观点强调

画面可以通过视觉呈现来强调特定的观点或信息。通过放大、重复、特殊效果等手法，可以突出报道中的关键观点或信息，使其更加引人注目。

通过运用画面的叙事功能，电视调查性报道可以更生动、有力地传达信息，增强报道的表现力和吸引力。画面的选择、拍摄和剪辑应与报道的内容和目的相一致，以最佳方式呈现故事和观点。

（二）文本结构

电视调查性报道的文本结构是指在报道中所采用的文本组织方式和结构安排。它有助于将报道的内容以一种清晰、有条理和易于理解的方式呈现给观众。以下是一些常见的电视调查性报道的文本结构：

1. 倒叙结构

倒叙结构是一种常见的叙事方式，即从事件的高潮或结果开始，然后逐渐揭示事件的起因和经过。在报道中，可以先呈现重要的发现或事件的结果，然后逐步展示调查的过程和线索，以引发观众的好奇心和关注。

2. 线性结构

线性结构是按照事件发生的时间顺序进行叙述的方式。在报道中，可以按照事件的发展过程和时间顺序，逐步呈现调查的进展和发现。这种结构可以提供清晰的时间线索，使观众更好地理解事件的发展过程。

3. 并列结构

并列结构将多个相关的事件或观点并列呈现，以展示它们之间的关联和相互影响。在报道中，可以通过并列结构呈现不同的调查线索、证据或观点，以提供更全面的报道。

4. 问题—回答结构

问题—回答结构是一种常见的采访报道的文本结构。在报道中，可以通过提出问题、引入受访者的回答和观点，然后进行追问和回应，以展开更深入的讨论和揭示。

5.事实—分析结构

事实—分析结构将事实和分析相结合，以提供更全面和深入的报道。在报道中，可以先呈现调查的事实、证据和资料，然后进行深入的分析和解读，以揭示事件的本质和影响。

通过选择适合的文本结构，电视调查性报道可以更好地组织和呈现信息，使报道更具有逻辑性、连贯性和吸引力。文本结构的选择应根据报道的内容和目的进行灵活运用，以提供更有说服力和影响力的报道。

（三）编辑工作

电视调查性报道的编辑工作是确保报道的质量和准确性的关键环节。编辑在整个报道过程中扮演着重要的角色，负责对采集到的素材进行筛选、整理和加工，以呈现出高质量的报道。以下是电视调查性报道的编辑工作的一些关键方面：

1.素材筛选

编辑负责对采集到的素材进行筛选，选择最具新闻价值和影响力的内容。他们需要根据报道的目标和受众需求，从大量的素材中选择出最重要、最相关的部分。

2.组织故事结构和叙述方式

编辑负责组织报道的故事结构和叙述方式。他们需要将素材进行逻辑性和连贯性的整合，确保报道有清晰的开头、发展和结尾，以及引人入胜的叙述方式。

3.信息整合和补充

编辑负责整合和补充报道中的信息。他们可能需要进行额外的调查和采访，以获取更多的信息和观点，以确保报道的全面性和准确性。

4.文字编辑和字幕制作

编辑负责对报道中的文字进行编辑和校对，确保语言的准确性和流畅性。他们还负责制作字幕，以提供文字信息的补充和辅助。

5.视觉呈现和后期制作

编辑负责视觉呈现和后期制作的工作。他们需要与摄影师、剪辑师和配乐师等合作，确保报道的视觉效果和声音效果的质量和协调性。

6. 事实核实和道德准则

编辑负责对报道中的事实进行核实，并确保报道符合新闻伦理和道德准则。他们需要确保报道的准确性、客观性和公正性。

7. 与栏目的整体风格保持一致

由于编辑在创作过程中会不自觉地流露出自己的风格，或纪实或艺术，或平实或曲折。因而，编辑在发挥主观能动性的同时，应综合考虑部分与整体的关系，让每一期节目的风格与栏目的整体风格保持一致，确保栏目品质的一贯性和观众对栏目的忠诚度。

第四章　新传播环境下的新闻生产

时代在发展，在新的传播环境下，传统的新闻生产如何向数字化新闻生产转变？换言之，即以媒体为连接点，如何在新的生态系统重构新闻生产？本章从基于用户关系的新闻生产创新、基于平台关系的新闻生产创新等方面来探讨智能环境下新闻生产观念如何变革。

第一节　基于用户关系的新闻生产创新

互联网对媒体和用户之间的关系产生了很大的影响，改变了传统媒体与用户之间的关系，提升了用户的参与度和选择权，增加了内容的多样性和个性化，创新了新闻生产模式，加快了新闻传播的速度。这种变革为媒体和用户带来了机遇和挑战，同时也改变了人们获取和传播信息的方式和习惯。

一、用户高度"卷入"的新闻生产

用户高度"卷入"新闻生产使新闻报道更加多元化、丰富化，更具参与性。"用户的参与和贡献为新闻报道提供了更多的观点、信息和数据支持，也促进了新闻生产的时效性和可信度。这种用户的积极参与改变了传统媒体与用户之间的关系，使新闻生产变得更加开放、多元和民主化。"[①]

在用户共享资源、共创文本的情境下，用户生产内容给媒体新闻生产带来双重影响：一方面，新闻媒体受到冲击，如新闻当事人及目击者都可以上传内容，媒体不再是唯一抵达现场的报道者；另一方面，媒体仍是互联网上的重要节点，是舆论放大器，媒体可以利用用户生产内容，加工制作更有力量的作品。在一定

[①]　詹金斯. 融合文化：新媒体和旧媒体的冲突地带 [M]. 杜永明，译. 北京：商务印书馆，2012.

意义上说，用户高度"卷入"的新闻是媒体在线新闻生产最为重视的方式之一，卷入的方式可以归纳为下述几种：

第一，卷入事件报道过程，用户生产内容作为报道的一部分。社交媒体的兴起主要是在 Web2.0 出现之后，技术就像是一个中介，使用户能够自由地在社交媒体上进行自我表达，用户生产内容在社交媒体上得到集中。当一件事情被报道之后，社交媒体一般会被当成当事人为自己发声的工具，然而，有的网友在知道这件事情后，时常也会在微博上发表一些自己的看法，或者是上传一些与事件相关的视频。从意义这一层面上讲，用户和新闻记者使新闻现场和一些新闻资源实现了共享，这些传递事实的图文微博或视频将传统媒体时期应由媒体报道的事实实时传播出去，冲击了媒体的独家报道，甚至让一些没在现场的媒体失去了第一现场。媒体融合转型之后，媒体设置了"两微一端"，面向移动互联网传播新闻，与报纸、电视大屏等传统媒体端不同的是，媒体在社交媒体账号上往往主动与用户连接，并借助用户生产的内容完成新闻报道。有一些媒体账号会将一些用户在社交媒体上所发表的内容进行转发和使用，但是这些内容必须是经过审查之后才能进行使用，就像一些娱乐报道，它时常会对明星发出的一些内容进行直接的引用。对于一些比较特殊的新闻事件，媒体通常会与当事人进行联系，从而能够获得更多的线索和重要的信息。

第二，众包式新闻生产。众包式新闻生产是用户参与新闻生产最为突出的一种表现形式。美国最大的报业集团甘耐特集团 2006 年进行新闻"众包"的试验，将其旗下 90 家报纸的编辑部对所有读者开放，读者可通过网站对正在发生的新闻提供消息或意见。众包式新闻生产一度被视为媒体转型解困的方式试验和研究。但是，向智能传播迈进的新闻业遭遇的是系统性颠覆，新闻生产研究者和实践者最后也发现，众包式新闻只能作为新闻报道方式之一固着在新的新闻生产范式中。参与新闻生产的人最关心新闻生产，众包式新闻由媒体将任务分包出去，不仅为媒体拓展了可资利用的线索、内容、烦琐的服务，同时也为媒体卷入了用户的热情和品牌忠诚度。新华社"我在现场"App 也探索了众包新闻模式。在 2019 年"6·17宜宾地震"报道中，用户参与报道了宜宾地震的实时感受，不同的用户展示了地震发生后的不同视角，增强了新闻的现场感。

二、用户评价影响下的议题选择

用户在社交媒体上所发布的一些内容不仅包括自己的一些创作，同时也存在着用户的一些自我感受，还有对新闻所做出的一些评价。近几年，很多不同的领域都逐渐加强对用户评价的重视，对于一些商业公司来讲，可以通过这些用户对产品的满意度来对产品的一些评估管理做出相应的调整，相关的政府部门也可以利用这些用户评论加强对民意的了解。在当前的智能传播环境的影响下，用户的相关评价在不断地影响着媒体对议题的选择。在生产数字新闻的过程中，用户的评价主要体现在用户评价和用户数据这两个方面上。其中，用户评价主要是说用户在社交媒体上所发表的一些评论和留言，用户数据主要包括用户在社交媒体上的阅读时长、播放量、点赞等这些相关的数据。用户评价对新闻产生的影响主要有两个方面：

第一，通过把用户拉到新闻话题当中，实现对媒体舆论的引导产生影响。用户在相关的社交媒体平台上的一些公共话题的场所中，可以通过很多种方式进行话题参与与讨论，发表自己的意见，同时提出自己的一些见解，最后会渐渐形成一个网络舆情，进而对媒体的舆论引导方式产生影响。

传统媒体主要的舆论引导方式是由媒体进行引导，只要一发表评论，应和者就会有很多，但是这些应和者一般都是其他的媒体，所以很难看到受众的一些评价。在 Web2.0 时代，媒体评论依旧存在着很大的品牌效应，然而，在新闻事件发生之后，媒体所做出的一些评论当中往往就会包含着很多的意见，进而导致媒体的舆论导向发生了很大的转变。"哪里有读者，受众又在哪里，该从哪一个触角去进行报道的宣传，宣传工作的重点主要是什么，应该从哪里开始进行宣传"，在这些喧哗当中，媒体的舆论引导又转变成了根据用户的一些意见去对舆论进行引导。同时，媒体所发表的一些评论也会随着用户所做出的一些反应而发生改变。

第二，用户对媒体议题做评价和反馈。来自受众的评价在传统媒体时期就已被作为新闻生产的依据。报纸、广播、电视往往需要第三方调查公司收集并整理受众调查数据，新闻编辑部根据受众调查数据对新闻生产策略做出调整。在智能传播环境下，用户数据化，媒体会实时根据用户数据做出新闻生产策略的调整。在日常生产中，用户对媒体议题的评价和反馈经常出现在两种情形下：一是编辑部的用户数据库会记录留存用户新闻消费行为的数据，并根据用户偏好编制用户画像；二是进化的积极的用户会在社交媒体上进行评价，一些关于媒体报道质量评价形成舆情，倒逼媒体根据用户意见做出修正。

三、用户翻转叙事框架内嵌

近年来，研究者经常使用边界工作理论来观察新闻业所遭遇的冲击。专业化的新闻生产门槛逐步被技术带来的赋权力量冲击和消解，越来越多的传播主体和技术客体侵入新闻行业。边界的突破也带来了新的观察视角：如何看待新闻业和入侵者的关系，如何看待两者之间的冲突和接纳。

如果换个视角来看用户生产内容，即从媒体新闻生产的角度看待用户生产内容，就会产生一些新的研究问题：用户生产的内容，如快手上的普通人居家做饭表演、今日头条上种菜类的视频，在传统媒体端口存在吗？为什么这些用户喜欢看的内容在传统媒体端口没有呢？对这个问题的阐释可以回溯到媒体的新闻常规。新闻常规是媒介工作者在工作时采用的一套模式、惯例。新闻把关一般被视为编辑部最重要的工作，编辑依据编辑部的新闻价值观对新闻信息进行筛选过滤。对日常生活的记录是用户创作内容的最普遍形态。因为新闻价值不足，用户生产的内容在容量有限的传统媒体的新闻常规中属于被筛选掉的内容。但是，当互联网空间能容纳海量内容之后，用户不再仅作为新闻报道的客体，而是翻转过来成为主动的叙事者，他们上传的内容补充了传统媒体把关模式下筛选掉的日常生活叙事，弥补了新闻报道中"近城远乡"的缺憾，也兑现了草根阶层的媒体近用权。随着移动直播平台、短视频平台、视频博客（Video Blog，Vlog）平台迅速走红，以往作为新闻报道活动客体的用户翻转叙事。翻转叙事是指叙事者和被叙事者角色颠倒的叙事，对其进行考察实则嵌入了多元内容生产行动者之间的互动关系。从一定意义上说，新闻业危机不仅是渠道失利、商业模式坍塌，也源于公众对竞争性叙事框架的拥趸。

用户对非专业性叙事框架的接纳事实上是个渐进的过程。进入社交媒体时代，用户生产内容大量涌现，用户对内容质量的宽容度就冲击了职业媒体生产者的防守，如用户上传视频摇摇晃晃、画面不清晰，但是由于视频很多来自现场。用户便会无障碍地接纳，初期曾令习惯于高清视频、不断升级画面清晰度的电视台感到吃惊和排斥。2014 年后，基于内容分发平台生产的自媒体呈爆发式增长，注重交互和人际传播的情感叙事框架出现。用户对自媒体情感叙事框架的态度从一半拥趸、一半排斥到逐渐理性平衡地接纳。

在一定意义上说，来自用户群体的非专业性叙事框架对媒体叙事常规造成了一定的竞争压力。但是总体来看，它们之间也存在互补性。在这一背景下，媒体采取的应对之策是接纳和嵌入职业媒体的专业性叙事框架之中。即将用户翻转叙事的风格和传播框架嵌入媒体报道常规中，媒体开始在其一部分报道中尝试使用用户生产内容的风格和框架。例如，随着快手、抖音等短视频平台用户量猛增，以严谨权威风格著称的中央电视台也在微博、哔哩哔哩等平台上发布主持人康辉的 Vlog。Vlog 是一种记录个人生活的短视频，康辉的 Vlog 内容是康辉跟随采访习近平主席出访希腊、巴西的新闻视频，显然是硬新闻，但以 Vlog 形式竖屏拍摄，风格轻松，受到网友好评。再如，主流媒体的微信公众号、微博等新媒体终端创造了"暖新闻"这一文本形态，这也是自媒体情感叙事框架内嵌的体现。

四、联结的"在场"：新闻报道形态创变

智能传播环境下，用户全天候"在场"，随时随地围观，永不下线，并且用户与用户之间交往、协作、情感共振……在一定意义上说，用户在线的状态是一种联结的随时"在场"。作为一种嵌入社会的媒介化技术，如何适应新的移动终端以及新的用户新闻消费特征？媒体如何以新用户为中心叙事迁移？对此，媒体做了很多探索，一些新的探索性的报道形态涌现出来。

（一）基于"在场"特性的报道形态探索

移动直播的兴起曾引起学界及业界的广泛讨论，用户聚集于各类移动直播平台，创造了很多移动直播播放量奇迹。脸书（Facebook）上线直播功能后，最火的一档直播是爆西瓜——往西瓜上套橡皮筋，一根一根套，直到西瓜爆开，长达 45 分钟的直播过程，80 多万观众在线围观。移动直播为在场者创造了不同于传统媒体时代的"在场感"。在传统的电视直播里，除非是事件中特别重要的主角，其他参与者通常都只会作为背景出现。他们虽然在场，但是没有留下在场的痕迹。移动直播技术实际上满足了普通人的在场的欲望，普通人开始更强调"我在现场""我是主角"。移动直播越来越为用户接受之后，媒体报道也开始探索移动直播形式，央视移动新闻网主打产品即移动直播，在春运直播、星空直播节目中均表现不俗。

（二）基于 24 小时在线的报道形态探索

实时性报道是媒体进入移动互联时代以来的重大变革。为实现移动优先，媒体编辑部再造了采编流程，并探索了一整套可以实时报道的新闻报道形态，如新

闻 App 推送、微博快讯、微信快讯、5 秒短视频等。整体来看，创新型的新闻文体向"融合"和"杂糅"变化，视频呈现越来越主流。

（三）基于用户连接互动的报道形态探索

Web2.0 之后，用户与用户之间形成了多重互动关系，这使得交流与分享成为常态。在一定意义上说，促进用户的交流与分享就是促进新闻的传播。因而一些媒体提出内容产品化，尝试互动型文本的探索，如互动视频、H5、新闻游戏等。这些作品贴合网友轻松、戏谑、互动的网络连接状态。

当然，新闻报道形态创变的推动力除了用户更迭以外，还有很多其他因素，需要从业人员在日常工作中不断总结。

第二节 基于平台关系的新闻生产创新

基于平台关系的新闻生产创新提供了更多参与和互动的机会，丰富了新闻报道的内容和形式。这些平台通过连接用户、内容创作者和新闻机构，促进了信息的流动和共享，推动了新闻生产方式的创新和发展。

基于平台关系的新闻生产有如下创新形式：

一、算法驱动的新闻生产

基于平台关系的新闻生产已经转变为算法驱动下的新闻生产。从数据智能到满足特定用户需求，如何能在无缝融合之后，创造崭新的用户体验，这是算法的终极任务，也是其本质所在。目前我们处于智能传播初级阶段，人工智能技术将在重构的新闻业生态系统赋能。未来随着 5G、物联网技术继续发展，内容网络、人际网络和物联网络三者将相互连接并且融合。作为人工智能新闻业的底层逻辑，算法也在不断优化。现阶段，算法驱动的新闻生产呈现出如下几个特征：

（一）算法推动内容聚合

算法分发技术更适合于海量内容分发，内容池中有足够的内容能更有效率地分发和实现"千人千面"。在一定意义上说，算法分发技术是由于互联网内容海量这一需求诞生的技术，但是反过来又促进内容海量的实现。内容分发平台都曾把内容聚合作为最重要的战略。今日头条在内容聚合阶段曾花费不菲来扶持创作者，如在 2021 年今日头条创作者大会上，今日头条提出 400 亿流量扶持计划，用于扶持"微头条"作者，并启动广告分成、千人万元签约、商品功能等内容变现措施，用以帮助平台上的内容创作者获得报酬。

随着媒体融合深化，一部分主流媒体正在转型为平台型媒体，正在聚合价值观相同的内容。例如，人民日报社全国党媒平台主要聚合全国范围内主流媒体的内容。为满足算法对内容池的数量积累需求，转向平台型媒体的新闻机构也从生产者转为生产者和传播者。新闻业仍在平台化的进程中。

（二）算法分发以数据化的用户评价改变媒体新闻生产常规

算法推荐技术作为内容分发平台的基础设施，改变了新闻传播的逻辑，新闻传播环节的改变反过来影响新闻生产常规的变革。在采纳算法推荐技术的内容分发平台，用户的一切内容消费行为都是数据化的。点击量、播放量、点赞率、转发率、用户评论、转化率等用户数据被内容分发平台或第三方数据公司用于评估内容生产者或内容质量，而广告主则往往依据这些数据决定广告投放。这一背景下，媒体不得不重视用户数据，并因此改变新闻生产习惯。在很多新闻机构的融媒体新闻中心，指挥台前设置的大屏幕中全天候播放新闻效果数据，如点击量、播放量等，在很多新闻机构的绩效考核中，点击量、全网播放量等数据被作为绩效考核的一个因素。用户数据压力使得媒体在新闻生产过程中从选题、标题制作、稿件风格等多个环节做出调适。用户数据是柄双刃剑，一方面，媒体调适新闻生产常规以推进以用户为中心的新闻生产，有益于新闻媒体获得社会效益和经济效益；另一方面，过于重视用户数据带来了内容的娱乐化倾向，也被社会各界诟病。

（三）平台以算法引导媒体新闻生产方向和策略选择

内容分发平台出于经济利益、社会声望等因素的考虑，经常调整算法。而平台算法的调整对内容生产者有很大影响，因为内容生产者在内容生产过程中往往因应算法，探索了一整套内容生产策略。事实上，平台算法对内容生产者的生产方向形成了引导。今日头条等内容分发平台希望增加平台上移动直播、短视频等类别的内容时，也会增加这一类别的推荐权重，而内容生产者为了获得更好的推荐量，也往往会增加这一类别内容的比例。

（四）算法驱动媒体从注重生产开始转向既重视生产也重视传播

从行业链条上看，新闻机构从早期的新闻生产者和新闻传播者转变成单纯的新闻生产者，平台媒体接管了新闻的传播权力。新闻生产与新闻分发分离是新闻业生态重构之后最主要的特征，也是媒体重新调适生产逻辑的最重要的起点。因为智能分发平台使得用户数据透明化并成为广告主等投放广告的依据，媒体也从传统生产方式中单纯重视新闻生产，转为开始重视新闻的传播环节。很多媒体减少了内容编辑岗位，增加了内容运营岗位，甚至一些媒体取消了编辑职位，全部改为内容运营岗位。内容编辑岗位和内容运营岗位的工作内容在选题策划、图文、视频制作等环节基本接近，不同的是内容运营岗位增加了对内容传播环节的促进和管理。即内容运营需要根据内容在平台的传播状况调整策略。事实上，如果内容运营要取得良好的效果，会将传播环节前置，即在选题策划、标题制作等环节即开始考虑后期传播效果。对新闻传播环节的重视显示了媒体对算法的逐渐接纳，人民日报社新媒体中心主任丁伟认为算法推荐虽然不能决定内容，但会决定内容分发的路径、速度和效率。从趋势上看，算法不单是一种技术，更是信息传播的一种方法论。

毋庸置疑，进入平台新闻业之后，算法对新闻生产产生了重要影响。关于算法，学界和业界均有批评的声音，如算法导致了新闻业公共性危机等。此外，智能传播生态环境下的用户消费新闻场景在不断发生改变，除用户自身的个人注意力分布、动机、兴趣习惯、社交关系等之外，还需要注意网络社会的社会心态、认知效能、媒介使用技能，以及认知神经科学的微妙变化，而这些在第三方商业平台算法的新闻推荐、用户偏好、算法排序等算法价值中，很难完整体现主流媒体的价值观，都需要主动或被动进行适应其算法的调整。因此，从长远发展战略角度考虑，综合统筹增强互联网文化与新闻媒介文化深度相融的算法拟定需要尽快列入日程。这就需要在传递信息之外，更多地考虑提升社会认知，抚平公众情绪，消解社会争议。

二、新型把关机制

基于平台的新闻生产对编辑部新闻生产常规冲击最大的是把关机制。在传统媒体编辑部，编辑分很多层级，版面编辑、版面主编、版组主编、主编……不同层级的编辑有不同的权限，事实上这些权限的不同就是不同级别的编辑可以对哪些范围的内容进行把关。编辑部内部的层层把关机制减少了错误，同时根据编辑部的新闻价值观对新闻做出了突出或弱化，是媒体实现议程设置的关键步骤。进入平台新闻业，在采纳算法推荐技术的内容分发平台，算法推荐替代了人工把关，甚至有媒体惊呼"总编辑已死"。

智能传播环境下，新闻生产常规被突破，新闻生产该如何应对新型把关机制？

第一，在新闻生产中尝试从"把关"转向"看门"。澳大利亚学者布伦斯（Bruns）认为，新闻实践从"把关"转向了"看门"。传统新闻生产重在"把关"，新闻从业者对新闻信息展开核实与筛选，并按新闻价值观呈现新闻的顺序和分布。新技术打破这一新闻常规，新闻机构不再用"把关"来"剔除次重要内容"，而是用"看门"来从海量信息中"强调更重要内容"。这一理论对媒体实践有很多启示：用户生产内容呈现出很多不同于传统媒体把关的议题和框架，在发布空间可以容纳海量内容的情况下，媒体从以往人工把关的精选变为海量内容之中汰劣。

第二，新闻编辑部尝试混合把关制。智能传播环境下，信息过载，单纯获取新闻资讯已经远远不能满足用户的需求，算法相当于一个采用人工智能技术的信息过滤器，根据用户画像筛选对用户有用的信息，个性化和定制化是其特点。算法推荐模式的优势是对用户数据有精准洞察，但是劣势是唯点击量论英雄可能会造成新闻娱乐化、低俗化；人工推荐模式的优势对内容质量可以坚持编辑部的新闻价值观标准，但是内容有时并不适合网络用户。很多媒体编辑部综合两者的优势，采取了混合把关机制。

三、突破媒介形态边界

突破媒介形态边界是利用新技术和创新的方式，超越传统媒介形态的限制，创造出新的媒介形态和内容呈现方式。以下是一些突破媒介形态边界的例子：

第一，跨媒体整合。通过整合不同媒体形式，如文字、图像、音频、视频等，创造出跨媒体的内容呈现方式。例如，新闻报道可以通过文字、图片和视频的组合来展示，提供更丰富和多样化的信息。

第二，虚拟现实和增强现实。利用虚拟现实（VR）和增强现实（AR）等技术，创造出沉浸式的媒体体验。通过 VR 头盔或 AR 眼镜，用户可以身临其境地参与新闻事件，增强了新闻报道的感官体验和真实感。

第三，交互式媒体。利用互动技术和用户参与，创造出交互式的媒体形态。用户可以通过客户端进行互动操作，如触摸屏幕、手势识别等，与媒体展示内容进行交互。

第四，移动媒体。利用移动设备和移动应用，突破传统媒体的地域限制。用户可以通过手机、平板电脑等移动设备随时随地获取新闻内容，实现了新闻的移动化和个性化。

第五，数据可视化。利用数据可视化技术，将复杂的数据和信息以图表、图像等形式进行呈现。这种方式可以使用户更直观地理解和分析新闻事件，提供更生动和易懂的信息呈现方式。

通过突破媒介形态边界，媒体可以创造出更多样化、丰富和有创意的内容呈现方式。这种创新不仅提升了用户的体验感和参与度，也丰富了新闻报道的形式和内容，推动了媒体行业的发展和进步。突破媒介形态边界的创新主要表现如下：

第一，跨界生产，媒体转变为全媒体内容生产者。从前按照媒体介质划分的新闻生产机构在各内容分发平台的账号开始跨界生产，如《新京报》，原本是北京地区都市报，但是在各内容分发平台，《新京报》颇负盛名的是其视频报道账号"我们""我们视频"是专注新闻领域做移动端新闻直播和短视频的报道团队，以报道时政、社会热点、重大事件为主，目前有视频记者100人。随着媒体融合转型，传统媒体集团尽管仍术业有专攻，保留了原来的生产优势，但是都在尝试转型，报纸、广播、电视等均已转变成能生产图文、视频、H5等多种内容形态的全媒体新闻生产机构。2019年1月25日，中央政治局1月25日上午就全媒体时代和媒体融合发展举行第十二次集体学习。习近平总书记在主持学习时强调，全媒体不断发展，出现了全程媒体、全息媒体、全员媒体、全效媒体，信息无处不在、无所不及、无人不用，导致舆论生态、媒体格局、传播方式发生深刻变化，新闻舆论工作面临新的挑战。"四全媒体"的提出被视为媒体融合深化的新目标，全国媒体开始了新一轮媒体融合建设。其中"全息媒体"指的是新闻的呈现形式越加立体多元，如图文、视频、游戏、AR等。因而媒体机构在"四全媒体"建设过程中着重提出要跨界，克服技术恐惧心理，及时学习、掌握融媒体制作技术，包括视频拍摄、视频剪辑、动画制作、直播、H5等技术；有用至上，实现从宣传向传播的角色转化；工作量考核从内容制作转为内容制作和传播力并重。

第二，融合新闻报道常态化生产。由于图文等常规报道在内容分发平台相对常态化，在激烈的新闻竞争中，媒体开始尝试在内容表达形态上创新。如何生产适合于手机等移动终端的内容？如何让用户在手机端阅听并得到丰富及良好的用户体验？融合了图文、音频、视频、互动技术等多功能于一体的融合新闻报道应运而生，并时时刷屏，爆款不断。跨越介质的融合新闻报道因侧重点不同，实际上又可以划分为很多种类型，如新闻游戏、创意短视频、H5、数据新闻、VR新闻、无人机报道等。这些融合新闻从初期的昙花一现，偶尔露峥嵘，已经逐渐成为常态。在媒体的移动端精品型新闻报道策划时，融合新闻报道替代了传统媒体时期的专版、专题。2018年中国新闻奖首设媒体融合奖，这一奖项的设置成为媒体跨界创新的推动力，很多媒体的新媒体部门把融合新闻的创作变得机制化。

在传统媒体进行媒体之间融合的艰辛探索的同时，新媒体首先开始跨界融合。就是说，当传统媒体试图与新媒体融合时，新媒体却开始了与非媒体领域的融合。大数据和云计算等技术支持了跨界融合，媒体开始从媒介形态的融合阶段转变为要素重组的新阶段。

跨界融合是媒体融合的下半场，是"媒体+"和"+媒体"的社会要素的重组和流动，是新业态、新应用的开始，媒介作为媒体这一产业形态的要素，越来越多地成为其他社会领域的连接中介，渗透到不同社会领域、不同社会过程中，成为它们之间进行跨界融合的中介物。从媒体融合到跨界融合可以说是从信息载体的融合发展为社会行程的融合，这是新媒体时代的伟大创造，如何重建新的产业形态、组织架构、运作模式、人才队伍等，将成为新的课题。

四、"后真相"时代的新闻核查

"后真相"（post-truth）被《牛津英语大词典》选为2016年的年度词汇，其定义为"诉诸情感及个人信念，较陈述客观事实更能影响舆论的情况"。[1]2016年12月6日，《纽约时报》刊发一篇观点文章《"后真相"时代，谁来定义假新闻？》，在这篇文章中作者提出了一个发人深省的观点："真正的变化不在于新闻造假，而在于旧有的新闻守门人丧失了权力。它们定义什么是新闻、什么不是新闻的能力也受到了侵蚀"。这篇文章的观点反映了平台新闻业因为传播权力转换的产生令人焦虑的结果。公众只需要那些符合其推测的"真相"，公众对于传播者的诚意看得比真相更重要。这一解释更透彻地显示了后真相社会的本质内涵。究其原因，从时间维度来看，社交媒体以更为迅捷的速度终结了大众传媒在真相上的垄断性，但又无法因碎片化的信息而成为真相的代言人。这个观点非常简明扼要地阐释了在后真相社会专业媒体提供真相之难。在一定意义上说，职业

---

① 王佳航. 智能传播环境下的新闻生产：基于连接的视角 [M]. 北京：中国广播电视出版社，2020.

媒体最核心的功能就是环境监测，为社会提供真相。后真相社会，媒体如何传达出新闻真相？

应该说，后真相社会传播真相之难恰恰是职业媒体体现自身价值的关键机会。近年来，职业新闻生产机构最重要的探索之一就是对基于平台传播的新闻真相的努力探寻，主要表现如下：

第一，倡议从断言式新闻回归确证式新闻传统。断言式新闻主要指记者在获取信息的第一时间就进行报道，而后在不断滚动的事实中最终形成真相的一种新闻报道方式。这种报道方式产生于全天候的直播新闻生产中，是数字媒体时效性的表征。研究者认为新闻从业者在报道中一味地进行判断，提供结论，却不为此列举相应的证据，导致的结果就是曾经被称为新闻原始素材的东西被直接传递给了受众，这种状况是过于重视媒介技术与速度至上造成的结果。在假新闻困扰之中，一些媒体提出要重归确证式新闻传统，强调准确和证据。一些媒体则提出利用新技术做确证式新闻。如北京日报曾提出媒体融合背景下，应运用互联网思维、大数据技术以及实证方法做循证式新闻。

第二，探索事实核查式新闻。事实核查式新闻是后真相时代重要的新闻样式探索，发轫于美国，初始是媒体自查，如纽约客设置了事实核查部，2011年以后，华盛顿邮报的事实核查栏目较受关注。进入社交媒体时代，用户生产内容，机器人也生产内容，假新闻开始批量出现于社交媒体平台，专门的事实核查机构诞生，这些事实核查机构由高校机构、记者团队、非政府组织（NGO）等创建，既有专业的新闻工作者参加事实核查，也有民间专业人士参与。独立的事实核查机构也与媒体有密切合作关系。随着技术快速发展，事实核查主要依赖于技术手段来核查解决假新闻的问题。

第三节　基于内容生产者互动关系的新闻生产创新

新闻业生态系统中最令人瞩目的变化是多元内容生产行动者共生，自媒体、政务新媒体、商业机构新媒体等均开始生产内容，并且来自专业生产内容（PGC）的内容质量与传播方式都可圈可点。如何在多元内容生产行动者共生的环境下做新闻，这对于媒体而言是新的挑战。

基于内容生产者互动关系的新闻生产创新是指在新闻生产过程中，通过内容生产者之间的互动和合作，创造出新的新闻内容和形式。以下是一些基于内容生产者互动关系的新闻生产创新的例子：

第一，协作报道。内容生产者可以通过协作报道的方式，共同参与新闻事件的采访和报道。他们可以共享资源、交流观点，合作完成更全面和深入的新闻报道。这种协作报道可以涉及记者、专家、公众等不同角色的参与。

第二，公众参与。新闻机构可以通过公众参与的方式，邀请公众在新闻报道中发表意见、提供信息或分享个人经历。这种公众参与可以通过在线问卷调查、社交媒体互动等方式实现，增加了新闻报道的多样性和参与度。

第三，用户生成内容的整合。新闻机构可以整合用户生成的内容，如社交媒体上的评论、图片、视频等，与自己的新闻报道结合起来。这样可以丰富新闻报道的视角和内容，增加用户的参与感和节目的互动性。

第四，专家贡献。新闻机构可以邀请专家参与新闻报道，提供专业的观点和分析。通过与专家的合作，新闻机构可以提高报道的准确性和可信度，为读者提供更专业和深入的新闻内容。

第五，数据共享和合作。新闻机构可以与其他机构、组织合作，共享数据和资源。通过数据的共享和合作，新闻机构可以更好地呈现和分析新闻事件，增加报道的深度和广度。

基于内容生产者互动关系的新闻生产创新可以丰富新闻报道的内容和形式，提高报道的准确性和多样性。它鼓励了内容生产者之间的合作和互动，促进了知识和资源的共享，推动了新闻生产方式的创新和进步。

一、作为策展人的创新实践

当新闻信息被多元内容生产者消解成碎片化的状态，媒体编辑部被迫突破新闻生产常规，跟随网络时间线，将新闻报道打碎成碎片式的报道进程。在这一背景下，新闻媒体的优势也被消解。当新闻事件发生，首发消息可能来自用户生产内容，如目击者将视频上传至微博；推进事实进展的当事方回应可能来自政务新媒体的权威发布；优质新闻评论可能来自意见领袖。换言之，整个事件中媒体可能一直在陪跑，却没有显著的竞争优势。因此，新闻策展被作为媒体在这一困境中的解困方式。

新闻策展是指职业新闻人、消息来源、公众等角色在新闻的发布、选择、排序、评价各环节即时互动的协作。经由职业新闻人、消息来源、公众共同参与的新闻策展，不是职业记者生产的新闻文本，而是多重文本构成了一个集合体。事实上在来自新闻编辑部的新闻策展实践中，这一多重文本构成的集合体，在一定意义上是编辑部聚合多元生产者内容的专题策划，其中渗透了编辑部的主题策划框架。媒体在多元内容生产者共生的环境下，采取对不同生产者的叙事框架包容嵌入的方式挑选内容并策展发布。新闻策展方式既满足新闻生产者的专业化色彩，同时也聚合更多信息，媒体因此成为节点型主体，成为为用户精选新闻的入口。

　　智能传播环境下，新闻策展的方式更为多样，在一些采纳智能推荐算法的内容分发平台或提供新闻数据监测服务的技术公司，新闻策展以算法自动执行，即聚合同一专题之下的新闻和评论，如"两会报道"，数据自动抓取技术将此主题的新闻聚合布展，布展排序的方式可以设计为不同维度的算法。当然采取算法自动执行的新闻策展没有人工编辑策展的方式精选，亦不能够凸显编辑部的价值判断，未来较为常用的方式应该是人机协同的策展模式。

二、新闻生产者的再专业化

　　在多元内容生产者共生的阶段，对于新闻生产机构来说，做出差异化优势的关键是专业化。在熙熙攘攘的碎片化信息之中，各类内容生产者提供的都不是专业化的内容，特别是在新闻生产中，媒体仍有压倒性优势。一些媒体的创新策略是坚持做更专业化的新闻生产者。首先，专注新闻生产，提升新闻质量，从新闻生产者转变为新闻供应商。媒体融合以后，一些媒体提出从新闻到内容的策略，新闻编辑部产出的不仅是新闻，还有资讯、影像、智库报告等各类内容。但是也有媒体认为多元内容生产者共生的阶段，新闻生产机构只有在社会公共生活中具有特殊意义的"新闻"领域才具有优势，应专注于新闻生产。例如，以优质严肃的财经新闻取胜的财新传媒在 2017 年宣布采取付费阅读策略。而国外媒体如纽约时报等早就开始实行付费策略。同样专注于做移动端新闻供应商的《新京报》2021 年全年版权收入有 4000 万元，目前《新京报》记者团队中仍保有 50 名调查记者。无论纽约时报、财新传媒，还是《新京报》均以优质新闻取胜，叙事形态、策略等变化不大。其次，基于政务新媒体等其他内容生产者的竞争，媒体新闻生产应探索数字新闻生产的专业化。传统媒体时期延续的新闻生产常规正在遭遇多元内容生产者环境的冲击。例如，媒体对于政府机关等权威机构信源的报道方式，原本以发布通稿为主，发布告知性的消息，但是目前政务新媒体发展迅速，已经具备跨平台发布政务信息的能力，这类告知性的消息往往先于媒体发布。特别是政务新媒体也入驻了主流媒体平台，如南方号等，媒体需探索后平台化的新型生产方式。

整体来看，新闻业对来自新的新闻业生态系统内平台、算法及其他行动者的新闻生产常规采取了包容、接纳的框架，编辑部通过各种规训手段，如日常采编流程、业务培训、改革绩效考核制度等方法促使新闻工作者能快速适应新的变化，并逐步探索新的新闻生产常规。

第五章　传统新闻媒体与新媒体的融合发展

目前，由于互联网的发展速度极快，特别是移动互联网，发展速度相当惊人，使得信息传播格局发生了很大的改变，大众传媒也渐渐进入到一个新的时代，即新媒体时代。

在信息传播时代当中的载体主要是手机这一类移动终端，对此，使得新媒体具有一些先天的优势，如传播速度极快、移动性非常强、互动性也极好，同时还具有个性化。对于传统媒体来讲，这些都是不能相提并论的。但是，这并不代表传统媒体在新媒体面前是毫无可用之处的，传统媒体应该充分利用自身所具有的一些优势实现媒体的融合和转型。

传统媒体和新媒体之间是具有一定的互补性的，现阶段，人们对于信息的需求是非常大的，并且随着经济的不断高速发展，人们的生活节奏也在不断地加快。对于传统媒体而言，如若想要得到更多的关注，就需要对信息的传播技术进行优化，使得信息传播的形式、种类变得更加丰富，让信息传播的速度得到加快，同时也需要对信息传播渠道进行不断的探索，开辟出更多的传播渠道。然而，跟新媒体进行融合对于传统媒体来讲也许是最好的选择。

对于传统的媒体报纸而言，它在文字处理这一方面是非常精细的，同时也是非常专业的，里面所传播出来的信息都是可信度比较高的，具有很强的权威性。然而，新媒体在对于文字、图片、声音处理的这几个方面刚好可以跟传统媒体进行互补，能够使大众的阅读需求得到更大程度的满足，同时也可以使信息传播的效果变得更好，还可以对这两者所存在的一些缺点进行弥补和改进。

第一节　传统新闻媒体与新媒体的融合

新媒体的不断兴起，使世界上的一些传统媒体都逐渐"新媒体化"，并且在营销收入的这一方面也越来越偏向于新媒体，在收集、编辑、呈现、反馈信息等方面都发生了很大的改变。进一步来讲，很多媒体在进行新闻采集的时候，渐渐地把重点放在了与新媒体发布相符合的方式上，在对新闻进行编辑时，对于新技术的利用也变得更加频繁，在发布新闻的时候也会更加关注比较科学的渠道顺序。与此同时，为了能够获得大众更多反馈，与受众进行互动的时候也越来越依赖新媒体。

一、新闻采集：多媒体化，记者一专多能

以美国的《华尔街日报》为例，该报有"华尔街日报在线"网站，陆续发布了针对黑莓手机、iPhone、iPad、安卓（Android）系统的客户端程序。对于以上的这些新媒体信息的发布形式来讲，都具有一个相同的特点，也就是通过对多种媒体的聚合将文字、视频、图片等在一个平台上进行融合，从而吸引到更多用户的注意力。对于《华尔街日报》网站"华尔街日报在线"而言，它不但有一些比较简洁明了的快讯，同时也包括一些对新闻事件的总结和分析及评论，使它能够形成一个全方位和立体化的报道模式，《华尔街日报》网站"华尔街日报在线"的主要报道方式就是多媒体形式，它里面的每一个比较重要的稿件几乎都配有图片和视频。这个报道的相关媒体记者还有记者团队等在收集新闻的时候，主要是通过多媒体的方式去进行采集的。

媒介的融合使得新闻工作的采编能力要求变得更加严格。当前很多知名媒体都希望记者成为全面发展的人才，实现一专多能，而不单单是一个文字记者，还要成为一名摄影记者，在关键时刻还能是编辑，目的主要是想要提高上传新闻内容的时间效率，这样可以用更短的时间去获得更多的关注。

使用多媒体方式进行新闻生产的不只有美国的《华尔街日报》，像法国的《世界报》、英国的《经济学家》等西欧发达国家的一些著名媒体呈现内容的方式也是类似的。由此可见，多媒体已经变成了世界上的一个比较重要的呈现方式。然而，很显然在这背后隐含着信息采集的多媒体化。

二、新闻编辑：普遍利用先进的工具

在新媒体的影响下，传统新闻媒体的另一个改变就是创作新闻逐渐工具化。新闻编辑人员需要对最新发生的事件还有人物进行采访的同时也要重视网络上的一些信息，因为网络上的一些重要信息有可能会成为重要的背景资料，同时也是因为在网络上获取信息是比较方便的。由于信息过多，如若想要实现用最短的时间获取到相关信息，那就需要一些信息筛选平台的帮助，如故事化（Storify）这

样的信息筛选服务平台和道琼斯（Factiva，创立于1882年，该公司旗下拥有对商业、财经领域进行深度分析报道的《华尔街日报》报系和提供实时财经报道和市场评论的道琼斯通讯社，以及知名投资刊物《巴伦周刊》等。其中，《华尔街日报》是美国历史最悠久的报纸之一，发行量全国第二，是美国乃至全球商务人士的必读刊物）这样的信息聚合数据库，有了这些平台的辅助，媒体的新闻创作变得更加便捷。

上面所提到的Storify这一信息筛选平台，其实简单来讲，它就是一个能够将信息进行聚合和对信息进行筛选的一个新闻工具，只要有检索词，它就能够按照这一检索词进行搜索，把在推特（Twitter）、脸书（Facebook）、雅虎网络相册（Flickr）、优兔（YouTube）和谷歌（Google）这些平台上面的相关内容进行整合，最后用户再根据这些内容进行撰写，这就形成了一个完整的故事。在国外的新媒体行业中，Storify已经得到了广泛使用，它在记者的新闻采编工作当中起到了非常重要的作用，使对资料进行搜索、筛选、复制的时间得以大大缩短。根据相关报道可知，美国彭博新闻社里面的一些记者和编辑人员在对新闻进行采编和加工的时候，都是使用Storify进行的，这不但能较大幅度地提高工作人员的劳动效率，同时也能够在国际竞争当中拥有很大的优势，变得更加主动。

还有一个跟Storify类似的系统，那就是Factiva系统，它的优势主要是能够在短时间内实现有效信息的集中和搜索，这样可以满足比较严苛的专业人士搜索的要求。对于Factiva这一系统来讲，它主要是由道琼斯和路透社共同建立而成的，目前隶属于道琼斯公司。Factiva主要是对全球约160个国家和地区以20多种语言发行的1万多种权威信息来源进行了整合，覆盖了很多的行业领域。它所提供的信息里面不仅包括了道琼斯和路透社新闻电讯、《华尔街日报》等独家新闻，同时还包括在全球范围内具有重要影响力的一些电讯和报刊中所报道的全部信息，如美国全国广播公司（NBC）、美国福克斯广播公司（FOX）、美国有线电视新闻网（CNN）、英国广播公司（BBC）、《时代周刊》、《经济学家》、《泰晤士报》、《纽约时报》等的信息，同时还包括全球320多家公司的相关报告和世界上各个公司的资料档案和行业的研究资讯，还富含众多的任务档案以及很多照片。

对于Factiva这个系统而言，它里面的资源能够做到及时更新，有很多重要信息可以在出版当天或者是出版前在这个系统当中进行查找和读取。这个系统最大的特点就是具有"提示"这一功能，这一功能的主要运用主要是在系统进行更新过后，如果具有与用户搜索相关的内容，就会给用户发送一些信息加以提示，使用户能够对一些比较关注的焦点和最新的信息及时进行了解。

现在，与 Storify 和 Factiva 一样具有搜索和编辑功能的这些系统在新媒体中已经得到了广泛的使用，变成新闻工作者在日常工作中不可缺少的一个采编工具。

对于目前我国的新华社而言，他们也拥有了一个类似于 Storify 和 Factiva 这样的综合数据库系统，中国系统不但把新华社、路透社、美联社、法新社等各大通讯社各种语言的电讯稿、图片和视频材料进行了集合和归纳，同时也包括了国内大量报纸和杂志中的所有内容，渐渐成为记者编辑的帮手。这个系统也具有"联想"这一功能，用户只要点开一篇稿件，那么这个页面的右侧就会弹出很多跟这篇稿件内容相似的稿件，这样有利于用户对这些稿件中的内容进行借鉴。

三、新闻发布：先快讯后深度

国外很多的传统媒体都在利用新媒体所具有的优势，使其新闻报道呈现出"先快讯后深度"的新闻发布模式。人们可以在"经济学家"这一网站上寻找关于《经济学家》的所有相关的杂志上的所有新闻，但是，对于这个网站上的一些实时更新的内容，在实体杂志上是没有的。尽管是由同一个记者写的同一个内容的稿件，最终在网站"博客"栏目下所显示出来的稿件和印刷版的稿件内容还是会存在着很大的差异。由此可知，《经济学家》的记者和编辑采取的模式就是一个"先快讯后深度"的内容发布模式。《经济学家》杂志记者首先需要做的就是写一篇初稿，然后在初稿上配上对应的图片，并且把采访时的一些视频进行处理，然后整理出来，接着再对这些内容进行打包，最后再把内容放到网站上去，实现第一波的报道。由于现在一个相同主题的素材变得越来越充实，有的记者就会把这些内容进行编辑和整合，再进行加工，最后将其制作成"印刷版"内容，使之实现同时在网站和杂志上进行呈现。人们通过对网站上和杂志上的内容进行观看，可以很清晰地了解到制作的整个流程是怎样的，进而能够避免一些假新闻的产生。

不是只有《经济学家》《华尔街日报》等这些传统英语媒体采用了这种模式进行发布，法国的《世界报》等其他语言的知名媒体同样也采取了这种发布模式。《世界报》的采编部门主要先播发获取到的一部分重要内容，直到播发的一些信息的内容渐渐丰富之后，再在里面挑选一些比较重要的内容进行一个深入的报道。对于目前的新闻而言，"先快讯后深度"的这种新闻发布模式已经逐渐成为世界上容纳度比较高的一种发布模式了。

四、新闻反馈：互动化

传统媒体在对受众的反馈进行收集时，新媒体在其中提供了很多的便利，从而使传统媒体新闻反馈难的这一现象得到了很大的改观。举一个关于"经济学家"网站的例子，这个网站里面所有的文章下面都设置了评论这一功能，用户通读完这一篇文章之后，点击评论这一按钮，之后就可以在文章下面进行评论，因此这个网站可以根据这些评论来了解大众对于文章所提出的一些意见和想法，进而了解到读者喜爱的文章类型。

利用新媒体这一平台，传统媒体可以与受众进行互动，这种互动方式更有利于得到大众的一些评论和反馈以及相关看法。在国内，对于一些时常上网的人来说，对于新华社的网站——"新华网"的评论功能早就熟透于心了；法国的《世界报》和《费加罗报》等这些媒体的网站也一样，在每一篇文章的下面都设置有"互动""反馈"按钮。

互动是新媒体的一个核心要素，它不但能够让传统媒体用更短的时间获取到来自大众的一些反馈意见，与此同时还能让媒体和受众之间的关系变得更加密切。对于目前的媒体来讲，它渐渐偏向于以人为中心进行报道，受众的喜好逐渐成为媒体报道的主要内容，这一转变对媒体的采编方向也产生了影响。

对于国外的一些有实力的新闻媒体和想要保持或者是扩大自身影响力的一些新闻媒体而言，他们都在不断地把一些能够符合新媒体传播方式的采编手段引入日常的新闻业务当中。各个新闻媒体的采编业务形式逐渐转变成符合新媒体平台发布的采编形式，并且这个转变还在不断发生。"新媒体化"这一采编模式，进一步讲就是在对新闻进行采集、编辑和发布时，都越来越依靠新媒体这一平台来进行，跟传统媒体相比，在采编模式这一方面发生了巨大的变化。这种全新的采编模式具有很强的通用性，在进行电视新闻生产时，也是具有一定的参考性和借鉴价值的。

第二节　传统新闻媒体的数据新闻报道

对于处在新媒体时代的传统新闻而言，可以说是腹背受敌。过去，电视新闻媒体是唯一一个能够利用技术进行新闻生产和传播的机构，但是，对于现在的电视新闻媒体来讲，这种光景可谓一去不复返。现如今，在事件进行的过程中，新闻媒体还没来得及对其进行报道时,那些目击者就已经通过一些社交媒体对事情进行扩散,如通过微博、微信等这些社交媒体,使传统的电视新闻报道方式不再是人们生活的必需品。当前,国外的一些新闻媒体机构都在不断地探索一些新的报道方式,逐渐推出"数据新闻"这一报道方式。对于数据新闻而言,其主要的重点并不是五个"W"(When,Where,What,Why,Who),而是通过对数据的利用来对正在发生的一些事件进行分析,从而得知背后的真相和原因,还有事情对人们的生活会产生的一些影响。以上的这种创新的新闻报道方式最后的传播效果也是相当不错的,还有的人对其进行预测:"新闻的未来代表就是数据驱动的新闻"。据欧洲新闻中心的一项调查显示可知,对于《时代周报》《纽约时报》《卫报》《得克萨斯论坛报》等这些传统的媒体来讲,它们已经成了能够提高数据驱动新闻整体数量的先驱者。现在,数据已经完全渗透到了各个行业当中,并且是至关重要的一个生产因素。人们挖掘和运用这些海量数据的时候,也就表示大数据应用即将到来,这也表明,我们需要用一个全新的视角去看待这个世界。随着大数据时代的到来,数据新闻也在逐渐产生,它是在大数据时代所兴起的一种跨学科的新闻生产方式。"互联网之父"英国计算机科学家蒂姆·伯纳斯·李(Tim Berners-Lee)认为数据新闻就是未来。对于"数据新闻"而言,现在不只是停留在这一名词层面上了,它现在正在进行着一些比较热烈的实践。数据新闻主要是在精确新闻的基础上发展而来的,数据新闻用数据代替文字向大众讲述故事,成为一种新的讲故事的工具。它主要是通过对数据进行挖掘,进而对新闻中的单一时间和复杂事件进行关注,对新闻的时空范围进行扩大,实现对新闻事实了解的深入。据此发现新闻中的一些不能得到体现的逻辑,使新闻报道的内涵得到丰富,将传统新闻的一些封闭式的新闻话语样态改成比较开放的交流模式,这样使新闻的传播效果变得更好。

一、数据新闻的含义

数据新闻也就是通过利用数据来实现对新闻进行处理的一种新闻。与其他新闻形式相比,数据新闻所具有的不同之处就是能够把传统新闻中所具有的敏感性和具有说服力的叙事的内容跟海量数据进行结合,最后创造出一些新的可能。数据新闻能够使新闻工作者利用图表进行报道,这样就使一个复杂的故事变得更容易理解,并且还可以利用一些软件进行可视化的讲解,加上一些能够打动人心的表达方式,可以吸引到更多人的关注。

英国伯明翰城市大学的学者保罗·布拉德肖（Paul Bradshaw）认为，数据不仅可以成为数据新闻的来源，同时也可以是一个讲述新闻故事的工具，或者是两种都可以兼有。但是对于 BBC 的研发团队而言，数据新闻完全覆盖了各种学科，而且还被各大新闻机构广泛地进行使用。总体上讲，数据新闻其实就是一个通过对数据的利用来对一个又一个的目标进行实现：能够为人们提供一些对个人比较重要的信息或者是一些影响比较重大的新闻，同时也可以帮助人们对于复杂的问题进行理解。

德国之声的一名记者米尔科·洛伦兹（Mielke Lorenz），他认为数据对新闻记者来讲是一个难得的机会。数据可以为我们的新闻工作提供一些"新的视角"或者"故事的轮廓"，记者的工作核心从之前的最先报道转变成对某一事态背后真正的含义进行讲述，话题的范围逐渐变得宽阔。数据可以为记者写一篇观点有力的文章提供佐证材料，在新闻业中，数据扮演着一个重要的角色。所以数据新闻在实践的同时也在预示着未来的发展趋势。

二、数据新闻对于传统媒体的意义

对于现在的新闻而言，数据已经不再是屏幕上一些冷冰冰的数字了，在这个数字化时代，数据使新闻又具有了一个全新的意义和产生了新的可能。通过对国外的一些媒体案例进行分析可知，其中的媒体都将传统新闻报道和网络信息平台进行了密切的结合。通过电视对新闻进行报道只是新闻的一个开始，然而，对一些比较重要的事件的一些解释和后续报道的来源主要是新媒体上的数据新闻。不管是现在还是未来，网络都已经不再是电视新闻"复制"的窗口了，应该成为进行新闻深度报道和后续报道以及综合报道的一个平台。在我国电视新闻生产的一些流程当中，可以借鉴国外的一些媒体经验，可以尝试着把可视化数据引入电视新闻的报道当中，对新闻的报道方式和形式以及内容进行改革和创新。对于国外的大多数媒体来讲，他们所进行的数据报道其实就是通过团队合作的模式所进行的一个报道。比如，ABC 中的数据新闻的报道团队主要由一些核心队员和顾问组合而成。除此之外，团队的办公地点的选择也是至关重要的，他们认为最好的地点就是对于每位成员而言都是离得比较近的，这样可以方便团队随时进行沟通。BCC 就有一支新闻制作团队，这个团队一共有 20 个人，里面就有记者、设计师，还有相关的研发人员，这个团队的主要任务就是承包对数据项目及视觉效果进行制作，还有对新闻网站的一些信息、图表和媒体专题的制作。从这几个方面可以看出，里面虽然没有专门对数据进行处理的人，但是，对于所有的成员而言，对于电子表格的应用技巧必须达到熟练的程度，这样有利于后期对数据的分析。数据制作团队构成模型，如图5-1所示。

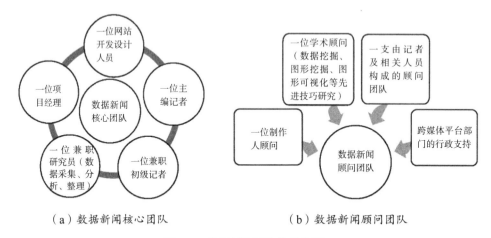

（a）数据新闻核心团队　　　　　　（b）数据新闻顾问团队

图 5-1　数据制作团队构成模型

三、数据新闻带来的启示——传统媒体创新的法宝

大数据时代，数据从新闻报道的"配角"上升到了"主角"的地位。近年来，从国际到国内，从网站到传统媒体，数据新闻开始成为主流报道的重要组成部分，也成为传统媒体在发展困境下创新的重要法宝。

数据新闻以服务受众为目标，基于对数据的采集和分析，挖掘数据背后隐藏的新闻事实，以可视化方式呈现，将复杂、抽象的数据转化为具体、生动的新闻报道，将新闻从繁杂的文字中解放出来，使新闻本身变得更加生动翔实、富有深意。

传统媒体通过组建数据新闻团队，倡导开放的数据新闻观，将数据新闻与传统纸媒相结合，对庞杂的数据进行深度加工，延伸新闻中单一事件的意义，拓展报道的时空范围，深化对新闻的报道，使新闻报道充满魅力和活力。数据新闻已成为传统媒体报道方式的重要组成部分。数据新闻的生产过程大致分为数据获取、数据分析、数据呈现三个步骤，环环相扣，最终制作完成数据新闻。受制于数据获取渠道相对闭塞、主题选择的局限性以及可视化水平等因素，国内传统媒体数据新闻除少数报纸如《南方都市报》《华西都市报》等有所涉及外，多数报纸仍处于初期探索阶段，发展潜力大，但报道水平需全面提高。

（一）数据采集：成立大数据中心，拓展采集渠道，增强新闻深度和广度

"用事实说话"是新闻报道的基本要求，在传统的新闻报道中，记者的经验、思维往往不可避免地融入其中，带有一定程度的个人色彩。而在大数据时代，以数据新闻的方式，用数据"说话"，客观呈现事实，成为越来越多传统媒体的选择。在数据新闻中，数据是核心，采集数据时保证数据的全面、准确尤为重要。目前来看，数据的采集主要包括自主调查和开放采集两种方式。来自政府的公开数据、国际机构的数据、第三方数据库以及众包数据，成为传统媒体数据新闻的主要数据来源，具体包括政府相关部门及其官网数据、政府工作年报、企事业单位公开数据、国家及地市统计局，以及国内逐渐发展起来的第三方数据等。

相对来说，目前国内的数据新闻产品更多依赖于传统媒体的报道或网站、机构的数据报告，利用政府机构权威数据较少，这也在一定程度上制约了数据新闻的深度和广度，导致数据新闻的选题层次浅、深度欠缺、吸引力低等问题。在此背景下，包括河北日报在内的一些传统媒体开始着手成立大数据中心，探索挖掘政府机构及其他社会组织等更多深层次的数据，用真实、丰富、多元的数据，做出一道道新闻大餐，讲好更多精彩故事。

以 2021 年 5 月 3 日某电视台的数据新闻《"五一"当天，你去景区凑热闹了吗？》为例，对 5 月 1 日当天的"腾讯热图"和"百度地图"中某省景区的相关数据进行采集和分析，得出"五一"景区热度前 10 名，进而分析出游客更加青睐自然风光的省内短途游、出行模式以晚出晚归为主等结论，为游客假期出行带来一定的参考价值。由此我们可以看到，大数据时代，数据赋予了传统旅游业发展以新的活力和动力，而数据新闻就是数据在新闻领域的最佳表现形式之一。类似数据新闻可以推广到经济、交通、民生、医疗等多个领域。

（二）数据分析：组建专业的数据新闻团队，跨领域合作，深入挖掘数据背后的故事

单纯的数据本身并不具备极大的新闻价值，只有经过专业的处理、加工、整合，才能展现数据的魅力，传递数据背后的意义。因此，数据新闻制作模式以及制作者的能力，是数据新闻出彩的关键所在。

在近几年国内数据新闻的发展中，数据新闻团队和采编团队分离是媒体机构较多采用的模式。这种模式下，数据处理、加工和新闻记者之间缺乏有效沟通，各司其职、各负其责，导致生产的数据新闻大多停留在以时间轴、地图、简单图

案等元素为主的阶段，直接静态地罗列相关数据，缺乏相关性的深度分析，新闻传递的价值也仅是简单地呈现某一现象，在深度和感染力方面有待提高。目前来看，社会公众更需要一些立意高远、分析深入、见解独到、简洁直观的数据新闻，唯此才可真正实现新闻媒体的职责和使命，传递新闻价值，推动社会进步。这就需要数据新闻制作者能够扮演新闻记者和数据分析师两个角色，不仅具备新闻专业的敏锐性，同时掌握统计、设计等相关技能，能够从纷繁复杂的数据、报道中寻找灵感，发掘数据蕴藏的价值，展现数据潜藏的意义。

为适应这一需要，电视新闻人应组建专业的数据新闻团队，成员要是具有新闻传播专业和计算机专业背景的高素质人才，从数据采集到排版全部由固定团队负责，统一对数据进行挖掘、分析、统计和整合，这样的专业背景使他们工作起来更得心应手，也有效增强了数据新闻的可读性和社会价值。

通常情况下采集的原始数据是不规范的，很有可能遇到数据混杂、无用数据过多、数据评判标准差异化、数据空缺等情况，因此采集数据只是获取数据的第一步，随后需要进行专业的数据处理，包括数据筛选、分类整理、整合分析等。通过对海量数据的甄别，去除无效、杂乱、多余的信息，对其内在的逻辑关系进行挖掘和研究，把握数据处理的中间环节，将原始数据、实时数据进行综合处理，将可供分析的大数据体量变得更简单、更直接，也更吸引人；找到新闻的独特视角和突破点，使其内容、主题更有针对性，内涵更加深刻，最终起到舆论引导的作用。

当我们对前期整合好的数据进行建模分析、追根溯源、提供结构化信息时，任何人都可以深入数据源中，找到与他们相关的信息，利用数据来洞察事实。在进入数据可视化环节之前，单凭计算机技术并不能保证一定可以找出数据背后隐藏的故事，优秀的新闻从业者善于从这些数据中洞察秋毫，挖掘数据背后的故事。

利用 Excel 表格是处理数据的方法之一，将大量的数据通过整合、排序和筛选，达到其价值的最大化，同时通过表格进行横向和纵向对比，找到平面数据的异常变化，从而发现要点。当遇到简单的表格无法完成数据处理时，富于变化的多维数据图以及网络图谱将派上用场，通过颜色、位置、形状的变化，达到处理庞杂数据的目的，最终找到数据的内在意义。

《华西都市报》2014 年开始推出数据新闻，推出当年就制作了 180 余篇数据新闻报道，推出了诸如《四川省人民政府工作报告系列报道》《十八届四中全会专题报道》等一系列优秀数据新闻，通过对数据的广泛采集、精准分析，在保证新闻客观性的同时，提升了其生动性、可读性，起到了舆论引导作用。

（三）数据可视化：增强数据新闻制作的技术含量，改善用户体验，点"数"成金

可视化是数据新闻的"点睛之笔"，然而数据可视化产品不仅是文字数字化或数字图形化的直接视觉性转换，更需要通过可视化表现出数据间的联系、变化，试图以全新的角度看待早已司空见惯的事物或现象。例如，通过统计基层法官年度审案数量、案件类型、当事人满意度等信息，表现出法官的工作状态、工作效果等信息，用可视化的方式直观地为读者展现基层法官的工作情况。让数据新闻传递的事实、趋势以及过程的心理模型等信息，更深刻地印入读者脑海。此外，数据新闻的可视化还可以表现数据随时间推移产生的变化，展现相互之间的关联与流向，呈现交互的结果。但现阶段，相较于国外数据新闻产品，国内的数据新闻产品在交互性方面还有很大的提升空间。今后，传统媒体可以逐步提高数据新闻制作技术，改善数据新闻的交互体验和用户便捷性等。

在数据新闻的可视化方面，有的地方电视台设置了"绘新闻"板块，涉及时政、财经、社会、文体以及娱乐等内容，通过绘制多样化的图表，将传统的新闻进行可视化处理，发布一些数据新闻，用数据传递新闻信息，使受众了解新闻背后更多的故事，在不断尝试中扩大新闻的传播范围和影响力。

综上所述，数据新闻的可视化是数据分析结果的表达，是最后结果的呈现，前期的数据采集、数据分析更为重要，对事件本质的深入思考是做好数据新闻的关键。传统媒体若想开创数据新闻报道新渠道，就必须抓住最本质、最核心的内容，避免照猫画虎、邯郸学步，丢失了传统媒体本来的优势。

新媒体的高速发展和扩张，再加上自媒体异军突起，挤占了传统媒体的发展空间，致使传统媒体发展步履维艰。大数据时代，数据新闻已成为传统媒体的创新法宝。在发展数据新闻业务时，传统媒体应跳出固有的发展模式，找到符合自身的发展特色，一味被动地跟在新媒体后面可能会走入死胡同。因此，传统媒体在制作数据新闻时，应避免被数据所"裹挟"，加强"数据预测类"主题，基于科学的数据处理，对未来发展走向和预期成果做出合理预测，有效引导受众心理，使数据新闻回归本来的价值，摆脱被动地位，实现其媒体价值的重塑。

第三节　新媒体技术及其应用

新媒体随着科技的不断发展也在逐渐发展，人们通过对新媒体技术的利用，能够更加迅速地获取到更加全面的信息。这对于传统的新闻而言，无疑遭到了重大的打击。不管是对传统新闻，还是对新媒体技术，有利必有弊，二者各有利弊。如果传统新闻和新媒体技术想要在这个时代背景下使自身所具有的一些优势得到充分的发挥，那就需要加强两者之间的融合，并且利用各种方式和措施对发展的力度进行强化，进而让二者所具有的优势能够得到充分的利用和发挥，使新闻报道的重点内容得到突出，吸引更多人的关注，这样可以使新媒体技术在传统新闻当中的应用变得更加有价值。

一、新媒体技术的优势

新媒体技术在当前人们的日常生活当中所占据的地位也是非常高的，与电视新闻相比，新媒体所具有的优势是非常明显的，它的优势主要有以下几点：

（一）传播速度快

从传播速度这方面来看，新媒体相较于其他媒体而言，可以说是遥遥领先的，这主要的原因是新媒体技术可以与互联网进行充分的结合，在目前的社会背景下，新媒体技术可以实现用最快的速度和最便捷的方法来对最新的、最热门的新闻进行传播。通过利用传播速度极快的这种优势使新闻和消息能够在最短的时间内得到扩散，不用对其进行复杂的审核。但是对于传统新闻而言，不管是在时间上还是在地点上都具有一定的限制性，因此使其对新闻进行报道的速度远远不及新媒体。

（二）传播范围广

利用电视新闻媒体对信息和新闻进行传播时，或许会受到一些来自地域方面的限制，某些内容的传播范围一般只限于本地，对于其他地区和国家而言，所接收到的信息是非常少的，并且还需要更多的传播条件才能够实现在大范围内进行传播，因此这就对满足公众的阅读需求上面产生很多的影响。但是，对于新媒体而言，它能够突破这个传播限制，使信息传播能够在不同地区之间进行，这样就有利于人们在家就能够实现对天下事无所不知，可以通过新闻的观看来了解世界各地的不同动向，这样使人们的阅读范围得到了进一步的拓展，有利于人们增长见识和满足心灵需求。

（三）无地点、时间限制

不只是以上两点，人们了解新闻的方式还可以通过手机、电脑、平板等工具，同时还可以在里面搜索一些自己感兴趣的动态，也可以了解到不同国家、不同民族的一些发展情况。对于传统新闻而言，是做不到以上这些事的，其内容本身就具有一定的限制性，人们并不能在上面针对自己的兴趣爱好进行内容的搜索和了解，同时也受到了地域限制，所观看的时间也是固定的，不能随时进行观看，还不能进行选择，这使传统新闻的发展受到了制约。对此，传统新闻要在原有的基础上跟新媒体技术进行融合，使各自的优势都能得到充分的发挥，这样可以推动我国媒体行业的发展，使人们的生活变得更加便捷。

二、如何在传统新闻领域应用新媒体技术

（一）提高传统新闻工作者的专业素质

新媒体技术的相关工作人员的综合素质和专业能力要比传统新闻的工作人员高得多。新媒体技术的相关工作人员在对信息进行审核的时候，其审核的程序更具专业性，同时还能对内容里面涉及的一些场景和细节进行真实性的判断，确保新闻的真实性，对所负责的新闻担负相应的责任。因此，对于传统新闻媒体来讲，需要对各个部门的相关工作人员进行培训，使他们的专业能力得到提高。需要注意的是，在对成员进行培训的过程中，所选择的培训内容也是至关重要的，需要选择一些与新媒体技术下新闻发展相符的内容来进行培训，这样能够保障工作人员落实到位，进而提高培训的整体效率。另外，在招聘工作人员的时候，需要提出更高的要求，不但要具备较强的专业能力，同时也要有足够的实践经验。在对工作人员进行培训时，要重点介绍那些在实际工作过程中会发生的一些问题，同时对其解决方法进行讲述，这样有利于提高工作人员的综合素质和专业能力，进而能够推动新媒体技术在传统新闻领域中的发展和应用。

（二）提高内容的真实性和权威性

虽然新媒体技术的发展速度是非常快的，但是也存在着这样一个问题：里面所包含的虚拟的信息和内容是比较多的，同时比较缺乏真实性和权威性。由于网络上的人是各种各样的，他们在网络上所发表的一些看法和信息的真实性都是不

确定的，这些都需要通过求证才能够了解其真实性。虽然传统新闻信息传播的速度是比较慢的，但是它的信息和内容都是通过严格的筛选之后得到的，非常严谨，以至于能够长时间地稳定发展，从而形成了一个相对比较完善的运行机制。对那些不好的信息能够很好地进行过滤，很多观众在获取信息时都更愿意去相信传统新闻的信息，这对于传统新闻来讲无疑是一个很好的发展机会。对此，传统新闻需要做的就是对信息的真实性和权威性进行强化，对它的传播速度和范围进行改进，使其在与新媒体进行融合的时候真实性会更加突出。

（三）建立完善的管理体制

为了确保新媒体技术在传统新闻领域当中的应用技术的竞争当中占有绝对优势，新媒体技术需要做的就是对其管理机制进行进一步的完善，进而能够使新媒体技术本身具有的一些优势得到充分的发挥。所以，对于传统的新闻来讲，最先需要做的就是对人员的安排进行完善，确保部门与部门之间能够进行一些有效的沟通，营造一个和谐的工作氛围，人员之间也能进行沟通，把在工作过程中所遇到的一些问题进行交流和解决，使后期的传统新闻媒体工作能够顺利开展。另外，要制定一套监管体系，这也是属于保障工作正常运行的一种措施，把每个部分的工作安排进行细化，避免在工作的过程中出现过多的失误，让传统新闻媒体的整体工作效率得到提高，进而加强新媒体技术在传统媒体当中的应用。

第六章 媒介技术视野下电视新闻节目内容生产与融合传播

当前，网络技术迅速发展，多种新型媒体诞生，对传统媒体而言，怎样有效地利用新媒体手段和技术，不断创新信息的获取渠道与呈现方式，怎样可以实现传统媒体和新媒体所具有的优势得到充分的发挥，并且能够把单一媒体转换成多个媒体共同的竞争力，怎样可以让新媒体和传统媒体进行有效的结合，使它们的价值得到全面的提升，显得尤为重要。这也是媒介技术视野下电视新闻节目内容生产与融合传播的一个研究方向。基于以上的这种情况，新闻媒体只有通过不断地对报道方式、创新技术进行改革和创新，才能使自身所具有的优势得到充分的发挥，并且清楚自己跟新媒体所具有的一些契合点，然后不断地进行调整和改进，进而能够让新闻报道在信息网络时代这一背景下获得新的生机与活力，能够持续地发展下去。

第一节 电视新闻节目形态变迁与生产模式的演变

电视新闻事业能够对人们的生活产生深刻的影响，同时它也是一个比较重要的社会事业。为了能够使电视新闻事业的发展得到促进，新闻从业人员乃至全体社会成员都应该学习和了解新闻传播学的基本知识。

一、新技术对电视新闻特性的影响

（一）电视新闻的生产特性

电视新闻的生产特性主要包括以下几个方面：

第一，视觉性。电视新闻是通过图像和视频来呈现的，具有强烈的视觉冲击力。相比于文字新闻，电视新闻能够通过画面、镜头语言等方式更直观地传递信息，使观众更容易理解和记忆。

第二，音频性。电视新闻不仅依靠图像，音频也是不可或缺的一部分。通过音频的运用，如报道的配乐、采访的声音、现场的环境声等，可以增强新闻的感染力和真实感。

第三，编辑性。电视新闻需要经过编辑的加工处理。编辑负责筛选、整理、组织和加工信息，使其符合新闻报道的要求和规范。编辑还需要决定新闻的播放顺序、时长、节目形式等，以确保新闻节目的连贯性和吸引力。

第四，实时性。电视新闻具有较高的实时性，能够及时报道最新的事件和动态。通过现场直播、快讯等方式，电视新闻能够在第一时间将重要的新闻内容传递给观众，满足他们对新闻的实时需求。

第五，主观性和客观性的平衡。电视新闻在报道过程中需要平衡主观性和客观性。记者和编辑需要保持客观、公正、真实的原则，同时也会在报道中加入一定的主观判断和解读，以便更好地传递新闻的意义和背景。

第六，多样性。电视新闻可以涵盖多个领域和主题，包括政治、经济、社会、文化、体育等。通过多样化的内容，电视新闻能够满足不同观众的需求，提供丰富多元的信息。

总的来说，电视新闻的生产特性包括视觉性、音频性、编辑性、实时性、主观性和客观性的平衡以及多样性。这些特性使电视新闻成为一种重要的信息传播媒介，能够通过图像、声音和文字等方式向观众传递新闻内容，并满足他们对新闻的需求。

总的来说，新技术对电视新闻产生了广泛的影响，从传播渠道、报道方式、观众参与到新闻生产效率等方面都发生了变化。这些变化使电视新闻更加多样化、实时化、互动化和个性化，提升了观众的体验感和新闻传播的效果。

（二）电视新闻的社会价值特性

构成新闻价值的要素总结为重要性、时新性、权威性、客观性、显著性、针对性、服务性、娱乐性等。新闻报道是一种消息再生产加工并且再分发的人类信息活动，是人们主动地对事实进行的再现和传播，是人类社会特有的信息传播活动，具有很强的社会属性。新闻价值的核心就是指新闻中所蕴含的社会价值，社会价值是新闻价值的决定因素，新闻的社会性决定了新闻的价值。因此，新闻在传播过程中所包含的信息能够直接满足受众心理的特性，则可以认为是新闻的使用价值，是包含社会价值特性的。新闻事件与人有了利益上的关联，使之具有了社会价值，经过广泛的传播之后就会成为新闻的价值。新媒体技术的加持使一些夺人眼球的新闻产品成为市场的宠儿，如 VR 新闻和 AR 新闻，技术的突破使观众深刻地体验新闻在场感，置身于新闻真实的发生现场。新媒体对电视新闻社会价值的影响是对新闻真实性的深度挖掘，如智能传感器在新闻素材采集的初期可以替人类去不能涉足的地方进行探索，从宏观的视角展现新闻的各个方面，让人类摆脱了对未知新闻事件成因的想象和揣测，更好地保证了新闻真实性价值的体现，近两年兴起的新闻现场"慢直播"，用客观的新闻镜头，将真实的新闻事件事无巨细地展现在观众的眼前，没有经过任何人工剪辑和蒙太奇手段的使用，通过技术的促进和科技的发展更好地保证了新闻的客观性和真实价值的体现。

（三）电视新闻的传播特性

电视新闻在传播上从以往的单向传播模式向双向互动模式开始转变。新技术是传播变革的第一生产力，强有力地催化了电视新闻的结构重组，扩大了电视新闻的覆盖率、抵达率和传播力，从以下三个方面有所体现：

1.传播范围广泛

"互联网+"时代重构了传播。新技术引领电视新闻的时代已经到来，毫无疑问，由于移动直播这种传播形式的出现，电视新闻内容的生产得到了解放，使电视端播出的形态不再受到限制，产生了很多主播群体。直播内容的形态得到了很大程度的拓展，那些五花八门的内容在短时间内就完全占据了观众的视线，一些主播利用一些虚拟技术来进行直播，从而使用户能够获得沉浸式体验。受众不仅可以通过直播进行围观，同时还可以进行及时的交流与互动，近距离感受新闻现场的氛围，这样不但可以使新闻报道更具现场感，也可以使得传播过程中所具有的双向互动感得到强化，传播的效果也会更好。

电视新闻的传播范围广泛，涵盖以下几个方面：

（1）全球范围传播

通过互联网，电视新闻可以突破地域限制，实现全球范围的传播。观众通过互联网平台，无论身处何地，都能够访问和观看电视新闻的内容。

（2）多平台覆盖

通过互联网，电视新闻可以在多个平台上进行传播，包括官方网站、移动应用、社交媒体等。观众可以通过不同的设备，如电脑、手机、平板等，选择合适的平台访问和观看电视新闻的内容。

（3）社交分享和传播

通过互联网的社交媒体平台，观众可以方便地分享电视新闻的内容，将新闻信息传播到自己的社交圈子。这种社交分享和传播可以扩大电视新闻的受众范围，增加新闻的传播力和影响力。

（4）用户生成内容

互联网的互动性特点使得观众可以参与到电视新闻的传播中，通过评论、点赞、分享等方式表达自己的观点和意见。用户生成的内容可以丰富电视新闻的传播范围和多样性。

（5）多媒体融合

互联网的特性使电视新闻可以与其他媒体形式进行融合，如文字、图片、音频、视频等。通过多媒体融合，电视新闻的内容可以更加丰富和多样化，满足观众对多元化内容的需求。

通过"互联网＋"传播，电视新闻的传播范围得到了极大的拓展，不再受限于传统电视台的地域和时间限制，实现了全球范围内的传播，为电视新闻带来了更多的受众，提高了电视新闻的影响力，同时也为电视新闻提供了更多的传播机会和创新空间。

2. 改变了传统电视新闻传播的易逝性

电视新闻具有即时报道的属性。传统电视新闻的传播方式为线性单向传播，电视终端的新闻稍纵即逝。在技术发展的互联网时代，云空间、大容量服务器对视频新闻内容的保存使我们可以随时调用任何时间点发生的新闻事件的信息。视频资源往往比报纸端的图文更能展现新闻事件发生的背景和经过，更具有真实性的价值属性。观众可以随时回看电视新闻在移动端和互联网的新闻报道，转发当日错过或者感兴趣的新闻事件，极大程度上做到对新闻价值的保留和 N 次利用。

新技术对电视新闻传播的易逝性产生了显著的影响。传统的电视新闻传播通常是按照固定的时间表和节目安排进行，观众必须在特定时间观看，否则就会错过。然而，随着新技术的发展，电视新闻传播的易逝性被改变了，主要表现如下：

（1）点播和回放

通过互联网和流媒体服务，观众可以随时点播和回放电视新闻节目。不再局限于特定的播出时间，观众可以根据自己的时间安排和需求，选择合适的时间观看新闻节目。

（2）在线存档

许多电视新闻节目和报道都被保存在在线平台上，成为可随时访问的存档。观众可以随时通过互联网访问这些存档，查看过去的新闻报道和节目内容。

（3）社交媒体分享

观众可以通过社交媒体平台分享电视新闻的片段、摘要或评论。这使新闻内容可以在社交媒体上传播和延伸，不再受限于电视播出的时间和地点。

（4）移动观看

通过移动设备和移动应用，观众可以随时随地观看电视新闻节目。无论是在公共交通工具上、办公室里，还是在家中，观众都可以通过手机或平板电脑访问新闻内容，减少了时间和空间上的限制。

新技术的应用改变了电视新闻传播的易逝性，使观众有更大的自由度和灵活性来获取和消费新闻内容。观众不再受限于特定的时间和地点，可以根据自己的需求和兴趣来选择观看新闻节目，提高了新闻内容的持久性。

3. 保证了视听接受的时序性

电视新闻报道的特点就是线性、时序性的报道，电视播出有一定的频次和时间点的限制，新闻内容包罗万象，但是没有针对性的传播浪费了新闻传播的抵达率，新技术的加持有效地改善了这样的传播桎梏。电视新闻的多平台融合传播模式，使传统新闻通过跨平台投放得到更好的传播，观众不打开电视也能看到电视新闻节目，移动端的实时推送更体现了科技对新闻传播的推动作用。新技术对电视新闻传播特性的发展进行了更进一步的延展和助推，使电视新闻的传播由点及面，形成了网络式的覆盖传播范围。新闻传播的双向流动有效提升了用户的观感和参与程度。

二、电视新闻节目形态变迁

（一）电视新闻节目形态演进

1. 技术形态演进

电视新闻节目的形态演进一定程度上得到了技术发展的促进。随着电子新闻采集设备的普及，电视新闻声画合一的愿景成为现实。1978年，中央电视台《新闻联播》以"播音员口播＋记者现场采访"结合的视听兼具、强烈现场感的节目形式，真实地还原了在不同空间发生着的新闻事件。20世纪90年代后，《焦点访谈》《新闻调查》开播，电视新闻评论节目的深入报道形态开始引入。1993年我国借鉴和模仿哥伦比亚公司的新闻类谈话节目《60分钟》，对其进行了本土化改造，打造出了新闻时事评论节目《东方时空》，第一次实现了"主持人出镜＋嘉宾深度访谈"的节目形式，这个时期互联网的普及使电视节目与受众互动的单向传播模式有了改变。观众通过电话留言的方式参与讨论，各种观点激烈交锋，大大提升了新闻评论节目的客观性。到后来1997年，新闻直播技术出现并成熟运用在电视新闻报道中，运用实况转播的方式实时呈现新闻事件，新闻报道得以更直观、客观地呈现。20世纪初期，移动媒体进入了飞速发展期，手机短信平台、微博微信平台的出现，使电视新闻节目的发展又迈向了新的台阶，如中央电视台手机移动客户端"央视新闻"App，增加了电视新闻的直播与回放、网民互动讨论、短视频新闻等板块，拓宽了电视新闻的传播渠道。2019年的两会全国报道，5G技术的投入使用、高科技新闻产品的涌现使重大事件新闻报道形成多元化、多平台报道的发展态势，全国的电视台、报刊、网站、移动媒体等组成融媒体矩阵，全程媒体、全息媒体、全员媒体、全效媒体出现，信息无处不在、无所不及、无人不用，使舆论生态、媒体格局、传播方式发生深刻变化，电视新闻舆论工作面临新的挑战。

2.政治形态演变

1978年中央电视台《新闻联播》的开播，塑造了我国电视新闻的政治形态发展的格局，以严肃权威的形象、上情下达的传播范式，从中国的经济、政治、文化、国情出发，体现中国的政治生活面貌，由于当时传播渠道的单一性，多年来《新闻联播》在国内保持高位的收视纪录。《新闻联播》的节目设定体现的是一种中国政治形态。镜头语言的表达突出字正腔圆、庄严规整的播音特色，固定长镜头为主要表现形式，主持人以大方端庄的形象定位画面风格，成为中国新闻节目政治化形态的主旋律。进入20世纪90年代，新闻的传播渠道从传统单一的广播电视开始向其他的媒体拓展。互联网新闻加入了新闻报道的阵营，观众对新闻的需求不再局限于以往的被动接受，电视官媒不再是一家独言。搜狐、百度、网易等新闻频道的用户随着中国网民人数的逐年递增而递增。电视媒体字正腔圆、正襟危坐的播报方式慢慢地在发生变化，逐渐以亲民、网络化的方式对电视新闻进行"软化"改造。21世纪，自媒体新闻、公民制作新闻等多种形式的新闻形式涌入，造成了电视收视率的急剧下滑，进而导致电视新闻的收视也一度低迷，2019年以后，电视新闻逐渐有向互联网、移动客户端发展的态势，传统电视新闻节目迎合网生代的收视习惯，在移动媒体开设公众号、短视频官方账号，与新媒体开展深度融合，由此加大了电视新闻在短视频领域的投放力度，传统新闻的主播播报方式也逐渐迎合了网络语境的发展趋势，电视新闻节目的政治形态向互联网的娱乐化、亲民化的传播形态演变。

3. 娱乐形态演变

电视业在收视率为王的商业宗旨下，企图用娱乐化来打破新闻节目在历史发展中的桎梏，电视新闻也有综艺化、娱乐化的倾向，从 20 世纪 80 年代的西方到 20 世纪 90 年代后期以来的中国，综艺因素的注入对新闻播报进行了娱乐性质的软化处理。

以政治形态流传至今的电视新闻变得丰富生动，表述方式发生娱乐化的改变，随着技术的发展、媒介平台的不断融合转化，节目形态的综艺化步伐也随之不断演进。20 世纪 70 年代以来，哥伦比亚广播公司（CBS）在电视新闻娱乐化方面一直引领美国潮流，在新闻中加入娱乐元素的鼻祖是《60 分钟》，在保证节目有一定时政性严肃性的同时，让新闻颇具娱乐性和观赏性，成功开辟了电视新闻节目的新路径。美国的一个学者就曾经正在《娱乐至死》这一节目当中提到过，由于现在的互联网媒介和电视机得到大范围的普及，使得很多信息都是通过这些娱乐的方式进行体现的，人们最后有可能会沦为娱乐当中的一个附属品，甚至还会成为娱乐至死的一种怪物。即使这是一个对媒介所做出的评判，但是对于现在媒介的娱乐化需求的这种局势是不具有扭转性作用的，对于有的主流媒体而言，不得不从中妥协。从 20 世纪 90 年代中期到现在，占据传媒技术主流的是基于数字技术的互联网应用，从技术因素对电视媒介市场变迁的驱动作用来看，新闻娱乐化具有某种必然性，是媒体在市场竞争逼迫下的理性应对之策。进入互联网时代，电视观众逐渐分流，互联网挤压了新闻节目的生存空间，各种脱口秀、评书新闻、自制新闻等新闻节目层出不穷，但也为电视新闻带来丰富多样的创新玩法，积极融入互联网趋势的电视新闻，凭借网红化的传播手段，正在突破其地域性的传播局限。

（二）新媒介技术引发的电视新闻节目形态变革

新媒介技术的发展引发了电视新闻节目形态的变革，主要表现在以下几个方面：

1. 多样化的节目形态

随着新媒介技术的进步，电视新闻节目形态变得更加多样化。除了传统的新闻播报，现在还有辩论节目、访谈节目、纪录片、实境秀等多种形式的电视新闻节目。这些不同形式的节目能够更好地满足观众的需求，提供更丰富和多元的新闻内容。

2.互动性的增强

新媒介技术使电视新闻节目的互动性得到了增强。观众可以通过社交媒体、在线评论等方式与电视新闻节目进行互动，表达自己的观点和意见。这种互动性的增强，使观众更加积极参与，增强了观众的参与感和对节目的忠诚度。

3.实时性的提升

新媒介技术的发展使电视新闻节目的实时性得到了提升。通过实时直播和快讯等方式，电视新闻节目能够即时报道重大事件和突发新闻，使观众能够第一时间了解到最新的新闻动态。这种实时性的提升，增强了节目的时效性和观众的参与感。

4.跨平台传播

新媒介技术使电视新闻节目能够通过多个平台进行传播。观众可以通过电视、电脑、手机等多种设备来观看电视新闻节目，增加了新闻的传播渠道和触达观众的机会。同时，新媒介技术也使电视新闻节目能够更好地与其他媒体进行跨平台合作，实现内容的共享和互补。

5.个性化和定制化的内容

新媒介技术的发展使电视新闻节目能够更好地提供个性化和定制化的内容。通过大数据分析和人工智能等技术，电视新闻节目可以更准确地把握观众的需求，提供更加个性化和定制化的新闻内容，增强观众的参与感和忠诚度。

综上所述，新媒介技术的发展引发了电视新闻节目形态的变革，使其更加多样化、互动化、实时化和个性化。这种变革使电视新闻节目能够更好地满足观众的需求，提供更丰富、准确和有价值的新闻内容。

三、电视新闻节目生产模式的沿革与发展

新媒体平台的诞生以及新媒介技术手段的加持，对传统新闻内容生产的方式和理念产生了较大的影响，新的生产技术手段改善了传统新闻生产模式的缺陷，对于流程的精简、陈旧机制的改革等方面都起到了积极的推动作用。

（一）传统电视新闻节目生产模式

传统电视新闻节目的生产过程大致是记者发现新闻线索，前往现场采访当事

人或者在新闻现场跟进报道，采集新闻事件的素材，之后撰稿成文或编辑视频信息，最后组织平台播出的流程模式。这是一个闭合链态的线性生产模式，在整个新闻生产过程中，新闻主体的采集、写作、编排都是在新闻机构内部运作的，生产过程无法公开，受众更无法参与到新闻的生产过程当中，生产过程会耗费一定的时长。传统电视新闻节目不能在新闻发生的第一时间展开播报，需要经过现场视频采集，编辑人员撰写新闻稿件、剪辑新闻视频、编播上传、审核等过程。

（二）电视新闻节目生产模式的发展与创新

新兴媒体在技术的快速更新迭代中飞速发展，并对新闻业产生了较大的影响，而传统媒体的独特魅力和引导的权威性亦不会因为技术的更迭而衰退。

电视新闻在与新技术融合过程中焕发了新的光彩，不容忽视的是传统媒体有其资源上的不可替代性以及在媒体融合发展过程中不断进行自我改革和创新。新技术不是传统电视新闻节目的阻碍，而是互联网高速发展带来的前期浪潮，是一种促进电视新闻传播发展的新动力。与新技术的融合为传统媒体新闻节目生产模式的发展带来了新的契机。

1. 新闻内容的深度发掘

新闻内容的深度发掘是对新闻事件或主题进行更加全面、详细和深入的报道和分析。这种深度发掘可以帮助读者或观众更好地理解新闻事件的背景、原因和影响，提供更多维度的信息和观点，促进公众对复杂问题的思考和讨论。新媒体新闻生产的碎片化呈现出娱乐化、轻型化、快节奏的特点，使新闻内容被深度发掘。

2. 观点的高度表达

观点的高度表达需要清晰明确、逻辑严谨、深入分析和引用权威来源。同时，强调关键信息、增加情感共鸣、自信和坚定也是有效的方法。通过这些技巧和方法，可以使观点更加突出和有影响力。进入新媒体时代，互联网带来了信息的繁荣，传统新闻一家独大的态势已不复存在。新闻资讯的核心竞争力是，只要不触及公众的利益，用户更期待的是娱乐精神更强的新闻，而凸显媒体主体意识的"怎么说"是传统媒体亟待改变的问题。面对新媒体的冲击，电视新闻应体现其思想的高度，在传播形态和内容生产上应该抛弃立场上的偏见，积极与新媒体优势进行融合，在恪守新闻原则的前提下进行更加多元化的声音传达。

3. 提升后续报道续航力

新闻事件刚刚发生的短时期内，公众的反应往往是非理性的，于是网络上容易出现各种意见领袖的呼声，沉默的螺旋效应凸显，对新闻事件的观点反而不那么受重视。电视新闻应对新闻事件佐以专业化的评论，并且对新闻细节进行更深入的挖掘。作为电视新闻，关注民生更符合国家对民众的人文关怀，不该娱乐化的部分电视新闻应当传承和坚守，坚持新闻价值的体现。电视新闻节目一般具备理性的高度，有些媒体的新闻节目过度娱乐化和戏剧化的处理，触及新闻节目的底线，往往是不可取的。电视新闻唯有坚守高质量的后续报道力，在专业上下功夫，努力发掘值得后续报道的新闻，进行跟踪报道，确立不可被取代的价值，才有可能在媒介发达的时代拥有不可轻易被撼动的位置。电视新闻媒体人更应该坚守和继承新闻记录者、传播者的使命，应合理调度和利用电视台的资源，善于运用电视台舆论引导人的身份。

4. 专业化的制作团队

新闻机构拥有专业化的制作团队，在摄、录、采、编、播等方面都有专业背景的支持。新闻整合编辑人员经过系统化的编辑剪辑能力的培养，虽然存在思维固化或者编辑视角退化的状况，但是专业化的系统学习也使其比一般的自媒体质量不能保证的编辑者具有优势。有高媒介素质的媒体人恪守新闻的准则和价值观，了解国家的基本法规、政策，说话谨慎，对语言的驾驭能力超过一般的分散自媒体人，会使播出事故降到最低的程度，所以对媒体技术人才来说，正确新闻观的培养和传播者使命的继承是至关重要的一个因素。

第二节　运用新媒介技术驱动电视新闻生产多方位变革

随着新媒介技术的迅速更新迭代，新媒体平台如雨后春笋般焕发着勃勃的生机。人工智能、大数据、云计算，无人机、智能传感器，虚拟/增强现实等新媒介技术的创新与应用，使传媒业逐渐形成智能化发展趋势，新媒介技术在新闻生产各个环节的逐渐渗透，使传媒业的发展脉络发生了根本性的变革，媒体行业生态正在被重构。

一、重构智能化新闻生产理念

（一）新闻主体多元化转变

新闻传播主体是指生产新闻与传播新闻的主体。传统的新闻主体是新闻记者、编辑等新闻工作人员。它的主要特点是拥有新闻专业背景，在新闻机构工作，他的行为受到新闻行业标准的衡量和制约，新闻主体深刻影响新闻传播过程及其他要素。而现阶段的新闻主体却被多主体重构：UGC即用户生成内容，由用户创作的文字、图片、音频、视频等以多种形式在网络上发表的内容。在以用户为主导的Web2.0时代，针对网络资源进行整合与创作的模式，UGC经历了各种社交平台多种形式的演进。在新媒介技术的发展时代，更加强调以用户参与内容生产为主要的信息来源。应用微信、微博等大众媒体平台的新方向融合UGC生成内容的兴起，对传统新闻专业生成模式带来了冲击与挑战。在新闻生产中新闻主体发生了角色的分化，用户和媒体平台亦成为新闻生产的主体。新闻主体可以不用戴着专业化或者职业化的标签也可以参与新闻的生产，新兴主体被大规模非新闻专业人士参与新闻生产的局面重新定义，是UGC推动了新兴主体生成。

改变"传统范式"的新闻传播主体，区别于传统新闻的专业性最强的记者。交互方式包括自动文本、可视化数据、智能化语音等。智能媒体新闻是新媒介技术发展的产物，将人从烦琐的新闻信息整理加工的工作中解放出来，只做机器不可替代的工作，如媒介管理、情感加工、质量把关等工作。精简了新闻生产流程，有效地提高了生产效率。如2017年新华社推出的智能新闻处理系统"媒体大脑"，[①]能够完成新闻生产线上的所有工作环节，机器生产内容（MGC）由此诞生，60秒内在两会期间生产了首条视频新闻。它的技术包括搜索热词、图像识别、自动编辑，成为视频剪辑智能化的最大助力。除此之外，新媒介技术在新闻监测上也有大的作为。国外有案例显示，机器可以迅速地判断新闻线索中信息的真伪，并锁定可疑信息源。算法融入新闻生产，助力新闻真实性的保障，算法新闻的诞生推进了新闻生产的自动化、智能化、自检化的趋势。智媒的媒体形态和认知能力搭载技术的顺风车，成为新闻生产变革的强力推手。

---

① 唐俊. 万物皆媒：5G时代传媒应用与发展路径 [M]. 上海：复旦大学出版社，2021.

（二）新技术开拓新闻采集多维度空间

1. 传感器采集抵达新闻前线

2012年，哥伦比亚大学在研究数据新闻的过程中偶然发现"传感器新闻"这一概念。传感器的工作原理是指利用收集或生产的数据来完成资料整合工作，配合数据分析加工进而针对数据部分进行可视化处理，从资料当中提取信息整合为新闻报道。智能传感器机器人可以参与新闻生产：如无人机、生物传感器可以抵达人类无法触及的或危险的区域采集新闻，如高空俯视拍摄、天气报道；又如机械臂传感器、监控机器人等可代替人类从事烦琐机械的新闻采集工作，使报道得以以多种形式呈现。各大媒体机构都开始重视传感器在收集数据方面的重要价值。传感器多应用于调查性新闻报道，充分开拓了新闻采集的维度，新闻报道图景得以进一步拓展。传感器并没有像它的名字一样难以理解，其与智能手机一样，较易获得，使用门槛亲近民众。传感器的应用使公众获取新闻、发表言论的途径更为丰富，方便公众参与互动新闻的制作和传播。智能传感器作为智能采集者，主要有三种应用方式：①自主采集数据；②采用新闻众包的方式，由用户收集数据参与采集信息；③官方传感器参与大型城市布局，建构新闻采集体系。自主采集数据在一些涉及公共安全的调查性报道中较为适用。比如传感器可以深入人力无法涉及的地方采集新闻，如在重大灾害的现场，设置生物传感器监测土壤、水质等，采集相关内容的新闻素材等。此外，传感器也成为新闻众包项目的好帮手。由美国发起的"众包传感器项目"利用开放数据的新闻生产模式，给用户配备传感器装置，利用采集到的用户数据，将新闻的各个生产环节变成了用户参与的大型互动社区游戏，以此测试传感器新闻采集数据的高效便利。传感器采集数据的实践应用广泛，美国犹他州政府设定了网络化的传感器，并将传感器根据地图分布安插分置点，设置时间间隔捕捉采集数据，以便收集地图分布式的素材，从而进行宏观的新闻报道。

2. 智能数据手采集未来新闻

2016新浪未来媒体峰会提出："真实的新闻行业是收集数据、创建数据、分发数据，最后进行数据变现的，而大数据才是传媒行业的本质。"大数据带给新闻业的是获取数据的渠道，新闻报道的基础是大规模的共享开放数据。

智能数据手采集是指利用智能设备和技术来收集和分析数据，以支持新闻报道和新闻决策。未来，智能数据手采集有望在新闻领域发挥更重要的作用，具有以下几个方面的发展趋势：

第一，自动化数据收集。随着技术的发展，智能设备和算法将能够自动收集和分析大量的数据。例如，通过机器学习和自然语言处理技术，智能设备可以从各种来源（如社交媒体、新闻网站、公共数据库等）中自动提取和整理数据，为新闻报道提供实时和准确的信息。

第二，数据可视化和交互性。智能数据手采集将推动数据可视化和交互性的发展。新闻报道可以通过图表、图像和交互式界面等方式，将复杂的数据转化为直观、易懂的形式，使观众更好地理解和参与新闻报道。

第三，数据驱动的新闻决策。智能数据手采集将为新闻决策提供更多的数据支持。新闻编辑和记者可以利用智能设备收集和分析的数据，了解观众的兴趣和需求，调整报道的内容和形式，提供更具针对性和吸引力的新闻报道。

第四，数据隐私和伦理。随着智能数据手采集技术的发展，数据隐私和伦理问题也需要得到重视。新闻机构和从业人员需要确保合法、合规的数据采集和使用，保护观众和相关方的隐私权益，并遵守相关的法律和道德准则。

智能数据手采集的发展将为新闻报道提供更多的数据支持和创新的可能性。然而，也需要权衡数据的使用和隐私保护之间的平衡，以确保数据的合法性和可靠性，并维护新闻报道的公正性和可信度。

对于新闻传播领域而言，意识形态对国家的发展有着至关重要的作用。从新闻传播发展的历史中，我们可以知道，新闻传播的发展跟技术脱不了关系，离不开技术的支持。一开始的新闻传播使用的是印刷技术，然后使用信息技术，一直到现在的互联网和大数据时代，新闻传播受到技术的影响越来越大，对技术的依赖性越来越高。由于技术的不断发展，新闻传播领域的内容和形式都产生了很大的改变。特别是在大数据时代，新闻传播领域受到技术的影响逐渐变得更深，从以下几个方面可以看出：

（1）对传播内容的影响

传统传播时代的新闻内容基本上都是通过记者的采访取得的，这就使新闻的内容大都源于记者的采访，内容比较有限，没有过多的其他内容。但是在大数据时代就不一样了，新闻内容不单单来自新闻记者的采访，同时会再增加一些其他的内容进去。例如：可以利用大数据对这些内容进行筛选，筛选出一些跟某个事件具有类似情形的内容，再针对这些内容去寻找相关的解决方法，使事件能够往更好的方向发展。大数据时代使新闻传播的内容有了更多数据的支撑。众所周知，数据本身具有一定的说服性，如果在新闻传播当中加入这些数据，那么就可以赋予新闻内容权威性，这对于新闻传播来讲是非常有利的。

（2）对写作方式的影响

对于身处大数据时代的一些记者而言，他们除了要去外面进行采访进而获取信息之外，大多数时间是利用数据进行分析，对通过采访获取的信息进行真实性和准确性的判断。在大数据时代，新闻传播的写作方式是更具独特性和丰富性的，记者的外出采访只能算是其中的一个很次要的部分，对于那一大部分来讲，往往是利用数据进行分析和获取的。但是在传统的新闻传播时代，记者在外出采访结束之后还需要回到工作单位进行进一步的分析和写作。但是，大数据时代的消息原本就已经具备了一定的实时性，即记者在外出采访的同时消息就可以实时传回到媒体室，媒体室内的相关工作人员可以对其进行编辑，然后以最快的速度进行消息的传送，这就使新闻传播的效率得到了大大的提高，同时也能够提高媒体的核心竞争力，在竞争中占有一定的优势。

（3）对传播方式的影响

在传统的新闻传播时代的媒体资源大部分已经被国家单位所占有，因此，对于大众而言，是很少能够接触到这些媒体资源的。传统媒体时代的新闻报道一般都是通过传统媒体来传播的，例如：如果是通过报纸还有广播以及电视的方式进行传播，那么整体的传播速度是非常慢的，并且只能进行单向传播，多数观众都没有办法提出自己的建议还有想法。大数据时代，新闻传播的方式发生了很大的改变，而且逐渐变得多样化，已经不再是单一的传播形式了，大多数都是通过一些新媒体来进行传播。现如今，新媒体在日益强大，很多的新闻主要是通过新媒体来进行传播的。比如：对于现在的一些新闻来讲，很多都是通过手机、电脑等进行传播的。由于智能手机在当前时代是非常火爆的，因此通过智能手机对新闻进行传播，会使新闻传播的速度和效率得到大大的提高。

（4）对从业人员的影响

在传统媒体时代的新闻传播工作当中，每一位工作人员都有明确的工作。对于记者，主要是负责采编这一块，审核还有把关就需要台长负责，每个职位都有明确的分工。然而，在大数据时代，媒体的分工又是不一样的。对于工作人员而言，他不能只做一项工作，他需要对各方面的技能都熟练掌握，需要成为一个全能的人才。与此同时，在大数据时代，需要有一个专业的数据分析人员。大数据对于新闻传播从业人员的影响也是非常大的，如果新闻传播从业人员不能够适应当前时代背景下的一些状况，那么将会被淘汰；相反，如果能够很快地进行调整并且适应，就能够留下来，成为新时代的幸运儿。

我国最早的数据新闻播报是在 2014 年两会期间，中央电视台与数据公司合作，利用百度、腾讯的大数据分析平台开展两会的数据报道任务。

《两会解码——两会大数据》是每天安排在《新闻联播》当中的短视频专题栏目，由主持人用数据说话，详细解读当天的热门话题。利用搭载全新的立体成像技术和人机互动技术的演播室播报大数据，对两会热点问题进行分析。我国最知名的媒体对大数据的应用和挖掘说明媒体对用户行为的分析和对注意力市场的深耕正在深入，体现了中国巨型互联网公司的大数据实力。大数据的算法功能的强大，与传统的精确新闻报道相比，是一个跨越式的变革。算法就是大数据的生命，这门技术将给我国的大数据新闻带来更多的红利，根据其具有的便捷性、及时性、全面性等特点，利用大数据进行新闻报道或成为未来媒体特别是电视媒体报道传播的一大主流趋势和路径。

二、新闻内容生产模式多样化

（一）多拟态智能化新闻生产

1. 机器人新闻写作

"机器新闻"是"机器人写作新闻"的简称，代表从无到有的创作，在以往机器新闻生产的语境中，机器编辑通常主要指对已有新闻作品的选择和推荐、聚合，很少涉及对成稿的修改。所以机器新闻可以利用数据统计和机器学习、精确算法自动抓取数据中有新闻价值的线索，包括新闻视角的塑造。根据设定好的模板分析语句，自助选择逻辑拼装，生成新闻报道。抓取数据、分析要素、搭建框架、模板作业、生成稿件，构成机器写作的硬件流程。这种基于大数据的算法机器人在无须记者干预的情况下，通过智能机器和算法程序能将从海量信息中提取的新闻数据和素材转化成符合人类阅读习惯的新闻稿件，在成稿效率、精细化数据处理、重大事件应对上成效显著。以下针对国内外先进的智媒结合新闻节目的样本进行内容分析。

智能化新闻生产内容样本分析：2015年我国第一次推出了名叫"Dreamwriter"的第一代自动化新闻写作机器人，它能在新闻事件发生的第一时间自动生成稿件，瞬时输出分析和研判，短时内推送重要新闻资讯极速抵达用户。如这台算法机器人的第一篇自动生成在腾讯财经的报道《8月CPI同比上涨2.0%创12个月新高》仅用时一分钟。详细地列出了财报数据，引用了多位专业财经分析师的观点，与一般的财经报道基本上没有差别。

下面对 Dreamwriter 的新闻生产程序进行详细分析。

（1）数据库的搭建

腾讯新闻写作机器人 Dreamwriter 项目组负责人刘康指出："体育新闻报道对运动员动作的细节捕捉在机器报道中可以有非常重要的体现。Dreamwriter 在工作时就会把每一个点逐个击破，最后进行逻辑的组合拼装，匹配模板样式。模板样式是针对不同种类新闻的提前设定，每一个类别的新闻都有相适配的新闻模板。拿报道奥运会的跳水比赛举例来说，仔细分解跳水运动员的动作，评委的一套专业评分模式标准，分解运动员动作：走板、空中姿态、入水水花的符合规范的程度等，机器人就依靠这种固定微粒的模板设定——翔实的数据'微粒'进行新闻写作的装卸工作，'微粒'越细致机器抓取生成文章就越细致。"这就是数据库建立所需要的组装零件。

（2）机器学习

Dreamwriter 不是一成不变的，在设定时就编写了自动学习的程序，这就是机器学习或者机器进化。现在是简单的学习模式，对人类的情感还没有机器的设定，所以机器写作都是机械化的机器行为。它执行写作任务的过程：分解动作将每一个步骤换算成对应的分数，机器判断比赛规则还原成逻辑判断的语言，利用逻辑程式的编写，将每一步的得分情况综合加取，最后换算成总分数 1。而且机器学习的过程也是在不断发展和进步的，Dreamwriter 是有一套自己的连接词数据库用于机器写作的，机器学习一个新的项目用时大概一个月。

（3）机器写作

机器写作是指利用人工智能和自然语言处理技术，使计算机能够生成自动化的文本内容。机器写作可以通过算法和模型来自动生成新闻报道、文章、评论等各种文本形式。机器写作在一些特定领域和任务上已经取得了一定的进展，如体育报道、天气预报、金融新闻等。它可以根据大量的数据和规则，结合自然语言处理技术，生成符合语法和语义规范的文本内容。

超强的仿人类的整理编辑系统，在体育和财经新闻方面，因为对于财经数据和体育时常都是有预期性的，运动员的各种数据也是记录在案的，方便机器写作的预估。所以这两类文章适合自动化新闻生产，在很大程度上节省了人员收集整理数据所浪费的大量的时间，只需要对生成的文意进行人工润色，对于时效性要求强的新闻播报，一般可以直播分发，这也要求专业人员更专业，在职业化的发展方向上有更高的要求。

机器写作的优势在于速度和效率。相比人工写作，机器可以快速处理大量的数据和信息，并生成大量的文本内容。它可以提高新闻报道的实时性和准确性，并减少人力成本和时间消耗。

然而，机器写作也存在一些挑战和限制。首先，机器写作往往还无法像人类一样产生创造性和有深度的文本内容。其次，机器写作可能受限于预设的规则和样本，无法灵活地应对复杂和多样化的情况。此外，机器写作也面临着伦理和法律问题，如版权和原创性等。

因此，机器写作在新闻领域的应用仍然需要人类编辑和记者的参与和监督，以确保内容的质量和可信度。机器写作可以作为一种辅助工具，提供数据支持和自动化的文本生成，但人类的判断和创造力仍然是不可替代的。

（4）不同用户的个性化定制

通过分析读者的阅读习惯，利用网页数据的收集整理统计用户点击率进行数据分析和追踪记录，也可以准确地计算出用户对新闻的喜好和关注程度，作为捕捉流行的时尚捕手还可以从微博和一些 UGC 平台上获取热点信息，利用高频关键词搜索技术，获得实时新闻的热点素材，从而进行自动写作。媒体新闻记者也以此对标题元素做出及时调整，分发最新最热门新闻报道。此技术早在媒体内容分析公司的新提醒业务中初见端倪。在新媒介技术支持下，媒体与用户之间不再是简单的被动传受的关系，用户集群的社区化交互行为需要完备的新闻制作体系去满足符合用户思维的需求。

2. 数据新闻

数据新闻所分析的数据量级多以上万甚至以百万、千万计，这已经远远超越传统新闻记者对数据的处理能力，也为数据分析与数据挖掘技术的大力发展提供了可能。数据新闻不只带来了亿级数量级的分析数据，其对新闻的呈现手段也日趋多样，可视化技术网络媒体、互动式可视化效果在新闻作品中的几何级呈现，带来了丰富的新闻形态，相较于传统的表格、绘图等数据的表现形式，数据新闻的数据化呈现要更绚丽，数据也更客观和精准，更会被用户所青睐。

（二）临场化新闻内容颠覆式变革

VR 技术的内核是建模与仿真。它对新闻生产和传播环境的超强改造力再一次颠覆了智能新闻生产的流程构建，为信息空间创设的虚拟环境从本质上颠覆了新闻信息记录和呈现的方式，将新闻可视化的维度再次从二维向三维空间拓展。从现实到虚拟，从平面到立体，用户对新闻的感知力逐步从空间的领域延伸获得新的新闻体验。VR 技术广泛应用在新闻领域，对空间和数据信息的可视化构建将新闻表达从抽象的逻辑符号变为可用观感获取的真实性的体验，其感知力和交互性向多维度、超空间的领域延伸。VR 的在场感，有关传播效果的核心概念就是"沉浸"，"沉浸"和"在场"是两个交互作用的概念，两者融合的程度越高，新闻体验的真实感就越强烈。新闻传播力的体现就在于为用户三维场景搭建营造出对新闻事件的"沉浸"和"在场"的观感，VR 技术为新闻传播效果强力造势。

1.VR 技术对新闻场景的渲染

VR 技术对新闻报道在时间、空间上进行建模和渲染，构建立体化三维报道模式，直观地还原新闻现场，对大型盛况报道的深度体验和重大新闻事件的历史性还原，极大地开拓了新闻报道的空间场域。VR 新闻的很多灵感实际上源于 VR 游戏，如可视化数据新闻中的地图式宏观新闻报道的过程化演示，就需要 VR 游戏剧情当中相似的场景搭建。两种智能新闻相互结合，让新闻的报道呈现出科技感。VR 新闻基于真实新闻的特定场景，用户在 VR 新闻的体验中获取了图文新闻当中不具备的三维环境的空间感受，如在地震中心感受灾难，在海底世界探索未知生物，需要建立在虚拟的时间轴和位置空间上，是新闻生产通过 VR 技术才得以实现的。国外有很多 VR 应用于新闻的实践案例，在 Tomo News 关于巴黎恐怖袭击的报道中，只利用现场新闻照片及 VR 技术为恐怖袭击现场搭建了三维模型佐以动画的形式，简易地呈现了事件发生的现场。VR 对新闻现场的三维还原虽然还存在逼真度不够、空间搭建不成熟、传输介质有限的问题，但是 VR 的超强场景化呈现的优势将日益凸显，能够将新闻生产的三维立体场景化报道转变为新闻报道的常态。

2.VR 技术让新闻的数据信息可视化

VR 技术提升了数据新闻的视觉呈现内核，更大限度地发挥了新闻报道在数据呈现观感上的优势，加深用户对数据报道的理解，营造从二维到三维的全息视觉特效。VR 技术借助数据化思维方式，将数据新闻中的可视化数据样态转变成实时变换信息环境的动态数据模型，为数据虚拟空间打造出更强的立体时空感。如科考队的地质勘探数据调查，若地理环境不可用新闻传感器捕捉到，科考队员的分析数据也无法在科学新闻中直观呈现，在 VR 技术的支持下，数据的空间可视化可以呈现实时变化的数据，并用数据的位置属性动态呈现，打造科技新闻的新观感，在澳大利亚地球科学院的地质调查中有相关的报道记载。VR 新闻在新闻生产中的互动效果呈现方式：首先用 VR 摄像机和事件图片对事件发生场景进行虚拟构建，再根据新闻舆论引导的逻辑安排剧情，加入交互式的操作，以此对新闻生产流程进行虚拟空间上的建构。VR 新闻的可预见性就在于其在真实场景中再现新闻事件经过，将新闻的标准——真实性和客观性，与多维可视化的 VR 技术相结合，用以塑造新闻报道的传播效果和影响力，并使用户体验到极致的观感。

3.5G+ 新技术的新闻生产场域

2019 年第五代移动通信技术（以下简称 5G）投入商用，5G 的应用对新闻生产在技术层面曾经受到的制约的影响是巨大的。各国对新技术介质传输领域的期待成为现实，加大了在 AI、VR 等智能媒体技术领域的投入与开发，在 2019 年的两会报道，第一次用 5G 技术 + 高清直播的方式进行报道，5G 大大提高了新闻媒体的传播力，加速信息传播，减少延时，将新闻出行和抵达的速率从车速提升至飞行速度，解除了新媒介技术的樊笼，极大地刺激各媒体平台的智能化发展，特别是在 2016 年 VR 元年之后到 2018 年 VR 的发展几乎陷入了停滞。VR 技术的发展严重地被带宽所限制。毋庸置疑，5G 的应用打破了 VR 的发展桎梏，并且将使整个新闻媒介生态产生巨大变革，特别体现在新闻短视频、VR 直播、高清新闻实况转播等技术领域。全新沉浸式体验带给观众直追新闻场景的亲历体验和新的沉浸观感，凸显了 5G 的商用价值。

5G+ 新技术的新闻生产场域可以涵盖以下几个方面：

第一，实时报道。5G 网络的高速和低延迟特性使新闻报道可以更快速地传输和发布。记者可以通过移动设备和无线网络，实时采集、编辑和传输新闻内容，实现实时报道和现场直播。

第二，虚拟现实和增强现实。5G 网络的高带宽和低延迟为 VR 和 AR 技术的应用提供了更好的支持。新闻机构可以利用 VR 和 AR 技术，为观众提供更沉浸式和交互式的新闻体验，如通过虚拟现实的方式让观众身临其境地参与报道现场。

第三，数据驱动的新闻报道。5G 网络的高速和可靠性为大数据和人工智能的应用提供了更好的基础。新闻机构可以利用大数据分析和机器学习技术，从海量的数据中提取有价值的信息和趋势，支持新闻报道和决策。

第四，无人机新闻采集。5G 网络的低延迟和高带宽使无人机在新闻采集中的应用更加可行。新闻机构可以利用无人机进行航拍和实时图像传输，提供更丰富和多角度的新闻报道。

第五，云端协作和远程制作。5G 网络的高速和稳定性使云端协作和远程制作成为可能。新闻团队可以利用云端技术和远程制作工具实现分布式的新闻生产和协作，提高效率和灵活性。

通过 5G+ 新技术的应用，新闻生产场域将变得更加多样化和创新化。新闻机构可以利用这些新技术，提供更丰富、实时和交互式的新闻体验，满足观众对于多样化和个性化新闻内容的需求。同时，也需要关注技术的合规性和伦理问题，保障新闻报道的准确性和可信度。

4.5G+ 短视频

5G 技术的应用为短视频产业带来了更快速、更高清、更低延迟的传输体验，推动了短视频内容的创新和用户体验的提升。随着 5G 网络的普及和应用，短视频产业将迎来更大的发展机遇和挑战。近年来，抖音、火山小视频、快手、头条等短视频的出现博得了很多用户的注意。在 5G 技术的推动下，"短视频平台新闻"发展趋势日益明朗，很多主流新闻媒体如央视新闻、新华社等，积极加入抖音等短视频平台。传统新闻媒体的内容价值通过平台点赞数和访问流量得到进一步体现，抖音等短视频平台或成为传统新闻机构发布官方信息的主要渠道。

短视频新闻具有内容直观、时效性强、发布便捷、受众广泛等传播优势，播放时长一般都设置在 30 秒到 5 分钟之间，符合当前网生代用户的碎片化的新闻获取习惯。传统媒体与短视频平台的整合更具有时效性，对发布重大政策、澄清谣言，对媒体新闻舆论引导力的提升有很大的促进作用。短视频新闻让用户在信息海洋中准确、快速地捕捉所需的信息。短视频的快销比微博超短信息获取信息更快捷、可信、直观，更展示了巨大需求的市场空间。

5.5G+4K 直播

2018 年 CCTV 4K 频道开播。与 VR 技术一样，4K 也需要搭载高速的通信列车。2019 年 5G 的投入商用，根据第三代合作伙伴计划（3rd Generation Partnership Project，3GPP）国际通信组织标准要求，5G 在传输速率上将带来超越 4G 技术 10 倍以上的提升，将减少 10 倍在网络上的延迟，流量带宽将提升 100 倍左右，整体网络效率也将提升 100 倍以上，这样的技术红利冲破了多重制约技术发展的阻碍，4K 新闻直播才得以广泛地运用在电视直播领域，之前主要运用在电影行业，由此，4K 在电视领域进入高速的发展时期，2019 年我国首次使用了 5G 结合 4K 的实况直播方式来报道春晚；同年，北京电影节和第 22 届上海国际电影节实现 5G+4K 单路信号新媒体直播及多路信号集成制作，并实现了无延迟的信号回传，

5G 时代 4K 成像技术在新闻传播领域的运用效率得到大幅提升。总的来说，4K 技术运用在新闻领域，在技术上的提高有两个方面：首先，4K 超高清的播报方式增加了用户的观感，打破了电视制式多年的 4∶9 的"魔咒"，让电视成为放大的手机屏幕，更符合网生代新闻信息的接收习惯；其次，打破了电视新闻生产变革的技术桎梏，让各种虚拟场景的建设与传输更加通畅无阻。如 VR 的实时直播卡顿、回传和信号延迟均被消除，大数据的分析能力也更加快速，5G 时代的 4K 新闻将带给用户重新体验现场直播新闻的"真实性"内核。

6.5G+AI

新闻生产的 5G+AI 结合可以带来以下几个方面的影响和创新：

（1）实时数据分析

5G 网络的高速和低延迟特性可以支持实时数据的传输和分析。结合 AI 技术，新闻机构可以实时收集和分析大量的数据，从中提取有价值的信息，为新闻报道提供更准确和全面的数据支持。

（2）自动化内容生成

AI 技术可以用于自动化内容生成，通过机器学习和自然语言处理技术，新闻机构可以利用大量的数据和规则，自动生成新闻报道的文本内容。这可以提高报道的速度和效率，减少人力成本和时间的消耗。

（3）个性化推荐

AI 技术可以根据用户的兴趣和偏好，进行个性化的新闻推荐。通过分析用户的浏览历史、点击行为和社交媒体数据，AI 可以为用户提供更符合其兴趣的新闻内容，提升用户的体验感和参与度。

（4）虚拟主持人和智能编辑

AI 技术可以应用于虚拟主持人和智能编辑领域。虚拟主持人可以利用语音合成和人机交互技术，为新闻节目提供自动化的主持和解说。智能编辑可以通过自然语言处理和机器学习技术，自动分析和编辑新闻稿件，提高编辑效率和质量。

（5）智能辅助决策

AI 技术可以用于辅助新闻决策和编辑工作。通过分析大数据和模式识别，AI 可以提供数据驱动的决策支持，帮助编辑和记者在新闻报道中做出更准确和全面的决策。

5G+AI 的应用为新闻生产带来了更多的创新和效率提升，但也需要关注数据隐私和伦理问题，确保数据的合法性和可靠性，并维护新闻报道的公正性和可信度。同时，人类的判断和创造力仍然是不可替代的，AI 技术应该作为一种辅助工具，与人类编辑和记者的参与和监督相结合，共同提升新闻报道的质量和价值。

2019 年全国两会期间，各路媒体大展拳脚，其中黑龙江广播电视台在新媒介技术的应用上思维超前，着力打造了全国首个集"4K 高清大屏前置虚拟＋全息虚拟蓝箱＋融媒互动调度"于一体的全媒全景全息演播室，首次应用"5G+4K+VR+AI"的新制作系统，为解锁主流报道新媒体融合"涨姿势"。在传输网络的应用上，它与中国移动合作实现 5G 传输强强联合，将新闻报道情景化，让视觉效果更具冲击力，打破传统新闻播报呆板枯燥的演播室效应，为观众带来科幻感十足的两会"政能量"。另外，在技术上的突破是，黑龙江广播电视台还在哈尔滨中央大街打造 5G 移动演播车，在北京前方设置了融媒体新闻指挥平台的大数据分析系统，它能精准依靠算法分析两会热点舆情、阅读访问量等实时数据，实现全媒全效传播，大大地扩大了两会报道的传播力和影响力。

7.5G+VR

VR 是被市场前景最看好的一个新媒介技术，可穿戴 VR 眼镜、设备在资本市场获得了无数轮的融资，倍受科技巨头的青睐，5G 的传输时代的传输速度的飞跃变革将实现 360° 虚拟影像的实时输出、无损传输、全息呈现，是全息通信在各类不同场景应用中未来可期的技术变革当中最重要的一笔。全息通信能够实现全息传输主要依靠两大关键技术：第一是运用视频算法动态捕捉系统，最大限度地保证与肉眼看到的是现实般的高清画面的输出，确保沉浸体验的逼真感受。第二是 5G 技术支持的高速带宽低时延特性网络。全息画面需要更丰富的人像细节信息，将无损全息画面传输至异处。英国广播电台率先使用了这一技术，不过因为流量的限制等诸多原因没有实现应用，我国成为率先应用成功这一技术的国家，江苏电视台在 2019 年的两会报道中也应用了 5G 传播技术，在总台和报道现场全面构建 5G 传输网络。同时，江苏广电总台顺应新媒介技术革命的发展趋势，采用 AR 虚拟演播室的抠像与剪辑蒙太奇结合，打造了一扇从人民大会堂到演播室进行时空穿梭的"任意门"，给观众营造了神奇的新闻在场体验感。

三、新闻分发与体验智能化

（一）精准实现用户个性化推送

传统电视新闻节目的机械式单向传输已经不能满足用户个性化的新闻需求，有两个非常迫切的问题亟待解决。一是提升新闻的到达率，新闻分发过程必须注意的关键步骤保证准确无误；二是切中用户需求的关键点，这也迫切需要传统电视新闻做出改变。算法的精确推算可以在分析用户的行为、习惯和喜好上做到很快定位，对数据体量巨大难以计数的社交平台进行相关新闻数据的推送，精准锁定用户感兴趣的话题，推荐迎合用户需求的新闻，提高新闻的点击率。以用户思维为核心的算法程序设置，会为用户提供更便捷的实时内容，当然内容的质量也是经过人工智能算法和推优推送筛查的。不管是一些社交网络新闻媒体，如脸书、今日头条、澎湃新闻等，还是电视广播媒体，都意识到了此种算法得天独厚的数据优势，不断地完善和深化智能推算程序，做到更精准地投放优质的新闻节目。有效利用算法可以寻求媒体价值和用户需求的最大化；建立用户思维集群，并对相似兴趣的用户进行集群模块化分类，在相似的模块内推送社交需求和新闻内容，更有效地加大推送机制的生产传递价值。2017 年，全球顶尖科技公司研制出 Custombot（自定义机器人的算法工具），它的主要算法是在算法新闻的理念中引入文本标记和自定义标记的技术，通过分析用户的喜好和行为习惯，将用户聚群分类，对相似的集群模块插入相应的标签。按照标签推送个性化新闻，允许用户自定义信息介入新闻设计，推断出用户的个性化需求。韩国在此领域研发出基于算法的自动化机器写作新闻，通过抓取手机股票 App 上用户在股票市场的数据信息，为用户提供量身定制的分众新闻信息。在数据算法新闻方面表现较为出色的媒体，如红板报（Flipboard）巧妙地利用社交平台，针对社交平台上用户使用信息的习惯，将内容进行整合、搜索、提取、分类，再利用算法新闻以"社交杂志"的方式进行精确推送，类似的还有推特上的新闻推送方式。我国的新闻推送平台如今日头条、一点资讯，它们不生产新闻，而利用精算分发机制从其他的新闻网站聚合新闻，通过对自身平台用户数据的发掘，相应地匹配智能算法，推送有价值、符合用户偏好的新闻内容。

（二）感官与认知重塑的新闻体验

1. 从机械传播到交互体验

生产者、消费者对未来新闻的重新定义体现了新闻体验方式的变革。新闻体验感决定了用户对新闻的获取方式的选择。传统媒体的新闻传播方式已经不能满足网生代对视觉文化的需求，用户对信息体验感、冲击力、感知性的需求日益加剧，加快了新闻内容生产的变革，由此，新闻媒体必须注重用户的思维模式、认知体验，在新闻内容的生产设定过程中，必须关注"交互性"与"体验性"。

各种智能语音机器人的出现为增强新闻与用户的交互体验性加码，如天猫精灵、小度等。不少媒体也推出智能语音新闻报道机器人，在新闻客户端加入了AR聊天小助手，如CGTN的客户端有一只可爱的小熊猫，增加了新闻的趣味性，让新闻客户端更有观感。百度推出了"度秘"，手机端下载百度App，就可以跟"度秘"进行语音聊天。"度秘"整合了百度强大的搜索引擎，大小事都知晓，实用兼具消遣功能，用户还可以与"度秘"进行互动和追问。很多移动新闻客户端多利用新媒介技术手段通过触屏互动，可以进行红包领赏、微信公众号推送关注，用户对于新闻消息的提取和阅读有一种心理上的掌控感；网络直播以新的形式展开，虽然也类似于电视新闻播报，但是用户可以借助网络的交互式设计，与其他用户在线互动、参与讨论，加入小组阵营，给用户很强的代入感。这些形式的新媒介手段都在增强媒体与客户之间的互动上占了先机。目前，时下流行的手机屏幕结合电视屏幕就是利用场景结合的方式，建筑了用户与新闻体验互动的桥梁，通过两微一端，用户一边看电视一边参与有奖问答、与嘉宾现场评论互动，用手机语音就可以直接发表意见。

2. 沉浸式新闻体验

沉浸式新闻体验打造了用户从二维到全视角的新闻观感，利用AR、VR、MR的技术强势加持，将用户从旁观者的身份抽离，放置到虚拟技术场景搭建的新闻现场，成为直接参与的新闻事件见证人。利用VR技术的场景搭建设备，如可穿戴的VR眼镜、手柄控制器等用三维建模叙述新闻事件，最大程度地还原真实场景、宇宙空间、战争场面、灾难场面、体育竞技场面、大型晚会现场等，加入现场视觉特技空间呈现技术，让用户参与到幻想打造的虚拟场景之中。目前很多新闻客户端都开设了VR栏目，如央视新闻移动端的"V观世界"，集合了全球访问的现场亲临的历史性见证VR场景，不需要戴眼镜，就能根据交互式的引导提示进入各国现场。VR 制作需要大量的时间，为了扬长避短，VR 专注在大型赛事上进行深耕，如奥运会、美国职业篮球联赛（NBA）、网球职业联赛等，这些不需要体现时效性，只需要专注在体验感上下功夫，着力打造真实的身临其境感，用户只要在家戴着 VR 眼镜就能融入比赛现场，成为现场参与者。2017 年，国外有相关的 VR 点播服务，在 NBA 的官网上设置了 VR 直播的日程，用户可以通过 VR 头盔和网页的 VR 视角进行点播观看。用户在新闻角色中的旁观者、局外人的角色彻底被颠覆，VR 等虚拟技术令新闻变成了用户可以用第一人称视角参与的交互观感体验，在沉浸式新闻体验带来的视觉冲击下，用户根据场景中预设的现场感音效和事件发展态势进行跟进、暂停、递进，能对场景在新闻中的变换进行自由把控，获得与新闻当事人相同的情感体验。

（三）分众化传播重构认知体验

"个人门户"的体验模式在 Web2.0 版本的技术变革时代逐渐从"大众传媒"模式当中分离出来，用户地位也在互联网"去中心"化的发展态势中得到显著的提升，从传统新闻传播模式中的"单一传播、被动接受"的受众文化向以"用户思维为核心"的分众化传播模式转变。为了适应网生代对媒体的使用习惯，各媒体应接受用户的质疑，时刻进行自我革新，不断进行文化传播模式的改进，不改变就没有流量，没有流量就代表一种媒体的消亡。各媒体应专注分析用户的接受能力及情感表达方式，对不同层次、等级、喜好的用户进行分众化传播，对目标客户实行精准投放，提高新闻的有效传播率及覆盖率，尤其在新闻节目内容生产的环节当中考虑到内容的分类，在分发环节进行有指向性的传播。例如：新浪网端的《人民日报》中的侠客岛栏目与海外版《人民日报》侠客岛账号，二者发布的新闻信息在表达语态、内容上有很大的不同。新浪网端的《人民日报》上发布的新闻内容，在语态的表达上往往较口语化，也会用一些网络热词；而海外"侠客岛"账号当中的表达方式却相对官方、严谨，以理性表达分析为主。此种分众化的传播方式针对不同的受众做了相对精准的内容分类推送，将不同层次、不同国家的用户的喜好程度和阅读习惯进行分类，以此增加用户黏性，从而使新闻获得更好的传播效果。

第三节　媒体融合背景下电视新闻节目案例分析

在新技术结合电视新闻生产的时代背景下，新旧技术的迭代使得电视新闻生产的策、采、分、发的制作流程在不断优化和重塑，传播媒介和平台也在不断变化融合，新闻的传播和抵达逐渐变得准确、高效、简洁。在媒体融合背景下，新闻的覆盖面在不断地由点到线、由线到面形成全覆盖网络，以更好的姿态适应新闻生态的发展。电视新闻节目在新的生产流程模式的刺激下，相较于传统电视新闻节目的制作模式产生了新的转变，在播报形态、传播效果、受众接受程度上发生深刻的变革。本节选取国内电视新闻节目中具有较大影响力的新媒体技术结合电视新闻节目的实践案例——央视融媒体新闻评论互动节目《中国舆论场》，2019年全国两会全媒体报道两个案例进行梳理和剖析。从传播模式、技术融合、舆论引导、传播效果、受众接受和体验等几个方面剖析新技术结合电视新闻节目生产变革及传播中的报道态势。

一、融媒体电视新闻评论互动节目《中国舆论场》

中国中央电视台中文国际频道2016年开播的时事政治新闻评论互动节目《中国舆论场》，是电视传统媒体与新媒体融合的新型电视新闻类节目，节目依托大数据分析舆情政治热点，用户利用大屏小屏、两微互动参与讨论和点赞的形式开展的一档电视节目。该节目既保持了传统节目的内容优势与网络移动平台的互动参与模式，大大扩展了受众范围和传播路径，又将传统媒体与大众媒体、移动终端三个平台相结合，为传统媒体的转型创新机制的发展做出了一个新的积极的尝试。该节目利用大数据分析"舆情指数"的设置，每期盘点全球热点舆情，针对"中国舆论场指数"总结出榜单上的话题，每期请来的嘉宾有时事评论员、资深媒体人、意见领袖、网络舆论达人等。针对热议话题进行现场的专业分析和深度解读，用户通过手机或者电视参与互动，节目融合了微信摇一摇有奖游戏互动环节、微博微信参与实时线上讨论等形式，是在网络和传统媒体的报道端试水成功的一款融媒体电视新闻报道节目。当前，用户的注意力市场已经被移动手机客户端、网端、其他新媒体平台瓜分殆尽，传统媒体借助新媒体平台从注意力市场中分的一部分市场份额，经过三网融合的发展，成为新的新闻传播组合的铁三角——三屏融合，三屏融合为传统媒体转型发展带来了新的路径和契机。《中国舆论场》

最大的亮点就是利用三屏开展。电视端视频直播、手机参与互动、电脑端不限时间和空间的回放点播，带来了新闻节目发展的新思路。

新闻节目在设置上加入了线上嘉宾的时事评论。在线观众积极互动，利用嘉宾的专业性对节目观点进行客观评述，解答线下观众的质疑，用权威的舆论进行引导，及时减少热门话题相关新闻谣言的产生，同时也增加了节目内容的说服力和包容性。

（一）电视、微信、网络多媒介联动

多媒体联动使《中国舆论场》在直播的过程中能够对节目热点信息进行实时发布，从而让用户参与现场直播的讨论，用精彩的点评在节目当中与现场专家开展辩论。该节目的官方微信公众号也针对节目的内容进行文字直播。电视、网端同时进行视频直播，从传播方式上采取多线程多媒介的互动机制，形成你中有我、相辅相成的传播态势。这种三屏互动的直播方式带来了更多的用户，也在无形中架设了电视端无法建立的与用户之间的互动反馈机制。最重要的是，《中国舆论场》三屏直播开创了电视新闻节目在直播报道中的先河，各种平台的联动使用争取到了三个维度、各个年龄层的用户的关注，也符合当下受众对媒体的使用习惯。"看着电视刷手机，时不时在线摇红包，评论区里刷存在感"，这便是《中国舆论场》针对大众对媒体的使用习惯而设置的具有互联网思维的电视新闻节目，使大众在茶余饭后有了共同的新闻话题，更加大了受众对此类电视新闻节目的接受程度。受众的体验感升级，同时也提高了节目传播的覆盖面和抵达率。

将新闻节目在电视、微信和网络多媒介上进行联动可以产生以下几个方面的效果：

1. 覆盖范围扩大

通过在电视、微信和网络多媒介上联动，新闻节目可以覆盖更广泛的受众群体。电视作为传统的主流媒体可以吸引大量观众，而微信和网络则可以吸引更多年轻观众，从而扩大新闻节目的受众范围。

2. 信息互动和传播

通过微信和网络多媒介，观众可以与新闻节目进行互动。观众可以通过微信公众号的评论、点赞和转发功能参与到新闻节目的讨论和互动中，同时也可以将感兴趣的新闻内容分享到自己的社交圈子，扩大新闻的传播范围。

3. 多媒体融合和丰富性

电视、微信和网络多媒介的联动可以实现多媒体内容的融合。新闻节目可以通过电视播出新闻报道和访谈,同时在微信公众号和网络平台上提供更多的文字、图片和视频内容,为观众提供更全面、多样化的新闻报道和观看体验。

4. 跨平台互补

电视、微信和网络多媒介的联动可以实现跨平台互补。电视节目可以通过微信公众号和网络平台提供更多的补充信息和深度报道,而微信和网络则可以通过电视节目进行宣传和引导,吸引更多的观众关注和参与。

通过电视、微信和网络多媒介的联动,新闻节目可以实现更广泛的覆盖、更多样化的内容呈现和更多的观众参与。这种联动可以提升新闻报道的影响力和传播效果,同时也需要新闻机构相关从业人员的协同合作和技术支持。

(二)电视+社交的互动模式

《中国舆论场》设定了电视+社交的互动模式,结合微信、微博的社交平台,使观众可以一边手机刷屏,一边参与有奖摇一摇抢红包,还可以在微信及微博上对专家的观点进行跟进式讨论,不是一味地接受观点,而是批判性地参与互动,打破了传统电视新闻节目舆论的单向传播、观众被动接收的模式。节目通过多屏幕多媒介的联动模式,为受众参与议题的讨论打通了各个环节,在社区讨论中设置了小组模式,对相同观点的用户进行分组。节目设置了融媒体演播室,还有3D"虚拟观众席",选出每期的精彩评论用户作为线下评论员,用LED大屏滚动播出观众在社区内的精彩线上辩论,对提出的问题和看法实时给予呈现,主持人、嘉宾和现场评论员开展多向交流,并且引导活动的展开。

(三)大数据分析舆情议程设置模式

我国在《搜寻两会最热话题:百姓心中的难和易》的报道中运用了大数据分析热点问题,李克强就新媒介技术在两会报道中的应用大加肯定。近些年人工智能发展迅速,大数据的热点舆情分析特性使新闻信息在时效性、舆论引导工作的权威性上占得先机,如何应用好大数据分析对新闻业的发展来说至关重要。《中国舆论场》运用了大数据分析技术为节目赋能,结合24小时舆情监测系统,对舆情进行分析并抓取每周全球关注度前十条上榜热点,运用舆情热度选取本期节目的上榜议题。节目当中设置了LED滚动大屏,在节目现场汇总全球观众对新闻热点的关注反馈,设定可视化实时动态数据呈现,锁定舆论中心事件,将传统节目与新媒体有机融合，打造电视新闻当中的融媒体矩阵中心，解决了传统电视新闻深度访谈类节目在时效性上的缺憾和滞后问题，用多元的观点和声音进行头脑风暴式的碰撞。在节目的录制现场，大数据的舆论热点抓取技术丰富了节目的内容来源，信源与互联网信源的联通，实时在线检测系统除了有舆情指数的数据化呈现，还有针对受众模型进行的层次划分，如年龄、在线人数、参与互动讨论的社区小组分层。这种要素的设定对节目的现场效果和新闻传播效果可以及时地进行干预和调整。《中国舆论场》坚持"内容为王"的新闻生产品质追求，着力打造集用户互动、社交、娱乐于一体的小型融媒体报道中心，深化对热点信息的自动聚合、建立用户社群，特别是"中国舆论场指数"是根据《国家网信办舆情报告》所得出的权威报告数据，能够反映出话题节目议题设置的热度和价值，为节目更有深度地展开提供了良好的支撑和引导。

二、融媒体新闻报道——2019 全国两会全媒体报道

2019 年，我国在 5G 移动通信技术的生态背景下，优先展开了利用新媒介技术将传统电视新闻报道与其他的媒体平台相融合的尝试，用新时代的传播手段报道 2019 年两会盛况。通过对两会期间电视频道超高清信号的直播报道，各省市广播、电视、网络融媒体的矩阵报道，新技术新闻产品在两会期间的广泛应用全面提升了我国在重大事件报道上的新闻报道力和新闻生产力，对未来重大新闻事件的报道产生了积极和深远的影响。

（一）全媒体全平台积极响应，打造新媒介生态域

2019 年的全国两会报道，在新媒介技术的支持下，涌现出了很多的融媒体中心，如"中央厨房"全景式报道、现场云、全国党媒信息公共平台、全国县级融媒体智慧平台，集合中央和地方媒体联动、地方媒体的全媒体报道等方式，形成了全网全台的融媒体矩阵的报道态势。在新媒介技术的支持下，产生了无数优秀的高科技新闻产品，集成创意宣传合力，在我国重大事件报道的路径上开创了新的融合发展道路。

两会期间，传统主流媒体，如央视新闻、中国新闻网、人民网等与抖音平台深度合作，将观点态度汇集的丰富多彩的两会报道热点视频新闻产品及时推送分发。海南日报从报道前线和后方进行了两会报道的深度统筹，实现了多媒体的互融共促的指挥调度，积极运用网络、移动客户端等新媒体实现平台互推。前方记者保证报道素材供给不断，并及时将采集的内容在"两微一端"首发，确保时效

性；后方的专业编辑团队对文字、图片、视频进行深度总结和热点剖析，形成编辑合力，及时编辑上传至电脑网络端和手机移动客户端，并由指挥部指导前方的报道方向。新媒体保障报道的通道畅通，形成全方位、一体化、矩阵式的报道网络：在纸媒端重磅推出深度分析报道，并设计融媒体产品二维码展示栏目；后方的接续任务还有，将前方记者的采访素材统一入库，多人编辑共享，对有深度报道价值的新闻素材进行新闻元素挖掘的二次制作，在相应的平台上进行报道。针对本次两会的报道，很多省市都配备了"中央厨房"式集中处理系统，对重大报道事件能够进行有效的整合。对政府工作报告进行积极分析解读，并且在第一时间推送上报、滚动播出，在社交平台、"两微一端"及其他媒体分享转发，形成人传人的互动网络。抖音上政府工作报告在两会期间数据霸屏，由于抖音平台的有效推送管理和精准推送，两会的相关政策传播效果明显。融媒体矩阵的立体多维度的报道模式扩大了新闻宣传的广度。2019年的政府工作报告跨平台、多媒体、矩阵式传播效果良好。

（二）新技术助力新闻生产力，强力推进传播态势

1. 央视 5G+VR 直播

在 2021 年的央视春晚中，依托 5G 技术，春晚会场总台 1 号演播大厅部署了 3 套超高清 VR 摄像机，实时直播 2021 年总台春晚。视觉特效与节目内容完美结合，观众仿佛置身春晚现场的 VIP 座席，"云"享极致观看体验。

2. 大数据交互可视化融媒体报道

（1）大数据分析 +3D 技术

新闻产品 "《为人民》（*Who Runs China*）"，运用党的第十三届全国人民代表大会第二次会议上公布的政府工作报告当中的目标设定数据，利用数据算法和 3D 交互技术，将人大代表的民族、地区、年龄、教育背景等分布情况进行可视化表达。用点阵图来呈现人大代表的分布情况，用数据模型来展示人大代表的广泛性。

（2）数据新闻可视化交互体验

从 2015 年至 2022 年，从简单的 H5 网页互动技术发展到人工智能编辑新闻模式、增强现实、虚拟现实在两会当中的应用，两会的融媒体新科技产品层出不穷、创意无限，凝聚了人民群众智慧的闪光点和对祖国大发展的大期待，将人民的感官延伸至两会现场，用多种手段传达政论，征集民意。

（3）大数据两会词频云分析热点舆论

全国两会盛况是我国新技术和高精尖科技的成果的体现，分析总结两会的热点事件也是拓殖技术领域的大事件。腾讯媒体研究院基于大众传媒、自媒体平台和网络媒体、移动客户端等对于 2019 年两会的高频词数据进行汇总。2019 年 3 月份关于两会热点的传播总量信息达 829.8 万条。运用词频云来分析两会热点，有效地针对热点找到民生关注的重点，体察民心，关心老百姓所关心的，做政府该做的事，为政府制定决策的方向提供有效科学的引导。

3. 场景化传播有效化

新媒介技术智能算法的技术迭代，机器学习能力的日益增强，AI 的爆发，使越来越多的虚拟主播走进大众视野。智能语音机器人、AI 智能主播也体现出了新闻生产的一种新样态。

（三）打造高科技年轻态产品，提高新闻关注度

1. 智能连接介质

智能可穿戴设备在 2019 年两会高科技博物馆当中赚足了眼球，由新华社推出的智能 AR 直播眼镜"智慧眼"和智能录音笔得到了年轻人的喜爱和追捧，也成为两会新智能链接的介质，将用户与两会的距离又拉近了一些，用户可以戴着智能眼镜感受到两会现场，身临其境地参与报告会的现场。智能录音笔集成了同声传译和对话及实时翻译的功能，语音识别、分享功能亦是本次两会智能新媒介技术新闻产品当中的一大亮点。

2. 可视化沉浸式新闻观感体验

两会创意新闻产品《全息交互看报告》，抓取政府工作报告中的关键数据，利用时空转换的场景转换剪切拼合的镜头，在短短两分钟的小视频里浓缩了大量的政府工作报告信息，利用 MR 智能演播厅智能匹配的现实场景，将百姓生活、教育医疗资源、环保、政策主旨、经济发展等场景在镜头里逼真地还原，一个个镜头的组接毫不违和，利用新媒介技术的前沿科技和特效手段，将可视化、科技感、沉浸式体验的场景数据化、粒子化，重现转换新闻场景，并且以先声夺人的态势在互联网上广为流传。

3. 小游戏、小程序等多形式增强两会互动

H5 创意视频长图、互动小程序、小游戏也在此次两会新闻产品当中起了不可或缺的作用，将时政话题融入趣味生动的小游戏中，更接地气，更易于用户及

时掌握游戏中包含的政策信息，让用户边玩边记。游戏结束了，政府要宣传的政令也宣传到位了，这种硬话软说的新型传播方式营造出两会良好的舆论引导氛围。此外，小程序在商业征信、个人征信问题上也出了一把力。如小游戏"抓老赖"让观众都来监督社会上存在的不讲诚信、拖欠债务的可耻行径，深刻了解建立诚实守信的社会大舆论环境人人有责。政府通过两会向人民传达的信息都包含在看似简单却设计精巧、满含深意的新闻作品中。

（四）加强融媒体矩阵报道力，追求全面互动格局

在习近平总书记讲话精神的引导下，2019 年两会当中的"技术亮点 + 媒体报道"充分发挥了新闻宣传与技术结合的优势，其中有 4K+5G+AI 的融合报道、AI 合成主播、可视化数据新闻作品、全媒体报道、高新技术新闻产品，也有人民网、津云、长江云等云矩阵报道集合，集中展现了我国媒体融合发展的最新成果。2019 年两会实现了融媒体矩阵化、智能化、便捷化、资源共享的全网全台报道的重大格局，此次两会报道盛况为我国重大事件报道又增添了浓重的一笔。

第四节　新媒介技术支持下电视新闻节目的融合传播策略

智媒、融媒体矩阵、云端技术、算法决策、区块链等新媒体技术与电视新闻相结合的应用在 2019 年全国两会电视新闻报道上得以充分展示。电视新闻节目与其他媒介在融合传播上做出了积极的转型，并且取得了很大的突破。在融合改革发展的道路上，电视媒体在实践中积极探索新闻节目融合传播的创新路径，力求基于技术变量实现增量效应最大化。2020 年，移动互联网通讯 5G 时代到来，高速传输的生态建设和新媒体技术强强联合，为电视新闻节目的创新发展和"重组现实"创造了技术条件和生态基础，广播电视行业内部的自觉行动为电视新闻节目改革提供了强大的驱动力。

在此基础上，从以下四个方面提出了电视新闻节目的融合传播策略。

第一，新技术在电视新闻中的应用促进电视新闻内容优化。

电视新闻节目"云端"录制，优化电视新闻生产的策、采、编、播的流程；运用电视屏幕与手机屏幕互融互促的传播模式。对电视新闻节目内容的传播开展

多元互动模式；短视频资讯模式切分主流电视新闻节目的报道，进行短视频化新闻报道，并在电视、互联网、移动手机端三端同时、即时传播；PUGC（PGC+UGC）新态势，注重主流新闻影响力领域的深耕；等等。

第二，利用新媒体技术手段，拓殖以"用户思维为核心"的电视新闻生产理念。

新技术深度匹配用户个性化需求，精准提升电视新闻抵达率；重视用户的内容运营，结合国内外的"众包新闻"等新的电视新闻生产模式，打造以用户集群为核心的电视新闻生态范式。

第三，技术革命浪潮造就多元化的新闻主体格局，需要区分新闻主体，重塑电视新闻媒体的新闻角色，把握舆论的担当、重构新闻专业主义。

第四，电视新闻节目应遵守的理念和范式。结合新技术算法决策、区块链手段，对电视新闻信任标签的打造；人机协同发展，赋予技术人文情怀等。

在与新媒体技术融合共生促进下，电视新闻正在进行传统生产模式的突围，主流媒体大多数还处在融合改革的艰难阶段。电视新闻在与新技术、新媒介融合发展进程中，更需要在思想、政策、资金、技术、人才等方面的资源供给。下面针对新媒介技术，结合电视新闻节目的发展态势，对电视新闻生产实践提出相应的融合传播策略。

一、新技术优化电视新闻报道，拓展新闻传播力

电视新闻的传播方式随着时代需求的改变而改变，跳出传统电视终端的接收桎梏，打开多媒介合作的传播路径，用技术的支持顺应生产流程中策划、生产、分发的变革，以适应时代发展的趋势。无论技术如何变迁，媒体必须成为"社会环境的瞭望者"，能接受时代的担当和使命，坚守内容生产的主流化，要求快速传达新闻的内容，产生相应的新闻效果。政策下达、突发事件的应急报道都需要大力拓展新闻的传播力，并预防媒体缺位、失声，利用新技术大数据监测、信息整合、即时辟谣等举措发力。通过对电视新闻节目议程、叙事机制与传播模式的设置，引导电视新闻节目向移动化、智能化和沉浸化发展，注重用户与媒体之间的双向交流，构建以"新闻内容即产品"为内容生产的理念，进而增强电视新闻节目的传播力。

（一）云端优化生产流程，打造强势传播力

当前，用户的新闻接收方式、读取方式、收视习惯正逐渐改变。在互联网平台各种直播悄然崛起的当下，电视新闻行业也在不断地调整，努力做到顺势而为、

积极创新、融合发展，"云录制""云监工""慢新闻"等新兴高科技媒介技术手段也有进一步的发展。除了对电视新闻报道当中的热点内容进行搬运和网络化解构，还进行网络流行的直播模式：支起一台摄像机，在用户目力所及的位置，长时间地开启远程直播，无主播播报、无剪辑的新闻呈现方式，用类似长镜头纪录片的模式，真实客观地再现新闻现场。

（二）大小屏协同赋能，电视新闻用户回流

借助"大屏小屏的互融共通"提升新闻扩散能力，帮助电视新闻打破跨越空间传输的桎梏，让用户在电视屏幕和手机屏幕之间随意切换，随时随地参与新闻，讨论新闻。2019 年两会报道中，高科技新闻产品的涌现极大程度上利用手机小屏和电视新闻大屏的结合报道方式。其中微信小程序、H5 长图报道、智能穿戴设备都是利用手机端实现的。结合两会新闻的电视直播、网络直播，使两会报道的新闻传播范围得以扩大。2018 年是短视频发展的风口期，小屏幕的短视频风口随着移动媒体在短短几年内迅速爆发，符合当下人的碎片化、不受地域限制等的获取信息的习惯，其具备的媒介属性很有潜在的发展空间。主流媒体看到了这个契机，但是在与新媒体平台融合的过程中，由于体制机制架构、经营模式、舆论导向，传播方式等方面迥然不同，造成融合中出现种种不适应症状，还有待度过更漫长的磨合期。网络媒休往往带有明显的娱乐因素，与传统媒体带来正规信息的政论类报道，两者之间有太多的不同。传统媒体难以满足社交平台用户的互动性需求，制约了媒介融合时代主流媒体网络传播力的提升。主流媒体针对这一发展的契机，对融合传播的方式进行不断的尝试和努力。央视新闻与移动新媒体客户端的抖音携手发展，在抖音平台上设置官方抖音号，自建号以来深受用户的追捧，其"走红"的原因就在于其借"大屏小屏互融共通"的传播理念来践行融合发展之路。对于"抖音""快手"等社交媒体来说，传统的央视《新闻联播》是符合我国国情和法规的正规信息生产平台，其新闻的制作符合新闻的政治形态，语态严肃、刻板，缺乏娱乐互动性，但是《新闻联播》抖音号在提升新闻的传播力扩散上，却采用了完全不同的短视频报道方式，运用亲和、逗乐、接地气的网络语境和短小精悍的抖音报道模式，收割了大量的手机端粉丝群体。那些在电视大屏里字正腔圆、不苟言笑的主播范突然画风一转，镜头摆放位疑似"抖音网红"的 45° 自拍角度，仿佛刚下直播间就开始"吐槽"当日新闻，日常拉家常，网言网语来表达对新闻事件的看法，颇具生活态地展现新闻直播间的主播日常，符合短视频的活泼、轻松、日常、主观色彩浓烈的特性，

如央视新闻在抖音上的短视频《拍 Vlog 被花式抢镜，小编正在脑补康帅的内心戏》等。

《新闻联播》发布的抖音短视频，由互联网用户共享、传播，加入时尚元素、流行文化基因，极具感染力、传播力，它的内容会传达给观众正确的新闻观、价值观。值得关注的是，用户关注小屏幕的同时回归大屏幕，观众看完《新闻联播》在抖音的日常，对《新闻联播》中字正腔圆的主播感兴趣，从而回归大屏幕的电视新闻，再次成为传统的受众，不断在电视端、网络端、移动端三端之间流动，形成一个电视新闻、手机新闻之间的用户流，用短视频平台上的用户反哺传统电视新闻的用户流量，增加电视新闻节目的用户黏性。抖音号的短视频新闻播报形式，从以往的大屏幕看新闻转变为手机小屏的上下刷新闻，这种魔性的新闻传播操作方式和融合策略已经成为"互联网＋传统媒体"的融合传播新样态，打造了以精准传播、快速传播为目的，极具传播力和影响力的经典融合案例。《新闻联播》抖音号将流行语、网络热词等融入其中，借力互联网的传播特性，提升"大屏小屏融合共通"，用以实现与新媒体的有机融合发展。在央视的率先垂范下，其他电视媒体亦逐步开展与新媒体平台的积极合作。

（三）主流切分短资讯，跨媒介即时传播

电视新闻中的事件报道经过视频剪辑切分为短视频模式，在短视频平台上不断更新，用以吸引短视频用户，再次利用用户对事件的后续报道的关注，进而关注电视新闻的深度报道。《新闻联播》抖音号内容以"主播说联播"为主，其在体裁上选择了短评论的形式，每期视频时长不超过一分钟，制作简单又态度鲜明，偏向用户思维习惯的深挖，又保证"日更"的持续性以培养用户黏性。在话题的选择上，《央视新闻》抖音号借助抖音这个用户集群社区化的新媒体平台，针对热点话题，传播政论，及时辟谣，对在《新闻联播》里播出过的新近报道内容进行网络化语态的重新解构。矩阵式组合报道，新闻短视频联播报道，短视频结合数据新闻的热点推送，用抖音网生代语言重新解构又融合组建了新的新闻传播报道形式，从电视端到移动端，网络化呈现电视报道新样态，减少了新闻传播的时空限制，加强了报道的时效性和传播力的延伸。

（四）PUGC 深化升级报道力，助力新闻影响力提升

2020 年，电视新闻产生了利用"智能数据集成系统＋人工远程操控"新模式，如 PUGC 组合优化的现场报道，构建专业化与用户协作的新闻内容生产新模式，专业新闻工作者从网络端找到符合新闻观点呈现的镜头素材，平民化视角的正

能量传播的代表性话语，经过专业化拼装、组织，整合发布至网络，创造出观点正确、符合网络传播形态的新闻内容。公民通过网络、手机移动端收取官方公开的消息或者事件的亲历者参与新闻事件，对报道进行数据的再加工或者对专业新闻记者的报道进行补充报道。"公民记者"+"专业记者协作"，通过对民众视角的新闻素材，赋予符合新闻舆论的正确观点表述，作为官方观点的补充报道。

二、拓殖以用户集群为核心的电视新闻生态范式

"以用户为核心"的思维在报纸等主流媒体中都有所体现。2017年开启人工智能时代，新媒介技术迅猛发展，所有的媒体平台都在最大限度地争取用户的青睐，电视新闻报道的单向传输形式已经慢慢地被其他的社交资讯平台的双向互动模式所替代，用户需要更符合自身价值观、利益获得、社交需要的新闻报道。媒体关系从竞争到合作，分享各自的资源优势，共同享受用户红利。用户自我赋权新闻的资讯获取方式、媒体平台选择权，甚至自我生产内容，"记者并不是唯一的专家"。因次，媒体之间的矛盾已经不是谁能争取到更多的受众，而是如何生产更多优质的内容，获得更多的 UGC 产品，结合智媒新技术开发出生产传播力更强劲的新闻产品等。用户集群、用户思维和用户生产内容为王的时代正式开启。电视新闻在与新媒体竞合的过程中，逐渐扑始认识到用户的重要性，在不断重整旗鼓的进程下，对适应用户需求的新闻内容、生产模式不断进行优化、重组、重塑。

（一）重视用户的内容运营，打造众包新闻模式

电视新闻注重用户的内容运营，从用户思维出发，注意力资源会被更多地聚拢整合，为了应对新媒体带来的震动，逐渐形成核心用户集群，并在此基础上逐渐拓殖用户领域。内容运营的手段之———众包新闻的出现很好地融合了用户思维内容运营的策略。众包新闻的概念来自新闻生产的权威机构，由于生产局限或者为了扩大新闻的获取渠道，借助互联网或者其他平台的用户新闻生产能力向用户征集报道素材并进行观点传达，通过平台对获取的资源进行整合，组织机构和用户进行合作，是一种适应新时代新生产的新闻生产模式。澎湃新闻与梨视频的新闻短视频进行深度合作，对电视新闻节目未来的众包新闻之路有很深的启示作用。电视新闻节目也可以借鉴新媒体新闻利用众包新闻的新闻素材追溯模式，吸引新闻事件核心的参与者分享的视频资源，从而进行新闻资源的再次整合、把关，

从而扩大新闻报道的覆盖面，增加新闻事件多方面、多元化的信息和更加客观的声音，也可以避免由于突发事件报道人员的不及时跟进造成新闻素材资源的缺失和新闻报道力度不足，避免浪费不必要的人力和物力。梨视频利用公民记者众筹第一手新闻资料，经过梨视频专业团队的二手编辑，第一时间在梨视频新闻客户端发布，亦在多种官方新闻的移动客户端进行发布。面向用户征集新闻视频和素材、新闻灵感，是我国新型的众筹新闻实践，其在很大程度上吸引了更多的流量，而内容也经过仔细的核实和筛选，严守新闻分发的关卡。优酷视频也经历了类似的发展阶段，向拍客征集新鲜的视频，发展到后来的集成用户内容分享的网络虚拟社区。类似这样的众筹新闻实践，符合用户对自生产内容的天然关注度和渴望被关注的心理模式，不断自发地生产、上传新闻素材，为众包新闻带来了源源不断的内容和流量。媒体平台只要提供适合的"土壤"就能让用户生产的内容生根发芽，加上平台优厚的资源优势、严格的新闻把关制度、专业团队的制作包装，用新闻用户的力量更深入地挖掘新闻真相。迎合用户的兴趣和需求，精筛热搜和热点新闻，这正是梨视频对这种新闻运作模式的市场嗅觉的深度解读，更迎合了这几年短视频风口的发展浪潮。这种新闻模式在很大程度上吸引了大量用户群体，并在此基础上满足用户的社群、社交需求，非常值得电视新闻学习和借鉴。

国外让众包成为主流的发展模式略领先于我国，国外的成功实践可借鉴《卫报》的用户自创内容的众包生产模式，用户利用手机和媒体社交平台就能参与新闻的集成制作，多体现在国际突发事件和用户亲历事件当中。《卫报》的重大事件众包新闻特色以"内容为王"结合"对话为王"，总的来说，记者的现场直播是报道的主要力量，此外还有来自学者、专家和目击者的少量报纸手稿和文章，用专家观点和用户亲历素材作为报道的补充。社交媒体时代使用互动机制的融合报道策略，它通常以"报告标题＋新闻视频＋照片＋报告评论＋推特（Twitter）、脸书（Facebook）发帖＋其他新闻社报告超链接"的形式出现，获得观点明确的报道，满足社交网络共享和交互式讨论的需求。在网络平台上发酵的事件可以迅速传播，并增强新闻的交互性，提高用户的参与度。国外很多新闻机构都发现了众包新闻的潜在价值，并且这些媒体都前瞻性地看到了众包新闻的价值力量，它充分地调动了用户渴望被他人关注的需求及自我实现的满足。聚合社区用户，拓展了传统主流媒体新闻编辑室的触觉敏锐度和观察视角。

融媒体技术大力发展的新时代，用户作为新闻生产的主体，其地位正在重构，发展众包新闻成为推动力，用户集群生产社区新闻应当成为主流。电视新闻可以借鉴国内外的众包和众筹新闻的生产模式，以用户思维为核心和出发点，结合自身优势，并在此基础上深耕和细分。结合新技术手段的应用，突破传统新闻素材的采集局限，打造出新型新闻生产模式。

（二）精研用户个性化需求，提升新闻精准抵达率

电视新闻从用户所需的立场深度挖掘新闻，可以借鉴移动新闻的"今日头条"在分发领域的深耕，其在算法和分发上有绝对的优势。"今日头条"通过大数据分析为用户的行为习惯打上标签，以此来建立联系。一篇文章进入今日头条的系统中，这篇文章的属性类别立刻被精准定位，贴上属性标签。前期用户"自由选择＋捕捉用户阅读习惯＋积累机器判断"，最后精准输出。在海量信息里推送科学匹配的最适合的新闻资讯，也是用户最可能点击并计入流量统计的标准。目前很多电视频道在移动端都有相应的 App 客户端，在新闻推送上也容易做到分析用户需求。根据用户的兴趣和习惯推送相应的新闻内容，并设置一定的用户订阅功能。在央视新闻的移动客户端，用户可以实时观看电视新闻直播、电视新闻录播回放、央视新闻独家快评等内容，让观众实现从"受众"到"用户"的转变，用户可以根据自己的需要随时随地接收新闻内容，实现用户需求的最大化。网络新闻付费网站领英（Twipe），在新媒介技术手段助推下，利用算法推算精研的用户个性化推送系统，通过细化用户的使用习惯，对其推送内容进行优化并建立风险处置方案等，吸引用户和媒体的合作。其在 2019 年推出了付费新闻，用户为了轻松得到针对用户职业习惯、兴趣爱好、行为习惯养成的订阅内容和服务，很大程度上接受了网站付费的要求。它的优化系统在于深度学习、技术量化、实时跟踪反馈、统计用户流失原因，并制定了相关的应对方案。其最大的亮点是建立用户流失的预测模型，提前设置应对预案，以用户的思维为核心，把握用户需求，专注新闻生产"内容为王"，重构人与媒体的信任关系。塑造人性化的最优推送模式，提升新闻精准到达率是未来新闻的发展趋势，电视新闻可以借鉴上述两个新闻推送平台的实践经验，深挖新闻推送的模型，在研究用户需求的领域做足功夫，才能更好地增加用户的黏性，提升新闻传播的抵达率。

（三）新技术产品深度匹配，实现用户需求最大化

电视新闻如何最大限度地争取到用户，很大程度上取决于"一切都需要以用户为中心，关注用户所关注，满足用户所需求"。建立用户思维是新媒体扩大影响力和改善沟通的现实选择。在新媒介技术时代，用户对信息、娱乐和服务上的

需求日益强烈，如果新媒体新闻产品可以为用户提供出色的用户体验，则它必须能够快速、有效地满足用户需求，并尽可能将用户整合到场景中。从以下几个方面运用新技术可满足用户多层面的需求：

1. 提供优质、真实的新闻内容

传统电视新闻媒体要从新闻生产者向新闻监督者、新闻把关人的方向转变。用户生产新闻本身就存在很多的谬误和非理性认知，平台利用高新技术手段是有可能做到消除谬误和非理性认知的，电视新闻应借鉴新闻媒体平台利用新技术整合资源的方式有效进行新闻筛选。

2. 在新闻的即时性发布上

AI 技术当中在新闻领域运用最多的——自动文本生成技术智能新闻生产，在新闻事件发生的第一时间进行发布、人机交互等诸多方面产生重要作用。人工智能基于文字、图像、视频等多媒体素材的获取，经过智能视频剪辑、语音合成、数据可视化等一系列过程，最终生成一条媒体新闻。AI 技术在电视新闻内容生产方面催生了机器人写作、新闻聊天机器人和虚拟主播等智能化应用。随着大数据技术的不断发展和更新，机器人新闻写作的智能化水平越来越高，满足了用户对大量新闻、即时新闻的需求。

3. 对电视新闻的现场感、沉浸感的需求催生出了新的新闻体验模式

VR 技术主要是能够让受众进行一次沉浸式的体验，使大众的某些需求得到满足。受众通过使用 VR 技术，可以一下子抵达新闻现场，而且还可以进行360°的全景观看。所呈现的画面都是高清的，所以具有较高的稳定性，让受众能够体验到身临其境的感受，可以给受众提供沉浸式观看的体验。例如：如果在观看体育新闻类的节目，那么我们可以感受到运动员在比赛场上的那种极度紧张的状态。通过对 VR 技术的利用，可以在用户对电视新闻所产生的交互感和参与的基础上增加一定的真实性，让多种媒体都能融入电视新闻节目的传播当中，使电视新闻能够实现"第二屏效应"，进而增加电视新闻节目的在场感。

4. 场景化的交互方式满足用户的参与感

推动移动互联网、物联网、云计算等这些关联的领域进行裂变式发展，通过家庭物联网和可穿戴设备，实现电视新闻节目与受众的普遍连接，实现从内容到服务的通用连接。未来电视新闻节目将以更加新颖的互动方式带给用户前所未有的体验。随着 5G 技术的深入发展，利用大数据和云计算构建的智能家

居场景的渗透率将逐步提高，更多的电视新闻栏目依托场景的差异化，最大限度地满足受众的多样化需求，实现虚拟场景与新闻现实的完美融合。

三、技术革命浪潮中的多元化新闻主体格局重构

（一）区分新闻生产主体，重塑新闻媒体角色

新闻媒体机构的增加、UGC 的兴起，以至于现在各大媒体的智能新闻生产主体都发生了变化。新闻生产主体根据职能和作用范围分为三类：有传感器新闻、AI 虚拟主播、智能写作机器人。主流媒体依然是新闻记者编辑的新闻生产者的身份。但是从媒体近几年的进化和矩阵融合生态来看，新闻生产主体所担当的职能范围都产生了一些变化。比如新闻生产者的身份已经不再是简单的新闻事件的整理、撰稿、分发，而是监督机器完成的这个过程，为大数据自动生产新闻的智能稿件进行润色和政策、价值观的把控，从生产者向组织者的方向慢慢地转变，他们有了更多的时间思考在组织机构内如何部署人工智能去准确地报道新闻才能更快地抵达用户。随着各种社交移动媒体兴起，很多人获取新闻的方式已经从传统主流媒体如广播、电视、报纸转向社交媒体社区，如今日头条、微信和抖音等社交类资讯发布平台，内容也更个人化、交互化，用户成为社交社区的各种新闻资讯的生产者和受传者，一些新的公民新闻形式慢慢形成，如众包新闻、众筹新闻和全民记者等新概念。媒体主角的转换在新闻生产的融合传播策略当中显示了责任主体和传播新闻观、价值观的重要的担当者的形象，主体之间的媒体角色的相互转化在发生着正相关和逆相关的作用，如何应用好新媒介技术生产优质的新闻内容，并且使资讯在第一时间抵达目标用户，争取更多的流量，是融合传播当中最需要思考的问题。

新闻主体与其他媒体平台在优势融合中需要时刻进行自我审视，把新闻内容生产品质和传播力效果的提升放在首位，坚守该坚守的阵地，将新闻的真实和客观无条件地放在利益之前，媒体之间共生共荣是彼此促进的重要生存理念。

（二）把握舆论使命担当，培育高素养的新闻人

1.培养优秀的电视新闻节目领头人

东方卫视有一档时政类的评论节目《这就是中国》，节目嘉宾是复旦大学中国研究院的张维为教授，节目开场简洁、快速，效仿美国最受欢迎的名人脱口秀节目，采用了颇具中国特色的主流声音配合专业脱口秀的新型模式。张维为教授用自己的政治观点和热辣点评召唤有活力、有梦想的年青一代，在现场自由讨论，

开启一言不合就触发的辩论会模式。以中国故事开头，清楚地传达中国理论、中国道路、中国文化的先进理想，弘扬文化自信。我们的电视台需要更多像张维为教授一样的嘉宾来担当舆论的声誉，为主流媒体的新闻内容生产严格把关。节目通过语态创新直接和年轻人对话，这样的节目形式也是非常值得主流媒体的新闻类评论节目学习和借鉴的。

2. 媒体记者要具备数据分析素养

随着网络媒体的不断迅速发展，新闻从业人员队伍的全面发展得以推动。一些新闻记者所创新的新闻报道方式对整个社会的发展都产生了很大的影响。因此，在媒体时代，新闻记者在日常的工作当中需要围绕着时代发展的需求，对自身的综合素养和职业素养进行强化，成为党和人民都非常满意的一名记者，进而推动新闻报道领域的不断发展。

由于新媒体时代的到来，传统媒体和新媒体的相互结合有了一个新的机遇。新闻记者在对新闻进行报道的过程中，应该要对先进理念和技术手段以及传播方式进行利用，这样才能够在媒体环境发生变化的背景下稳定发展。要顺应时代的发展潮流，对自身新闻信息的采编流程进行优化和改善，才有利于推动传媒领域的可持续发展，同时也能使新闻记者在全媒体时代下的工作效率和质量得到大大的提高。

媒体工作者必须加强在数据采集上的逻辑分析能力，形成及时调整与应对的意识流，打破固有思维的限制。尤其在当下数据海量冗余，媒介工作者的批判性思维的建立难能可贵，要依托专业的背景。合理的判断和优秀的逻辑思考能力，通过多种途径，运用科学的调查手段来采集数据，集思广益。这种优秀的媒介技术素养是新媒体转型时代新闻人才所必须具备的专业素养。

（三）"技术狂热"冷处理，重构新闻专业主义

在传统媒体拥有绝对话语权的时代，新闻的传播渠道单一，反而能事专注新闻的传达，带有诱惑性广告的新闻很少见。近年来，媒体发展的程度越深，假新闻、反转新闻、带有强烈新闻偏见的新闻反而层出不穷，通过多种方式进入公众视野。可见，对新媒介技术的过度追求，导致了一些负效应，公众隐私权遭到过度解读和泄露。某些专业媒体在利益的驱动下，往往会与资本方合作，对算法新闻进行暗箱操作，"帮助"投资者置顶其所发布的内容或者"买热搜""发布不实广告"。在新媒体时代，我们反而更应该大声呼吁新闻专业主义的权威，提高新闻发布在舆论引导上的专一性。

四、智媒时代电视新闻节目应坚守的理念和范式

在融媒体时代，我国电视新闻评论节目在发展中需要打破传统思维定式，确保节目创作理念顺应时代发展的浪潮。保证做好内容的前提是恪守新闻原则。坚持新闻内容的客观性与真实性原则，坚守新闻伦理和正确的新闻价值观，坚定党的舆论引导。在与新媒体融合的过程中，维护新闻底线，摒弃技术带来的负面效应，在了解用户思维、尊重用户的需求的同时架设保护用户隐私的防线，重视学习与借鉴其他成功节目的转型经验，进行主动的探索与尝试，引领正确理念和范式。

（一）算法决策呈"透明化"，打造新闻信任标签

传统的新闻媒体在新闻选择、制作、传播、发布的流程上因为组织机构的特殊性，一直是不公开的制作体系。随着媒体的进步，用户获取新闻的渠道增多迫使新闻生产转向透明。新媒介技术是柄"双刃剑"，为新闻生产发展带来红利的同时，也制造很多新问题，如反转新闻、网络水军大批量制造虚假新闻。用户制作新闻的真实性难以保证，媒体被贴上"不可信"的标签。

重建信任将是一个长期的过程，媒体和平台需要在深刻理解受众对媒体的看法的基础上共同努力。为了应对这些新问题，一些媒体将生产过程透明化，2018年初，"今日头条"也面向行业公开算法原理，这是算法透明化的行业首例，明确推送是无目性的，专门针对用户的需求定制的。区块链算法强调操作行为的不可逆，成为解决暗箱操作问题的新突破。用户参与监督的新闻生产行为，是未来新闻生产的走向，新闻生产的主动权不再只是紧握在新闻生产主体的手中。新闻生产过程完全透明化，在"AI+"时代，新闻生产者有义务让用户了解更多的新闻真实。

（二）新闻与技术协同发展，赋予技术人文情怀

目前，很多新闻作品充满了人文关怀，非常符合当下老百姓的兴趣点，在短视频《全息 3D 强影看两会》中，用视频结合全息数据的方式报道当年的人民生产总值、教育、医疗、家庭收入等数据，内容时代气息浓重，符合当下潮流，老百姓用娱乐的方式去了解身处的社会，展望未来的生活。还有人用 Vlog 的形式报道两会新闻。Vlog 视频日志记录两会代表作品《"萌婶"代表记——全国人大代表赵会杰和小庙子村的故事》《小姐姐两会初体验》，用主人公的第一视角展示两会盛况，实现了民间化的交流，接地气、符合网生代接受信息的习惯，满足了年轻人对新鲜事物的追求，给两会赋予了更生活化的风貌，针对不同的信息

人群、不同的年龄圈层设计新闻产品，还有更受群众喜爱的全景两会 VR、MR 新闻产品，给人以身在两会以代表身份参加两会报告会的全景式体验，带给观众真正的感官体验和人文感受的满足。VR 技术的沉浸式新闻体验，不像传统媒体中的纸质媒体依靠文字和图片报道人物、事件，读者对文字的理解有赖于自己的理解力和想象力。这种官方的报道形式早已跟不上时代的潮流，不符合当下新闻作品的人文主义情怀的抒发需要。在两会期间，利用高科技产品和技术的辅助，将一切变成了现实可控的视觉呈现，VR 技术给人以深度的真实感，从而增强传播效果，用这种技术成果的新形式体现了代表、委员对人民利益和心声的关注和呵护，人文内容和人文精神被巧妙地融入令人赞叹的场景和令人叹为观止的数据呈现之中。

第七章　移动视频直播下的
传统新闻生产创新

2016 年，移动视频直播逐渐兴起，但是对于学界而言，并没有对这件事情赋予一个权威性的定义。其实对于那些伴随着电视和广播而出生、成长的那一代人来讲，他们对这种直播形式并不陌生，许多大型事件和活动的采访报道都采用直播的方式进行，直播反映了一家新闻机构的新闻制作水准，也是对新闻直播人员专业素质的锻炼与考验。

第一节　移动视频直播开启新闻生产新纪元

如今，由于移动互联网的发展速度比较快，同时得到大范围的普及，再加上手机网民规模也在不断地扩大，使传播数据和虚拟现实等技术得到了广泛应用，对于新闻传播业产生了一定的冲击，传播渠道和传播载体也在日益更新，同时传播新闻的手段有了很大的改变。对大众来讲，视频新闻就是未来的媒体主流发展形式，但是同时也受到了来自移动直播产生的一些影响，两者进行融合，进而产生了一种全新的新闻报道方式，即新闻移动直播。新闻移动直播是在"移动直播＋新闻信息"这一基础上而形成的一种全新的传播模式，也就是新闻工作者通过对直播应用的使用，实时制作并同步播出多媒体格式的声像和影像，为用户提供全方位、身临其境的新闻视听体验，使用户可以在移动终端设备上随时随地观看新闻现场直播。这种新的新闻形态可称为新闻移动直播。

一、走近移动视频直播

（一）移动视频直播的概念界定

对于直播的定义，到目前为止还没有一个比较统一的定义，然而，它也并不算是一个全新的领域。直播原本是广播电视的一个名词，指的是广播电视节目的后期合成并同时播出的播出模式。虽然直播是电视新闻制作的常态，但手机视频直播是一种能够同时制作和发布事件发生和发展过程信息的、具有双向流通过程的直播方式，打破了电视新闻直播的时空限制。根据易观 2016 年的报告，直播指的是"基于网页或客户端技术搭建虚拟平台，并提供主播（主要是草根高手）进行表演、创作、展示，支持主播与用户互动、奖励的平台。它是一种基于视频直播技术的互动形式"。艾瑞咨询的中国移动视频直播市场研究报告指出，"移动视频主要是指用户通过移动终端制作或观看视频直播，包括通过 PC 进行视频直播，观众通过移动终端观看，或者制作方通过移动视频直播，观众通过 PC 观看等，移动视频平台最主要的表现形式为在移动终端 App 上为用户提供服务"。以上两份报告是对整个移动视频直播行业的解释。移动视频新闻直播是其垂直发展领域的一个应用。

基于移动互联网时代，新闻制作者可以通过实时互动的移动视频直播技术和移动视频直播平台，为受众提供全方位、多角度的新闻视觉体验。以上的这种新的新闻形态可以称之为移动视频新闻直播。不同于传统的图文报道、PC 网络直播和互联网上的短视频新闻，手机视频新闻直播能够为用户呈现实时、互动、沉浸式的新闻直播体验。

（二）移动视频直播兴起的原因

1. 技术的推动

从数字技术、主流媒体技术、社会化媒体到移动终端，从文字、图片、视频再到直播，互联网信息传播技术和传播平台不断更迭，技术的发展为移动视频直播搭建了良好的平台，为信息传播提供了更好的环境。

5G 网络的应用和 Wi-Fi 的高渗透率，网速得到大幅度提升，技术的优化降低了视频直播的生产制作成本和用户使用的成本。获取实时、顺畅的直播体验是用户最基本的诉求，虽然移动视频直播对于宽带的要求很高，普通的视频只需要1.6 ~ 2.4Mbps 的带宽，而移动视频直播需要的带宽为 48Mbps，但是 5G 技术的应用完全能超越这个速度，使视频的上传畅通无阻。通过移动终端还可以实现多媒体融合，如云技术、VR 技术的应用能够让用户更加贴近现场，感受现场，给用户呈现全景化、多角度、全方位的现场。

移动视频直播的软硬件设备也在不断升级与更新，如拍摄像素提升、手机内存扩大、电池容量大、云服务器存储量大等都为内容存储提供强大的技术支持，使视频直播更加清晰美观。多屏硬件的互动性技术，使信息传播可以多平台、多渠道发布。移动视频直播降低了视频拍摄、采集、生产、分享、互动和观看的门槛，带来了与众不同的交互模式。移动视频直播突破了传统以电视为主的专业直播设备的限制，进入大众应用时期，打破了物理空间和时间的限制，成为随时随地都可收播的一种配置。

2.视频直播用户增加

互联网时代，用户的注意力和时间投入呈现出高度的碎片化、随机化、及时化的特点，用户的时间观念和媒介使用方式发生了转变。传统文字和图片的信息传播属于深度传播方式，对于生活在快节奏中的人们来说缺乏黏性。而基于移动终端的视频直播表现形式更加丰富，能够给用户带来极强的视觉享受和体验。

移动视频直播的互动性、社交性、低门槛等属性，能够简单、直观地让用户在短时间内理解和记忆。打开移动视频直播平台，随时有各式各样的直播场景供用户选择观看。随着移动终端的优化、屏幕画质和用户界面的优化以及内容的多样化，视频直播发展迅速。好的体验让人越来越喜欢看视频直播。视频直播正在成为一种新的趋势。从最早的四大门户到个性化推荐再到现在的短视频和直播，新的媒体形态在不断演变，而技术改变了用户接触媒体的习惯，从而倒逼媒体进行形式创新，使移动视频直播成为主流。

移动视频直播作为一种新的传播形式不仅能够产生大量流量，还可以通过直播产生的大量数据来窥探用户需求和市场走向，从而更好地提高用户的参与度、活跃度和黏着度。用户和粉丝的增加能进一步发展为社交价值、媒体价值、营销价值。因此，移动视频直播的出现扩宽了应用场景，为垂直化领域提供了发展平台。

（三）移动视频直播的特征

1.互动性

移动视频直播是一个全民参与的平台，在移动视频直播平台中用户可以时时点赞、评论、送礼物，互动层次更加深入。移动视频直播下主播可以通过摄像头直面观众，弹幕和对话框的形式为用户提供了与主播进行沟通交流的途径。主播通过观看弹幕及时了解用户的想法，可以随时根据反馈调整直播的进程和细节。用户和主播、用户和用户之间沟通、交流、共享、反馈，充分打造出了一个完整的互动平台。

移动视频直播下如果用户的弹幕留言和评论没有得到主播的实时反馈，必然会因为用户体验不佳而引发大批用户流失，如果缺乏跟受众互动的渠道，用户的信息反馈和传播效果是很难达到理想状态的。相反，当主播从"弱水三千只取一瓢"般的万千弹幕评论中读出某一用户的弹幕时，这种"就一些事件，主播与观众持相同的认识和评价态度"的认同感就会被激发，认为主播与用户自己拥有共同的价值观，互动性层次得到极大的增强。

2. 低门槛

随着移动互联网的发展，网络宽带提速降费使视频直播不再是高成本、高门槛的行业，在移动视频直播平台注册，通过认证后用户就可以轻松进入直播状态，同时可以随意切换场景。目前，用户进行移动视频直播主要采取两种手段：一种是通过摄像机配备，直接将摄像机拍摄的画面回传；另一种更为普遍和便捷，通过手机上的直播软件，将手机拍摄的画面回传。

3. 社交性

在移动视频直播下用户既可以是由现实社会关系连结而成的，也可以是由网络社交用户连结而成的。用户可以在移动视频直播平台中找到同声相应、同气相投的伙伴。如相似的经历、相同的职业、共同的话题、同样的性格，彼此之间畅所欲言、相互倾诉、共享新鲜事。因此，在移动视频直播下每一个直播场景都可以看作一个具有相同兴趣的分组，用户在分组里自由交流，更好地实现自我表达欲望，从而在互动的过程中寻求身份认同，满足自我心理需求。移动视频直播丰富了人与人的互动方式和人际交往方式，满足了人们的社交需求，增强用户对平台的黏性和归属感。

二、移动视频直播的发展历程

回顾互联网信息传播的发展历史，可知信息的传播方式主要是沿着文字、图片、声音、视频、直播的方式演变的。从传统门户网站时代到专业视频网站时代，互联网平台的信息传播方式在不断变化。移动视频直播以其更丰富的内容和更高效的信息获取途径逐渐兴起。根据百度知道网络直播大数据显示，我国网络视频直播经历了以下三次更迭：

PC 秀场直播：以 YY 直播为代表。在这个阶段高人气主播是平台的核心资源，PC 秀场直播经历了十余年的发展，已经进入精细化运营和粉丝经济的成熟期。

游戏直播：以斗鱼、虎牙、战旗、龙珠、熊猫直播为代表。由于电竞赛事的火爆，国内游戏市场规模快速扩张，游戏直播具有极大的娱乐性和观赏性，成为电竞产业中不可替代的角色。因此，游戏直播成为秀场直播以外的第二个独立战场。

移动视频直播：以映客、花椒、易直播为代表。移动视频直播打破了之前PC时代的形态桎梏，形成了"全民直播"的态势，并不断向垂直化、专业化方向发展，更加注重内容的专业度和人群的关联性、黏合度。因此，移动视频直播与传统媒体在话语导向等方面将出现深度融合的态势。

移动视频直播相比传统的直播模式，能让用户获取信息的速度更加快捷，更加贴近新闻现场，并产生真实的交流感与现场感，这种技术给媒体传播形态带来巨大改变。移动视频直播和新闻媒体的结合可以纳入更多优质资源和主流价值观，也为传统媒体带来新技术的火种。

三、在新闻中运用移动直播的优势

（一）报道及时，现场感强

与传统的电视直播相比，移动直播主要是对新闻进行报道，让新闻的传播时效性变得更强，使新闻得到及时的传播。在报道突发事件的过程中，进行直播的记者只要有手机，就可以在到达事发地后及时进行报道，所呈现出来的传播速度要比传统的直播快得多。直播也可以成为其他媒体获取信息的一种来源。此外，视频直播可以对人们的视觉和听觉进行充分调动，使观众能够产生身临其境般的体验感，跟传统的一些报道形式相比会更加直接，代入感变得更加的强烈。而且，在直播的过程中会出现很多的不确定性，所以这就使报道的真实感得到增强，观众的体验感也变得更强。

（二）内容亲民，题材广泛

由于进行传统电视直播的时候会耗费很多资金，对此，传统电视直播一般只会在报道重要新闻的时候才会被启用，并且报道的新闻题材通常都是关于时政的一些内容，听众有时会感觉内容比较单调甚至还比较严肃。然而，对于直播新闻而言，它能够随时进行直播，而且播出的门槛比较低，具有一定的超越时空性，一般都会选择一些相对亲民的内容进行直播。移动直播原本就属于互联网的产物之一，"互联网思维"对媒体提出来一些要求，让媒体把重点放在用户的体验和感受上面，并且在选题材的时候，要选择用户比较感兴趣的一些内容。

（三）操作简单，成本较低

在进行传统的电视媒体直播前，一般都需要进行大量的准备，需要投入大量的人力、物力。移动直播的出现使新闻直播的整体门槛大大降低，记者再也不需要使用一些比较笨重还有复杂的设备去进行直播了，只需要一些比较简易的移动设备，就能够很好地进行新闻报道，不仅操作比较简单，同时制作成本也大大减少，使工作效率得到了提高。对于进行移动直播的记者来讲，他们只需要具备一部像素比较好的手机，再加上一个稳定云台，算得上是"顶配"的也许就只有电脑了。在一些突发的事件当中，有的居民和目击者使用手机就能对现场的状况进行直播，这对于大众而言，新闻直播的门槛是相对较低的。

四、移动直播给新闻生产带来的变化

（一）生产主体社会化

移动直播技术的出现，使新闻生产主体的社会化程度不断提高。传统的新闻生产模式中，新闻媒体是主导者，掌控着新闻生产的全过程，而观众只是被动接受新闻的受众。

但是，随着移动直播技术的普及，观众可以通过自己的手机、平板电脑等设备，直接参与到新闻生产中来，成为新闻的生产者和传播者。观众可以通过直播平台，实时分享自己所见所闻的新闻事件，将自己的观点和看法传递给其他人。

这种社会化的新闻生产模式，让新闻更加多元化、丰富化，更加贴近人民群众的生活，更加符合时代发展的需求。新闻移动直播的发起者并不局限于记者，那些普通的用户也可以利用直播平台进行新闻现场的直播，特别是在一些突发的事件当中，那些目击者是具有很大的优势的，他们可以在第一时间对现场的情况进行直播。尽管进行新闻直播的多是一些比较专业的记者，但用户也可以在移动直播平台里面进行互动和评论，使用户也可以参与到我们的新闻生产的相关环节当中。例如：记者在进行直播时，可以针对评论里面所提出的一些问题进行采访和提问，这样就可以通过观众去推动直播进程，还可以对报道的方向产生一些影响。

（二）生产流程简单化

移动直播技术的出现，使新闻生产流程变得更加简单化。只需要一台智能手机或平板电脑，就可以实现现场直播、实时采访、编辑、制作和发布一条新闻。这个过程不需要太多的人力和物力，同时也可以避免一些不可预测的情况。

移动直播技术的简单化，使新闻生产主体可以更加快速地响应新闻事件，更加及时地发布新闻，满足观众对新闻的需求。同时，也提高了新闻生产的效率和质量，让新闻更加准确、真实和客观。

（三）组织结构扁平化

而移动直播技术的出现，使新闻生产组织结构变得更加扁平化。只需要一名记者和一台智能手机或平板电脑，就可以完成现场直播、实时采访、编辑、制作和发布一条新闻。这个过程不需要太多的层级审核和审批，同时也可以避免一些不必要的流程。

移动直播技术的扁平化，使新闻生产主体可以更加自主地决定新闻的内容和形式，更加灵活地应对新闻事件的发展。这种扁平化的新闻生产组织结构，也让新闻媒体更加接近观众，更加贴近人民群众的生活。

五、移动视频直播下的新闻生产

（一）移动视频直播下的新闻生产发展动因

1.传统媒体自身发展的需要

随着智能手机和移动网络的普及，越来越多的人可以随时随地使用移动设备进行视频直播。这为新闻生产提供了更加便捷的方式，使新闻报道可以更加迅速地传播。

新技术的发展给传统媒体带来全方位的冲击，对传统媒体现有的经营理念和生产方式提出了全新的要求。传统媒体必须拓展传播渠道、丰富传播形态以谋求在竞争中占据优势。在传统新闻生产中，广播媒体之所以被称为弱势媒体，不仅因为声音稍纵即逝、不易保留，还因为广播只能收听声音，而缺少文字和画面，所以受众在理解、检索方面存在限制。电视媒体在面对重大新闻事件的时候，大型的、笨重的直播设备使得记者第一时间展开追踪报道的速度大大降低。重大新闻事件需要耗费大量的人力、物力、财力，但是新闻采集的资源通过制作、加工、呈现新闻产品的却很少。大部分新闻产品播出一次便被锁入带库，很多新闻素材没有被有效利用和挖掘，造成了新闻资源的大量浪费。因此，在电视新闻生产中高投入、低产出、战线长、集体作战的新闻大战役中，新闻的时效性大大降低。移动视频直播的出现无疑为传统媒体赋予了新的生命，移动视频直播下广播媒体不再单纯依靠声音，广播播音员也不仅局限于幕后，广播不再是"只闻其声，不见其人"，在移动视频直播下实现了在线收看和收听。电视新闻直播在移动视频直播下面对突发事件的时候，一部手机就可以全面立体地呈现新闻现场。因此，借助新技术的优势，实现优势互补无疑是百益而无害的。

移动端的视频直播新闻发布的快捷性、内容的丰富度大大提高。因此，通过创新媒介技术来打开局面，不仅给新闻业的发展注入一股新鲜血液，也使新闻业能紧紧跟随时代的步伐，在创新中谋得发展，在发展中获得长足的进步。

2. 新闻生产理念创新的需要

2016 年 2 月，习近平总书记在主持召开党的新闻舆论工作座谈会时指出，要推动媒体融合发展，借助新技术传播优势，打造新型主流媒体。在习近平总书记媒体融合系列重要讲话精神的指引下，越来越多的新闻媒体加入探索创新的队伍，不断推动传统媒体与新兴媒体在内容、渠道、平台、经营、管理等方面深度融合。在新技术面前我们只有认识它、了解它、运用它，才能够在它固有的逻辑基础上进行自我革新，才能获得生存和发展。当前，新闻传播学界也在向互联网积极靠拢，倡导强化互联网思维，积极运用先进互联网技术，共享互联网发展红利。移动互联网下的媒介融合不是颠覆性的，只是运用了新的介质、渠道和新的传播手段，对新闻信息的本质属性并没有带来实质性的改变。移动视频直播能给用户更大的自主性，能够随时随地搜索信息、利用传播载体生产和传播信息内容。虽然移动视频直播原本并未具有新闻媒体的特性，而是作为娱乐平台和社交的定位进行构建，但在客观上具有了传递信息、内容生产的媒介功能。因此，传统媒体机构积极响应移动互联网的发展趋势，不断延伸媒介形态和创新新闻生产流程，借助新兴技术提高新闻生产的效率和速度，降低新闻生产成本，不断拓展新的个性化媒介应用形式，满足用户的多元化使用需求。这是新闻业在科学技术不断革新的大背景下的主动选择，通过采用先进技术突破传统新闻生产的局限性，以促进传媒业的健康发展。

（二）移动视频直播下的新闻生产的特征

1. 真实性

视觉景象使事物直接呈现在我们面前，这种对事物真实性的信服延展到了对事物影像的信服，凭借经验，影像与词语相比更能够直接而迅速地被人们接受和理解。真实性是新闻的生命，是新闻报道的至高追求。而移动视频直播像纪录片一样展现生活场景，任何人都可以随时随地直播和记录日常生活当中的片段。

移动视频直播开启之后呈现出持续性的一种状态可以随时随地观看新闻事件的进程，相比于电视直播中切换、剪辑和编排处理后的播出更加真实。

移动视频直播声画兼备，展现在观众面前的永远是最具时效性、最新鲜的内容，还可以保证网络世界中的所见所闻最大程度地与客观现实相吻合。因此移动视频直播平台更能体现事件的真实性，可信度大大提高。基于移动终端的移动直播可以让用户最大程度地贴近现场，甚至为用户提供沉浸式的体验以及代入感与参与感。比如连接可操控的镜头与机器，充分调动了人体听觉、视觉的双重感官，尤其是 AR、VR 技术的成熟应用，更是让受众有身临其境之感，与直播保持了时间的同步性，让受众"置身事内"。

2. 时效性

移动视频直播下的新闻生产与传统新闻生产相比时效性更强。报纸印刷要经过文字稿件的编辑、图片选取和设计、计算机排版、制版印刷等诸多环节，最终才能通过各种渠道将报纸送达读者的手中。广播、电视也需要经过前期策划、拍摄录制、后期剪辑、配音播出等环节，这些都大大降低了新闻的时效性。

新闻直播报道核心的竞争点就是在最短的时间内为用户提供新闻现场的资讯与新闻事件的进展。传统的视频直播报道在应对可预测事件报道时可以充分满足用户对于现场报道时效性的要求，但在面临突发事件报道时却显得有些力不从心。突发事件的难以预料和视频直播对配置的高要求形成冲突，决定了传统的视频直播报道难以迅速响应，只能做到"及时传播"。移动直播的出现简化了视频直播的前期准备，缩短了媒体"收到消息"到"视频直播"之间的距离，可以做到"实时传播"，这一特点符合当下用户对新闻信息获取短平快的追求。移动视频的高时效性不仅表现在技术手段上还体现在新闻的实时更新上，移动视频直播下的新闻生产不再像报纸那样有截稿时间的限制，等待具体媒体的采用和编发，也不再像广播、电视那样要等待节目的播出时段。移动视频直播下的新闻生产实时刷新，直播形式也为用户带来更为直观和实时化的体验。

3. 产品化

移动视频直播下的新闻生产呈现出一种产品化的特征，可以挖掘新闻的隐含价值。产品不仅含有自身的价值，还有附加值。新闻也是产品，也同样具有隐含的附加值，尤其在移动视频直播下更加凸显。传统媒体的内容生产与消费一般无法直接与用户沟通，内容的传播与二次传播的数据无法获得。而移动视频直播下可以清晰地看到数据和反馈，从而推动数据驱动的新闻产品创作。媒体在向消费者传播新闻的同时，可以连接互联网用户和互联网背后巨大的商业价值，如移动视频直播平台抖音、快手等，这些商业化直播平台粉丝概念强烈。同样移动视频直播下新闻主播获得受众的认可、追捧，受众也可以发展成为铁杆粉丝，对于个人价值的体现和媒体品牌的打造也有着很大的推动作用。运营得当不仅可以带动新闻主播和一档直播节目，也可以带动视频直播平台的用户活跃程度和用户黏性。同时，移动视频直播下的新闻生产还可以挖掘和调配各种资源，如文化资源、社会资源和产业资源，这是新闻经营模式的一种突破，也是对新闻业影响力和传播力的扩大和增强。

（三）移动视频直播下的新闻生产的类型

移动视频直播是传统媒体的一剂强心针，给它们的发展提供了更为广阔的发展空间，也给依托互联网成长壮大起来的新兴媒体提供了新的机遇。笔者根据自身专业知识背景和上述对新闻类视频直播进行的研究分析，将视频直播新闻客户端归为以下三种类型。

1.传统媒体视频直播客户端

传统新闻媒体拥有自己的网站和客户端，大型主流媒体具备专业化的采编和技术团队，其生产的视频一般发布在自己的客户端当中，以视频直播形式进行新闻报道为主体，辅以少量其他形式的新闻内容，是新闻内容与视频直播平台均匀结合的产物。如"央视新闻移动网"推出"正直播"，新华社客户端开通"现场云"，财全球（YicaiGlobal）、财视频直播（YicaiLive）。浙江广播电视台中国蓝推出视频直播平台"蓝魅"，广东广播电视台推出以广电主持为核心内容的直播平台——荔枝直播 App 等。

2.门户网站视频直播客户端

这种类型的视频直播作为新闻客户端中的一级类目或二级类目出现，是以新闻内容为主体，辅以视频直播形式的平台，可以充分依赖门户网站背后强大的互联网资源。如网易客户端推出新频道"直播"，将原先分散在各个垂直频道中的直播内容整合汇聚，相当于新闻客户端中各类直播栏目的"索引"。腾讯新闻和天天快报客户端则推出移动直播卡片，腾讯新闻客户端的直播拥有与新闻、推荐并列的一级入口，天天快报直播则位于视频之后的菜单，两者的直播入口都很醒目。搜狐推出视频直播频道，新浪新闻打造"天眼"直播平台。门户网站与传统媒体共享直播技术，共同推动直播领域内容的升级。

3. 聚合类视频直播客户端

对于聚合类视频直播来说，新闻直播只是其关注的一个领域。新闻直播主要依托于一些国内主流媒体提供内容，聚合类视频直播平台只提供技术支持和负责内容的分发，传统媒体负责内容直播运营。如"风云直播"，今日头条推出的"头条直播"，"鲜闻"平台也为纸媒资讯移动化提供成套技术解决方案。《人民日报》与微博共同推出了全国移动直播平台"人民直播"，《新京报》与腾讯合作推出"我们视频"，《中国青年报》联合北京新媒体集团推出"北京时间"等。

第二节　移动视频直播彰显新闻生产新态势

无论是何种媒介形式的传播都遵循着传播者、传播内容、传播渠道、传播效果这样的范式，这是我们进行新闻传播研究的共识。移动视频直播下的新闻生产这些基本构成要素依然存在，具体来看，每个要素实际上都或多或少发生了一些变化。研究的前提即将移动视频直播置于新闻传播的范式之下的归纳总结，在移动视频直播下新闻是如何生产的，发生了哪些变化，而这一研究的思路其实也基本遵循着传统新闻生产研究的脉络。

一、移动视频直播下的新闻生产角色创新

（一）"新闻传播者"角色变化

在传统的新闻生产中，国家政策、经济建设、环境变动等信息主要依赖于新闻媒体记者的采访和发布来传播，受众处于被动的接收地位。受众获取信息、处理信息、解释信息、反馈信息的渠道有限，即使受众参与和反馈也必须经过媒体从业人员的安排。媒体传播者包括编辑、记者、主持人、评论员等媒体从业人员，他们决定传播什么信息，什么时间传播，以何种方式传播。而受众（读者、听众、观众）只能向传播方反馈少量信息，原声意见和民意的真实表达较难实现。比如广播栏目中会设置电话热线让受众表达想法，电视栏目中也会邀请观众和嘉宾参与到互动评论环节，在这两个过程中虽然有受众的参与，由于栏目时长的限制以及平台的局限性，观众发出的声音和反馈总是少量的。传统媒体的传受关系，如图 7-1 所示。

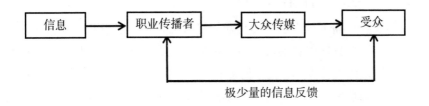

图 7-1　传统媒体的传受关系

移动视频直播最突出的特征就是互动性，受众可以随时随地刷新、点赞、评论。实时互动主要是通过视频直播弹幕的形式实现，受众通过弹幕留言对新闻事件报道的方向提出意见和建议，真正参与到直播当中。实时互动的呈现方式有效地保证了受众和主播之间反馈的时效性，可以形成以视频直播互动为节点的社群之间的各种观点的汇聚和交锋。在直播过程中受众与传播者一同感受新闻现场、提出问题、解决问题，并加上专家、专业主持人、记者现场解读，共同见证事件的前因后果、来龙去脉。主播的话题引导和受众观看直播进程相互呼应能够引起移动视频直播平台的激烈互动，通过受众对新闻信息态度的及时反馈，直播采编人员可以实时收集观众的留言评论，根据观众的留言梳理出观众关注的焦点问题所在，从而判断和调整新闻直播下一步的发展方向和思路，与观众达成共识，合力共举，改善和提升新闻直播的质量。

突发新闻事件的直播，实时的留言评论可以提供报道线索，反映民意，增强说服力，还可以进一步拓展新闻报道的深度和广度，体现新闻价值，同时避免了传播的单一性而导致的舆论失衡。移动视频直播下现场与直播同步，主播与受众的反馈同步，形成了双向互动的传播模式，受众行为反作用于内容生产者，移动视频直播可以无限提供连接和信息传输。新闻报什么不报什么，能不能发和怎样发是传统新闻传播活动中新闻报道者最关心的内容。移动视频直播中主播和用户的互动，打破了传统媒体的新闻传播者作为公共论坛"主持人"的特点，传统媒介主导的单向传播方式正在逐渐变成专业媒介组织和普通民众共同参与的分享互动式的传播方式。移动视频直播下大众传播与人际传播的结合更加紧密，增强了人们对专业媒体组织整合、诠释信息的信赖度。直播流程，如图 7-2 所示。

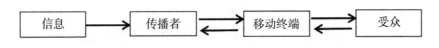

图 7-2　直播流程

（二）"受众"的角色转向

在移动视频直播下越来越多的受众积极参与传播，受众是视频直播内容的受众，同时也是视频直播内容的制作者，传者与受者的角色随时切换，能够越过记者和大众传播媒体直接发布信息、传播观念的流程，传统传受关系的边界消失了。从没有发言权到掌握话语权，受众开始有意识地关注身边的新闻事件，并通过对这些新闻事件的参与和评论来展现自己的个性，表达自己的情感。

移动视频直播平台为广大受众提供自主上传直播内容的渠道。例如新华社客户端打造的"现场新闻"既是展示平台，也是集新闻资讯和众筹终端于一体的短视频直播平台，吸纳受众参与新闻生产的全方位活动。受众通过手机认证，发起文字、图片、音视频等多媒体直播，而新闻直播作为一个平台，可以在线上扮演UGC过滤、验证、解释和聚合的新角色。

移动视频直播与以往传统电视直播不同的是，由单向传输变为双向互动，从自上而下地对国家政策进行解读到向受众进行征集，大大提高了受众参与新闻生产的积极性，构建一个双向互动的平台。新闻传播活动受到信源、传播者、受众之间关系的影响，移动视频直播下越来越多的受众参与到新闻生产活动中来，新闻传播活动中的主体不再是唯一的职业新闻从业者，职业新闻从业者作为传播中心的地位正在弱化，受众自主性的信息传播行为得到了强化。

二、移动视频直播下的新闻生产方式创新

（一）新闻采集——移动化

传统电视新闻直播对技术的要求和依赖程度很高，需要配备大型直播车、摇臂、演播室、导播车、信号发射机、摄像、固定机位、接收服务器、软件控制台等。传统电视直播的信号需要摄像机和一根三轴电缆及导播车相连接进行传输，三轴电缆和大型设备连接时会受到电缆长度、现场环境、机位设置等限制。同时在这个过程中涉及的人员很多，包括编辑、记者、摄像、剪辑、导播、灯光等多个工种的配合，庞大的人员队伍与复杂的环节也需要较长周期的运作和反复的推敲、协调、配合。然而新闻的时效性和真实性又要求电视新闻传播者能够第一时间到达新闻现场，但是这些复杂的大型直播设备不仅加大了新闻生产采编设备的损耗还降低了新闻生产的效率。因此，移动化的便携设备已经成为大势所趋，采编设备向轻、薄、小和移动化转型，才能更好地体现新闻价值和新闻效果，最大化地实现新闻的时效性，降低生产成本和投入效率。利用移动视频直播平台可以随手

捕捉重要瞬间，时采时播，上传云端，保证了新闻事件的实时和同步直播，让新闻现场的呈现更加快速、便捷。移动视频直播改变了以往记者"腰缠万包""负重奔跑"的直播方式，移动化的装备能够摆脱渠道的限制，使新闻直播抢占先机，充分释放专业媒体的新闻生产力。因此，移动化设备越来越被新闻媒体所推崇，在新闻事件发生的地方便能看到很多记者拿着自拍杆进行新闻直播。

移动视频直播克服了传统电视新闻生产中时间长、速度慢、连续性差的弊端，不仅能够给受众带来丰富的多元化的新闻现场影像，还能够快速对新闻事件做出反应，第一时间发起直播报道，实现新闻资讯的实时更新。

基于移动终端的视频直播还可以打破固定的物理空间，采编人员不再是以往的固定桌椅，而是采用移动化工作台的制度。采编团队采取项目制的指挥协作机制，由总编辑亲自督导，分管的编委、主编，以及参与视频直播报道的记者和编辑在一个工作群里，随时共享选题线索、展开讨论，从提出直播动议、拍板决策、确定具体直播思路、指派记者到达新闻现场再到发起直播、推出直播页面，新闻制作用时不到两个小时就能够完成，移动化的工作制度使工作效率大幅度提升。

（二）新闻制作——直接化

新闻业务的工作流程是指新闻生产过程中各个环节的运转及各个环节之间的衔接，电视新闻的整个生产过程涉及思路、策划和组合等多方面大量的工作，没有这一过程，电视新闻的生产无从谈起。传统电视新闻直播需要通过拍摄、录制、剪辑，再通过卫星传输设备将电视信号传输到千家万户的电视机上。从采集、传送、加工、组合到上线、播出、收看等，电视新闻直播的每个环节密不可分但又相互割裂。因此，电视新闻直播的生产流程是一个单向线性的传播模式，每个环节都牵扯到不同部门之间的分工与合作，如新闻机构的内部结构与工作流程，上下级之间的协商与互动，电视新闻直播的生产流程相对复杂，如图 7-3 所示。

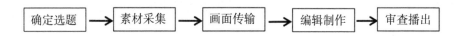

图 7-3 电视新闻直播的生产流程

基于移动终端的视频直播平台将原本相对独立的采、编、播、评形成一个统一的制作平台。移动视频直播平台具有采编指挥体系统、桌面导播台等功效，打造了一个便捷的、动态的新闻资源制作平台，使没有直播经验的人员通过简单培训，便能够上手操作。记者利用移动视频直播平台能够随时随地地进行新闻直播制作，不仅可以整理高清素材，还可以利用碎片化时间编辑文稿和制作视频。如记者可以快速登录移动视频直播平台，一键开启新闻直播制作模式，预设开始时间便可完成直播现场快速创建，及时提交总编室审核，后台可以对记者创建的新闻报道、新闻直播进行逐条审核签发，最大限度与新闻事件的现场同步呈现，极大增强了新闻的时效性。

移动视频直播下的新闻制作简化了原来冗杂的工作环节，大大压缩了传统新闻生产的流程，便捷化的操作手段使新闻生产流程更加高效和快速，并且还使整个新闻生产体系得到优化。移动视频直播下的新闻制作在同一界面下不仅可以观看视频直播还可以观看编辑跟进的图片和文字介绍，使视频直播、新闻报道评论、图文呈现于一体。移动视频直播平台还支持记者语音播报、用户自主爆料，保证主播和用户、用户和用户之间能够自如地交流对话。移动视频直播下的新闻生产省去众多中间环节，使新闻现场直接面对在线用户，实现了新闻直播系统的一体化功能，如图 7-4 所示。

确定选题 → 采编播一体化 → 审查播出

图 7-4　移动视频直播流程

（三）新闻发布——多样化

渠道又可以叫作通道，是传递信息的媒介，是承载信号的工具，是信息从发送者到接收者的路径、手段和方法。通道的作用是将带有信息的信号从输入端传送到输出端。传统电视新闻信息难以共存，各部门各自为政、相互封闭，导致新闻生产流程参差不齐，影响了电视新闻生产的效率和产品质量。与此同时，各种线索零散分布，信息分散在不同部门、不同群体、不同记者手中，信息得不到有效利用，各个部门之间不能联动共享，从而无法衍生出有价值的新闻。因此，传统电视新闻生产出来的内容属于一次性消费产品。

基于移动终端的视频直播突破了采编播流程并再造这个关键环节，不再是一次性生产和消费，而是多个环节、多个平台共享和利用。移动终端可以融合多种发布渠道，不仅使新闻信息传播的范围更广，还极大地丰富了受众多终端接收和处理信息的方式。例如，通过云控制台、云服务、云存储及流媒体服务系统能够使新闻信息添加、转换、重构和再利用，统一架构，统一编程。记者可以同时实现 PC 端、微信、微博跨平台新闻直播发布，实现新闻产品不同渠道的分发，使原不具备视频直播能力的各大主流媒体平台也站上视频直播这个风口。例如"央视新闻移动网"就是一个拥有具备融合生产能力的新闻移动网与集成优质账号的矩阵平台，打造出"三微一端一网一平台"的全新产品矩阵，形成对用户的多渠道抵达，扩大媒体吸引力、影响力、传播力。技术平台的升级能够汇合任何终端，实现用户在任何时间、任何地点，得到任何想要的信息，进而实现对直播用户的全面覆盖，达到最佳传播效果。

三、移动视频直播下的新闻生产内容创新

（一）全景报道的新闻生产

1. 内容的全景化

在移动视频直播下，所谓"全景报道"主要是指内容的多维度报道和报道样态呈现的全景化。在传统形式的报纸中，因为版面空间的限制只能够呈现当前新闻事件的核心部分。在电视直播当中，由于播出时段、播出渠道、播出频道以及固定时间、固定地点观看直播的局限性，在有限的时间和空间里不可避免地出现信息的单一化，不能够呈现出无限量信息来满足用户多样化的需求。同时电视直播也往往聚焦在台前，追求的是短时间内满足观众的信息需求，内容较为严肃和单一。移动视频直播下的内容生产扩展了传统媒体的视角，多维度、多角度、全方位地参与时政类新闻直播报道。移动视频直播下的新闻直播报道不仅有独家探访、事件进程、深度调查、幕后花絮，还有平民关注视角，宏大的主题与平民化视角相结合，用核心内容和相关内容的交汇来扩展新闻内容的深度与广度。因此，移动视频直播下的新闻生产呈现出立体式、多维度、全方位的新闻全景化报道的特征。

2. 呈现的全景化

传统电视直播由于时空的限制，只能把新闻事实的一角展现给受众，在角度的选择上有局限性，一般是静态、近景、中景的报道。移动视频直播下新闻直播时间长，角度更多。移动视频直播下的新闻现场在空间维度上来说主要是现场的全貌，由近及远、由上到下、全方位、全天候地呈现。从时间角度来说，是新闻现场在直播过程中全部的发展变化。

基于移动终端的视频直播可以连接多种设备拓展直播的细节，放慢直播的节奏。如通过云直播平台可以看到与以往电视直播视角不同的直播画面，呈现在观众眼前的是一个完全开放式全景化的画面。演播室就像一个"餐厅的前台"，编辑区就像"后厨"，中间没有隔离，完全透明化，使观众可以一目了然地看到整个直播前后的工作状态。

基于移动端的视频直播还可以拓宽更多的应用场景，可以连接全景相机，实现全景直播。全景又称为全景摄影或虚拟实景，是用相机环 360° 拍摄的一组照片拼接成一个全景图像，受众只需要控制视角，上下左右远近随意转动，使真实场景立体呈现。同时虚拟技术 VR 的应用给用户带来沉浸式体验，使新闻报道在内容上呈现出动态化和全方位的效果，使新闻事件报道更加直观、全面、生动。

（二）叙事鲜活的新闻生产

1. 题材鲜活

叙事语言的使用是关系到叙事成功与否的关键，我们要根据不同媒介的性质来选择与之相匹配的叙事方式。比如在声画兼具的电视上，我们需要采用简洁的、描述性的、严谨的语言帮助受众理解新闻信息。在报纸上，我们则选用较为正式、书面化、严肃的语言，满足受众深度阅读的需要。但是传统媒体时代的叙事语言大多显得严肃而正式，虽然严谨规范，但是也缺乏生机与活力。移动视频直播下的叙事语言则大不相同，由于移动视频直播具有极强的伴随性以及用户碎片化时代的媒介使用习惯，通常不会长时间地停留，可能看几分钟之后会离开，回过头来再次观看。因此，移动视频直播下的叙事更加强调鲜活性，新闻题材多以用户喜闻乐见的形式呈现，摆脱了庄重严肃、循规蹈矩的形式，朝着个性化、多元化方向发展。目前，传统媒体推出的移动视频直播除了偏重时政类型的传统题材外，以服务为主旨的实用型题材以及许多轻松活泼、不拘一格的创新型新闻题材也不断涌现，力求在最短的时间内吸引用户。移动视频直播的低门槛和平等性决定了新闻生产更具亲和力与感染力，同时移动视频直播的低门槛和平民化视角的传播内容更对用户理解新闻事件的本质有着决定性的作用。

移动视频直播下的新闻题材富有趣味性，移动视频直播下的新闻报道和撰写把握住了用户的心理，把新闻信息转化成易于接受的形式和内容进行传播，使新闻报道更加接地气，呈现出鲜活的新闻形式，更加利于用户在碎片化的时间内吸收和理解。

2. 语态的互动表达

在电视直播报道中，观众只能听电视主播说话，而观众的声音则无法传达到电视直播当中。作为大众传播的电视媒体只能通过调查的方式整合收视率、美誉度、忠诚度等数据来窥探是否满足受众的需求，缺乏与受众沟通和受众的反馈的渠道。在电视新闻直播报道中，记者通常采用倒金字塔式的语言叙述方式，即按照新闻信息的重要程度进行叙事，往往只注重文字描述和间接转述，虽然语言简洁、逻辑严谨，但是难免过于呆板缺乏创造力。而移动视频直播是基于网络社交兴起的产物，用户在移动视频直播平台上不仅要获得新闻信息，更多的是个人接受、反馈信息的个人体验。因此移动视频直播下记者的语言风格改变以往严肃、中规中矩的表达方式，采用对话互动的方式拉近与受众之间的距离，更加具有亲和力与感染力。

移动视频直播下受众的反馈以弹幕的形式及时呈现，记者的直播报道其实转变成了围绕受众展开。记者根据用户的提问和留言进行直播报道，用户参与到新闻信息传播活动的过程中来，实现了用户与主播、用户与用户互动关系之间的模拟，更好地实现人际传播的效果。移动视频直播下的报道语态从以传者为中心转变成两者之间的交互模式，呈现出一种"对话"的姿态。移动视频直播下的记者需要根据用户的反馈情况做出调整，记者语态和姿态的放松，以及通过互动化的表达推进直播进程，能够在最短的时间内激发受众的兴趣。如"央视新闻"客户端推出直播《品味南疆》特别报道，在直播中记者走进吾斯塘博依街道以及夜市等地，用所见所感记录呈现喀什的变化与魅力。在直播过程中，网友提问"为什么有的门开一扇，有的门则两扇都打开？"记者根据受众发来的弹幕回答道："居民家门口的大门上，门环分大小两个，大门环是男性客人专用，小门环是女性客人专用，主人通过门环声分辨来客性别。此外，居民家一扇门敞开意味着只有女主人在家，只接待女性客人。如果两扇门都打开，说明男女主人都在家，可以接待男性客人。"通过一问一答的直播互动方式，拓宽了信息的广度，也能让受众更加全面地感受到喀什独具韵味的人文风情，不仅增强了受众的黏性和忠诚度，也为主播提供更多的后援支持。移动视频直播下记者的传播语态改变了以往新闻宏大的叙事结构，以更加亲切、自然的表达方式实现与用户的情感互动，让新闻信息的传播回归到更为真实的生活，有利于新闻信息更好地传播。在移动视频直播下，互动化的灵活表达是符合用户需求的重要方式。

（三）高度融合的新闻生产

1. 矩阵号的建立

所谓移动视频直播下的矩阵，是指在一个移动视频直播平台下，开设多个不同功能定位的直播，满足用户多元化的信息需求，达到360°塑造媒介品牌的目的。由于技术手段的限制，传统新闻生产呈现出单一性的媒介形态，各媒体新闻产品的使用率单一。如报纸按照固定周期进行印刷，电视新闻直播按照栏目设置固定频道播出。

基于移动终端的视频直播形成了一个"平台化"的传播形态，在这个平台当中不同的媒体机构可以自由地生产和发布新闻直播，打造了一个全方位的信息传播平台，使不同媒体的新闻生产力、传播力、影响力发挥出巨大的能量。

如"央视新闻移动网"矩阵号的建立，吸引了山西广播电视台、河南电视台、厦门电视台、上海代表团等几十家媒体的入驻。"央视新闻移动网"为这些入驻矩阵号的各家媒体机构提供视频直播专区，入驻媒体的视频直播内容可以在专区分类和主页上显示。矩阵号的建立能够汇聚海量的新闻源、新闻素材、新闻作品等，高度融合的新闻生产可以更好地实现对数据的挖掘，更加准确地收集、掌握和分析相关的用户需求。不同的媒体将产生不同类型和形式的直播产品，不同媒介在新闻采集与新闻播发两个方面进行全方位的合作，让丰富的媒介资源发挥出联动效应，从而达到最佳新闻传播效果。例如两会期间，各个媒体面对的信息资源背景是一样的，但是不同的媒体可以从不同的角度展开报道。"央视新闻移动网"平台的连续性强、内容关联度大、题材多样化、可接近性强，用户可以在平台当中选择不同媒体关于两会的新闻直播，全方位、多层次地了解两会信息，实现信息资源的最优化利用。

2. 生产主体的联合

技术和报道形态只是一种传播手段，内容和思维创新是新闻生产的根本。门户网站新闻类客户端和聚合类视频直播在技术架构、分发渠道上有着先天的优势，具有强大的传播能力和内容分发能力，同时拥有超强的新媒体思维和雄厚的资金支持以及资源整合能力。而移动视频直播下的传统媒体拥有强大的内容生产能力，具备专业理论知识储备的人才队伍，有着严格的平台流程审核机制。并且传统媒体拥有更加专业的深度报道、汇编、原创能力，在对新闻事件的舆论判断、把关能力以及风险控制方面的权威性和可信度较高。而是否具备专业性关系着信息的真实性、观察的深入性、直播的质量和水平。从这个角度来看，新媒体拥有更多的是平台属性，而转型中的传统媒体仍然是内容创造的中坚力量。因此，门户网站和聚合类视频网站除了独立制作移动视频新闻直播外，也越来越倾向于和专业的内容生产团队合作，两者之间优势互补，使传播阵地得以拓展。

传统媒体和其他具有强大技术的视频直播平台协同合作，扩大自身影响力和传播力。门户网站和聚合类视频直播平台吸纳传统媒体的入驻，为用户提供更多优质的内容。移动视频直播下新闻信息的汇聚和资源共享，极大地提高了媒体的策划水平以及新闻产品的丰富性。同时移动视频直播下采集的新闻素材还可以在平台内深度加工，有的被剪辑成短视频，有的被改编成不同主题的系列直播产品，有的视频直播原封不动地存储在平台内，各式各样的直播产品满足用户多元化的资讯需求。用户可以随时随地观看、浏览、分享，移动视频直播的新闻生产者也可以充分利用直播素材和资源不断挖掘和开拓思路，进一步制作和加工生产出丰富多元的信息产品。

第三节 移动视频直播搭建新闻生产新远景

生产者和传播平台的多元化，促进了移动视频应用的多元化。在经历了视频直播、短视频的快速增长后，用户的生产力和消费力将会在长视频领域进一步释放。生活化、新闻类、带货类等视频各有其内在的发展动因与模式，它们共同推动了移动视频直播的繁荣。

一、移动视频直播下的新闻生产困扰

（一）"把关"环节弱化导致传播效果难以控制

"把关"是大众传播中的一个基本概念，"把关"的含义就是信息传播必须符合规范。新闻信息在采集、制作、加工的过程中需要经过筛选和过滤，才能传播给受众。在传统新闻写作中，从倒金字塔结构到《华尔街日报》型结构，从沙漏型结构到章回型结构，传统新闻写作遵循一系列严格的写作范式、程序与要求，新闻稿件经过层层审查符合规范后，最终才能印刷销售，在这期间"把关"的角色发挥了很大的作用。传统媒体的新闻工作者、编辑决定着哪些新闻可以报道，哪些新闻不符合媒介传播的价值和标准，是控制信息资源配置和流向的"把关人"。移动视频直播下的传播方式与传统新闻生产方式截然不同，移动视频直播为公众提供实时互动的话语平台，极大地提高了受众参与新闻事件的积极性和热情。以移动视频直播互动方式保障话语权的实现，使受众更好地享受到言论自由的权利，上传的视频、发表的言论由生产者、传播者自己"把关"，受众既是把关的客体同时也是把关的主体，导致"把关"环节弱化和分散。在移动视频直播互动中，没有人知道受众的姓名和身份，其处于一种没有约束和管控的"匿名"状态，在自由、随意、盲目的心理支配下，可以随意发布自身的观点和意见，丧失社会责任感和约束力。或者出于某种目的，故意发布虚假信息导致新闻失实；或者利用直播平台传播虚假信息，散布谣言；或者在受众发布的视频中，由于受众对视频拍摄的角度、范围、采访人物的选择不够准确，对时间、地点、事件、言词不能仔细核实，致使视频不能够客观全面地记录事实真相，这是缺乏专业素养所造成的无心之失。没有经过专业训练的受众在对突发事件进行现场直播时，也会引发有关报道的争议。

"把关人"角色在移动视频直播当中虽依然存在，移动视频直播平台可以通过技术手段筛选和扮演新闻信息的核实者。但是，基于移动终端的视频直播传播速度之快、流程便捷，一定程度上弱化了"把关人"的角色。在移动视频直播平台中一键开启视频直播，直播的连续性和不可预知性加大了新闻信息的把关难度，虽然在直播过程中发现不良信息可以采取技术屏蔽措施，但是直播传播速度之快也会带来不小的波动。当发现直播过程中出现问题时再去处理，也不可能做到完全封锁，因为用户可以通过多链接的方式进行传播。因此，移动视频直播下主体多元化和直播平台本身的局限性，无论是在内容审核还是技术把控上都增加了"把关"的难度，"把关人"的角色很难有效地发挥作用。

（二）视听环境不畅导致信息衰减

现如今，高清手机、能够实现室外供电的移动电源和相应配套的这些设备已经成为移动视频直播当中最常见的一种设备组合了。除此之外，还有 VR、航拍机等这些也可以更好地满足我们直播的要求，可以使所录制和传输的画面更加高清。然而，如若想要用户量持续增长和保持用户黏性，需要在满足设备需求的基础上拥有一个能够进行信息传播的网络信号。新闻视频直播的内容一般都是对一些突发事件或者灾难事件的处理。特别是在一些灾难现场，信号通常都会受到影响，有的甚至还会在传输信息的过程中突然遭到中断，尽管视频直播依旧在进行，但是对于用户来讲，所呈现出来的画面不是黑屏就是会出现"全力加载"中这个字样，使得最后所传输的信息的总量大大降低，进而使得话题流量也是不尽如人意，严重地还会导致用户大量流失。对于以上的这种情况，在视频直播报道中也是非常常见的，特别是在一些突发事件的新闻报道中，如果遭遇到一些比较严重的灾难，那么网络基站就会损坏，最后就会因为网络不畅而导致视频直播被迫中断，进而对直播的连续性产生很大的影响，大大降低了受众的观看体验感，还有新闻信息量也随之大幅度降低。VE直播报道所呈现出来的一般都是由新闻标题和视频短链组合而成的，人们可以通过这一直播，体验到目击者的感受，然而对有效信息和核心内容进行甄别的能力并没有因此获得，所以使得交代新闻事实和要素时时不明确，进而导致信息传播所呈现出来的效果是非常差的。在新闻视频直播的实践过程中，视听环境的基础性条件得到凸显，对此，如何能够保障在直播过程中信号的稳定和低成本已经成为新闻视频直播中的一个比较突出的问题了。

（三）直播持续性凸显新闻伦理之忧

在进行电视直播的时候，记者在出镜之前，需要跟画面、背景还有演播室进行一个配合演练，确保记者出镜的万无一失，当然，记者出镜也只是电视直播当中的一些小环节，但是在电视直播中与主播进行连线时，演播室和现场报道中的画面是随时可以切换的，这样就能够让电视节目的顺利进行得到保障。如果在电视直播过程中，新闻人物需要被保护时，则记者还有摄像相关人员就需要在直播前将其进行隐藏，又或者是可以在电视直播前，通过新闻预告还有后期技术的处理，对新闻人物进行打码，这样就使得新闻人物不被暴露。

对于移动视频新闻直播而言，直播当中所采用的信号或者是视频都是单一的，所以大众在观看直播的时候，并不会知道下一个镜头会出现什么，与此同时，也是一镜到底，没有办法在直播的过程中进行剪辑，这样会使得原原本本的传播样态得到凸显。尽管移动视频直播中的多路直播是可以进行切换处理的，但是对于平时的一些新闻事件的直播而言，一般都是由一个人、一台设备进行持续性的直播。由于移动视频直播的持续性和不确定性，使得新闻当事人在视频镜头下长时间暴露，将会存在着信息源不容易被保护的问题。

（四）传统思维导致内容缺乏创新

移动视频直播下传统媒体的新闻生产需要具备更多的新媒体思维和意识，并且将这些意识结合在一起才能突破固化的新闻生产模式。在传统媒体思维的影响下，移动客户端中的直播内容有的只是将其母台的新闻直播"搬"来，有的界面上虽然有"回看"的标志，点开之后却只有图文直播。这些情况反映出并没有针对移动视频直播下的传播规律和特征进行生产，只是简单地把新媒体视为传统媒体价值的延伸。

同时直播题材局限于时政新闻和社会新闻，在更新速度和内容选择上缺乏创新。对于移动客户端的直播用户，特别是同时关注了多个新闻移动客户端的直播用户来说，这种类型的直播使得受众无法仔细识别和区分，难以形成品牌认知。传统媒体在应用移动视频直播方面的互动性不是很强、贴近性弱、主题策划单一等，也制约着媒体影响力的进一步提升和发展。

二、移动视频直播下的新闻生产优化

（一）新闻采集——信息差异平台

人们在获取信息时，首先会对信息进行选取和过滤，然后将过滤后的信息与他们的知识体系里的元素进行匹配，接着他们会通过归纳、整合、分类、演绎等综合性手段，赋予信息以相应的含义，并将它们融入自己已有的知识体系当中。移动视频直播下人们在信息过滤、意义匹配、意义建构的功能方面拥有更多的自由和权利，并更加明显地表现在他们对内容的点赞、转发和评论等行为上。因此，移动视频直播下的新闻生产要实现不同类型的视频直播来丰富新闻直播平台，满足受众的多元化观看需求。

移动视频直播下的新闻内容不仅要从新闻策划、新闻选题、新闻报道等方面突出新意，还要凸显与电视直播的差异，以独到、独家的内容取胜，彰显自己的"独特性"。移动视频直播的魅力在于悬念和趣味性，应当不断探索和寻找与用户产生共鸣的内容，提高用户停留时长与观看黏性。同时避免新闻视频直播发成"朋友圈"式的小视频，只注重数量而忽视质量，显得杂乱无章。例如在新闻直播的源头上给新闻素材——打上标签，如深度价值类新闻直播、实用服务性资讯直播、互动趣味性活动直播等，将不同的直播素材进行分类汇总，使新闻直播更加直观清晰，利于用户的区分和选择。

移动视频直播下的新闻生产要围绕匹配用户的喜好和热点来进行，通过融合新技术，利用大数据对用户地理位置、基本信息、热点阅读用户列表、用户分组信息、信息传播路径等深度挖掘和有机整合，实现对受众的个性化定制和推送，试图培养用户在移动视频直播下选择自己感兴趣的新闻直播的使用习惯，挖掘新的用户群体，打造差异化新闻内容和产品，增强用户黏性。

（二）新闻报道——培养全能记者

新闻工作者最重要的追求就是成为一个"全能记者"。然而，"全能记者"在不同时代下的定义又是不同的。对于移动视频直播报道和传统直播报道这两种新闻报道来讲，不管是从技术层面上进行比较，还是从呈现的形式层面上看，两者之间还是存在着很大区别的。就移动视频直播来讲，如果想要进行一场直播，在发起直播的过程中就需要至少两个小时左右的时间，这种长时间的实时直播对于"全能记者"的整体要求又有了更高的要求。在进行移动视频直播的过程中，记者不但需要对现场的一些实时情况进行报道，同时也需要提高解说和叙述新闻的能力，与此同时也要增强对整个直播画面进行调整的能力，如果只对现场的一些记录还有新闻要素进行报道，那么在这长时间的直播当中就很难去吸引观众的注意力。

对于现在的移动视频直播来讲，不会再局限于文字记者、出镜记者等这些比较单一性的记者了，新闻工作者需要成为一个全能记者，具备能够在观念、思维等这些方面进行自由转换的能力。然而，从传统意义这一层面来看，记者素养主要包括新闻敏感、充沛的体力、出镜的形象把握和熟悉镜头语言。在移动视频直播这一种传播形态下，特别是报道一些比较重大的新闻时，尽管只需要通过一部手机就能实现新闻直播，但是，在这个过程当中，我们不但需要采集新闻素材和制作新闻，同时也需要具备能够进行剪辑和拍摄的这些技能，从而能够使不同岗位之间的交流和沟通需求得到满足。在进行移动视频直播新闻报道的过程中，一定要对新闻事件进行掌握，具体要以什么样的方式去直播，要插入什么样的图片，要做到心里熟知。除了可以使用手机进行直播之外，还可以使用其他智能设备，所以记者需要对不同设备所具有的功能熟记于心，进而可以实现在不同媒体平台之间进行切换使用。所以在移动视频直播逐渐成为传统媒体新闻生产的"标配"时，对记者的综合素质和专业技能提出了更高的要求，对全能记者的需求量大大增加。

（三）新闻发布——指挥策划平台

安全稳定是新闻直播的首要保障。移动视频直播的及时性、同步性、现场性等特征使新闻现场充满悬念，正是这种不可预知性吸引着更多的观众投身其中。但是，移动视频直播平台中拥有大量的互联网用户，不适宜的非预期画面出现都有可能导致重大的播出事故。因此，指挥策划是移动视频直播当中必不可少的环节，指挥策划不单单是对直播进程进行设计和规划，更承担起了指挥调度的职能。

移动视频直播下的前方记者多依靠移动工作制度进行沟通，视频直播当中经常出现预告不及时的现象。因此，移动视频直播前期的准备工作必须对视频拍摄角度和视频直播进程有所策划和把控，当直播过程中出现突发情况后推行补救的措施。

在手机视频直播中，要特别注意前端主播和后端编辑的配合，建立完善的合作机制。后方编辑将前方记者收集到的图片和用户反馈进行综合，制订下一次的直播计划。前方主播根据编辑的安排和用户的建议，及时调整直播的流程，从而更好地调动用户积极参与到新闻直播实践中来。因此，在移动视频直播之前，要做好直播议程计划，建立良好的前后台沟通环境，完善预览系统，提供强有力的资源配置方案，对记者的直播过程不断进行跟进和提供意见，对直播的流程进行监督和审核，形成反应迅速、统筹管理、高效可靠的新闻生产指挥调度中心。同时，媒体直播需要加强对网络平台直播流的技术控制，确保当出现不合规的直播内容时，导播人员可以在网民看到之前封禁直播流，还需要鉴权加密功能，防止直播被入侵和篡改。

（四）新闻评价——把关审核机制

新闻评价不是一个新鲜的事物，但是传统新闻生产中受众的反馈机制不健全，而移动视频直播下受众的喜好通过点击率、浏览量、评论数可以很清晰地看到。因此，移动视频直播下的新闻评价主要是将用户反馈纳入新闻生产的流程当中来，将用户的意见和建议作为移动视频直播下新闻生产的评判标尺和内容生产的智慧源泉，更好地强化服务意识。另外，可以把用户在移动视频直播当中的一些参与实践归集到审核评价这一系统当中。移动视频直播下的用户参与新闻生产是一把双刃剑，其中所产生的一些负面影响在前文当中已经阐述过了，所以把关审核机制的建立是相当重要而迫切的。

传统新闻生产在技术手段、传播理念、内容呈现等诸多方面已经不能完全适应用户多元化的需求。移动视频直播是新媒体的外延，是一个崭新的新闻信息传播渠道，不仅缩短了新闻发生与发布之间的时间差，而且能有效抵达受众。移动视频直播推动了传统新闻生产方式的变革，建构了新闻生产的新态势。移动视频直播下的新闻产品不能只是简单的空间位移、平台的嫁接，还涉及思维、人员、制度的方方面面，必须加强在平台、渠道、内容、人员方面的全面融合，实现新的传播平台和传播力量的结合与构建，否则即使平台再好也只是流于形式。移动视频直播下的传统媒体作为新闻生产和传播的主力军，具有整合利用原有的采编人才、信息、公信力和品牌资源等的优势。打造信息差异平台、满足分众化需求、培养全能型记者、建立把关审核机制，不断优化和创新新闻生产流程是传统媒体提升自身竞争力并实现持续性发展的途径。

技术是支撑，内容是根本，用户是中心，这是移动视频直播下新闻生产的平台思维和追求的目标，只有这样才能真正在激烈的媒体生态竞争中不被淘汰出局。移动视频直播在新闻生产这样一个全新的领域应用时间较短，但是，不管是媒体还是学者都还在摸索中。本文只是从微观角度来对移动视频直播下新闻生产的创新表现进行分析和阐述，难免疏漏和粗浅，对于传统媒体已经在移动视频直播中的尝试与实践的创新策略分析还有待进一步细化和深入。笔者坚信，随着不断的探索必然可以看到移动视频直播下新闻生产的更好发展。

参考文献

［1］阿恩海姆.艺术与视知觉［M］.滕守尧,朱疆源,译.成都:四川人民出版社,1998.

［2］陈力丹.新闻理论十讲［M］.2版.上海:复旦大学出版社,2020.

［3］窦锋昌.全媒体新闻生产:案例与方法［M］.上海:复旦大学出版社,2018.

［4］高钢.新闻写作精要:新闻报道的原则与方法［M］.2版.北京:首都经济贸易大学出版社,2020.

［5］匡文波.新媒体舆论［M］.北京:中国人民大学出版社,2022.

［6］钱学森.关于思维科学［M］.上海:上海人民出版社,1986.

［7］孙艳.融媒体时代电视新闻的传播研究［M］.北京:北京工业大学出版社,2021.

［8］唐俊.万物皆媒:5G时代传媒应用与发展路径［M］.上海:复旦大学出版社,2021.

［9］王佳航.智能传播环境下的新闻生产:基于连接的视角［M］.北京:中国广播电视出版社,2020.

［10］王溥.新闻报道策划实务［M］.武汉:武汉大学出版社,2020.

［11］吴信训.新编广播电视新闻学［M］.3版.上海:复旦大学出版社,2018.

［12］詹金斯.融合文化:新媒体和旧媒体的冲突地带［M］.杜永明,译.北京:商务印书馆,2012.

［13］周晓平,王丛明.新媒体编创:图文 短视频 直播(微课版)［M］.北京:人民邮电出版社,2021.

［14］池银花.人工智能时代新闻记者面临的挑战及应对策略［J］.中国地市报人,2021(11):35-36.

［15］邓菁.省会电视台如何实践媒体融合发展的思考［J］.新闻前哨,2020(02):70-71.

［16］杜旦主.融媒体环境下电视新闻报道的技术创新［J］.西部广播电视，2019（14）：45-46.

［17］巩庆明.媒体融合背景下新闻编辑创新意识与融合能力提升策略：以县级融媒体编辑工作为例［J］.新闻文化建设，2021（08）：65-66.

［18］郝军.新媒体时代经济新闻报道的发展新探［J］.科技传播，2020，12（01）：7-8.

［19］黄升民，刘晓，刘珊.中国新闻传播高等教育的困惑与走向［J］.新闻与传播评论，2021，74（05）：5-12.

［20］江雁.浅析融媒体背景下电视新闻创新发展策略［J］.山东开放大学学报，2023（01）：86-88.

［21］孔繁莉.管窥电视新闻的转型和发展：基于融媒体时代《河南新闻联播》改版视角下的分析［J］.新闻文化建设，2021（03）：118-119.

［22］李松蔓.浅析网络传播环境下新闻编辑的多面手功能：以人民铁道网"党史学习教育"专题为例［J］.报林，2021（02）：73-74.

［23］李莹.移动互联网时代地方电视台新闻生产研究［J］.电视技术，2022，46（02）：116-118，

［24］林露.新闻广播报道中的"融融"新意：融媒体技术在广播突发新闻、主题宣传中的应用［J］.传媒论坛，2021，4（21）：71-73.

［25］刘玉菡.新闻视域下人工智能技术的伦理困境与破局［J］.新闻研究导刊，2021，12（18）：19-21.

［26］罗自文，熊庚彤，马娅萌.智能媒体的概念、特征、发展阶段与未来走向：一种媒介分析的视角［J］.新闻与传播研究，2021，28（S1）：59-75.

［27］马程光.电视新闻专题类节目的发展演变［J］.记者摇篮.2022（02）：81-83.

［28］麦正阳.虚拟技术在电视新闻直播及突发事件报道中的应用［J］.科技传播，2019，11（11）：72-73.

［29］彭川.融媒体时代"新型技术"在电视新闻报道中的应用与创新［J］.记者观察，2020（32）：98-99.

［30］齐文星，王梓.融媒体时代再造电视台新闻生产方式：以央视财经论坛为例［J］.中国广播电视学刊，2020（08）：108-110.

［31］钱思宇.新时代新闻传播推动社会文明进步与发展［J］.国际援助，2023（04）：4-6.

［32］乔月静，崔景贵.积极心理教育视角下中职学生自我认知探析［J］.当代职业教育，2021（03）：58-65.

［33］唐炯.融媒体下电视新闻专题节目的特点及发展趋势［J］.记者观察.2020（14）：98.

［34］王亚明.浅谈融媒体时代电视新闻编辑能力要求分析［J］.传播力研究，2021，5（36）：89-91.

［35］张荣.人工智能时代记者如何融入"智能化生产"［J］.新闻文化建设，2021（16）：79-80.

［36］张旭.地方电视台如何做活"新闻联播"的主题报道［J］.新闻文化建设，2021（01）：129-130.

［37］赵萍.增强现实技术在电视新闻报道中的应用［J］.科技传播，2019，11（09）：78-79.

［38］朱雪霞.论全媒体时代经济新闻报道的民生视角创新［J］.采写编，2021（03）：34-35.

后　记

　　光阴似箭，时光荏苒，本书的写作已经接尾声，笔者内心颇有不舍之情。此书作为笔者进行电视新闻生产的理论透视及实践研究后撰写的作品，包含了笔者的全部心血，虽然辛苦，但想到本书的出版能够为电视新闻生产的理论透视及实践研究工作提供一定的帮助，又颇感欣慰。同时，本书在创作过程中得到社会各界的广泛支持，在此表示深深的感谢！

　　电视新闻学是一门典型的应用型专业，也是一门技术操作性强、经验积累多的专业，理论教学固然是该专业的重要组成部分，但能否真正培养学生的实践操作能力，能否帮助学生在短短几年内掌握各种报道体裁、报道方法、报道手法和报道技巧，能否让学生在各种新闻情境中真正建立起电视感觉，特别是能否在合理设计的产业化运作环境下，建立起专业的市场观念，积累一些市场经验是至关重要的。这些技能的培养和经验的积累不仅关系到毕业生的就业竞争力，更重要的是涉及电视新闻专业的培养方向。

　　虽然本书的编写工作已接近尾声，但是电视新闻生产的理论透视及实践研究工作仍在不断地发展，这也就决定了关于电视新闻生产的理论透视及实践研究工作依然任务艰巨。作为本书的撰写者，笔者会不辱使命，潜心研究，积极探索，力求突破，承担起这份光荣的职责，为电视新闻生产的理论透视及实践研究工作贡献自己的力量。

李婷
2023 年 7 月